BIBLIOTHÈQUE
DES MERVEILLES

FONDÉE
PAR M. ÉDOUARD CHARTON

LES MANUSCRITS
ET LES MINIATURES

25095. — PARIS, IMPRIMERIE LAHURE
9, rue de Fleurus, 9

BIBLIOTHÈQUE DES MERVEILLES

LES MANUSCRITS

ET

LES MINIATURES

PAR

AUGUSTE MOLINIER

OUVRAGE ILLUSTRÉ DE 80 GRAVURES

PARIS
LIBRAIRIE HACHETTE ET Cie
79, BOULEVARD SAINT-GERMAIN, 79

1892

Droits de traduction et de reproduction réservés.

NOTIONS PRÉLIMINAIRES

Le mot *manuscrit* se comprend de lui-même et n'a pas besoin d'explication. Du jour où l'homme a connu l'écriture, l'art de traduire sa pensée, de fixer ses souvenirs à l'aide de signes soit figuratifs, soit conventionnels, il a existé des manuscrits. On se propose de retracer en quelques pages l'histoire de ces curieux monuments. On ne saurait nier l'intérêt de cette étude : seuls avec les monuments figurés, jusqu'à l'invention de l'imprimerie, les manuscrits nous ont conservé les productions de l'intelligence humaine et transmis l'histoire du monde.

On commencera par quelques notions préliminaires sur la matière et la forme des manuscrits.

Toute matière minérale, végétale ou animale, présentant une surface suffisamment étendue et facile à aplanir et à polir, a pu recevoir l'écriture ou le dessin. Toutefois, pour nous en tenir aux usages les plus répandus, voici les principales substances employées depuis la haute antiquité jusqu'à nos jours : pierre de toute espèce, bronze, bois, terre cuite, papyrus, peau ou parchemin, papier. L'usage de la plupart de ces matières s'est perpétué jusqu'à nos jours.

La pierre et le marbre nous ont conservé ces innombrables inscriptions commémoratives ou d'ordre administratif, dont l'étude a renouvelé de nos jours l'histoire des peuples méditerranéens. En Égypte, c'est sur le basalte, l'une des substances les plus dures du règne minéral, que les écrivains ont gravé péniblement leurs fins hiéroglyphes; Rhamsès le Grand a couvert des pans de montagnes du récit pompeux de ses triomphes. En Grèce, à Rome, on préfère le marbre ou un calcaire quelconque. L'usage de la pierre et du marbre subsiste encore au moyen âge, mais alors on réserve généralement ces matières coûteuses et peu commodes pour de courtes inscriptions.

Le métal, bronze, or, argent, plomb, a été également d'un grand usage dans l'antiquité. On connaît beaucoup d'inscriptions sur bronze. Cette matière servait à l'époque impériale pour certains actes importants, tels les diplômes militaires, les concessions de terres par le domaine à des particuliers; en un mot, on paraît avoir employé le métal là où nous nous servirions du parchemin, comme plus durable que le papier. L'or et l'argent ont été naturellement moins souvent utilisés; toutefois dans certains cas, les lettres adressées à des souverains ont pu être gravées sur l'un ou l'autre de ces métaux. Enfin un passage souvent cité du livre de Job fait connaître l'usage de feuillets de plomb, sur lesquels on gravait l'écriture avec un stylet de fer. Pausanias parle également de vers d'Hésiode écrits sur des lames de plomb, et on a pu parfois faire de ces feuillets une sorte de livre, de *codex*.

Le bois a de tout temps servi à recevoir l'écriture. En Égypte, on employait des tablettes de bois de sycomore, ailleurs de tilleul; sur ces tablettes on traçait les caracsères à l'aide d'une plume d'oie ou d'un *calamus*, trempé dans l'encre. Très employées au moyen âge, ces tablettes t'appelaient *tabula atramentalis*. Aujourd'hui encore, dans les écoles arabes, les enfants écrivent sous la dictée du maître sur de minces tablettes de bois, faciles à laver et qui remplacent pour eux le tableau noir des petits Occidentaux.

Mais aussi ancien et plus répandu encore a été l'usage des tablettes de cire. Il y est fait allusion dans un passage souvent cité du livre des Rois, et les écrivains grecs et latins fournissent à ce sujet de curieux détails. Ces tablettes consistaient en un ou plusieurs feuillets de bois, d'os ou d'ivoire soigneusement polis et garnis de cire blanche ou colorée ; pour écrire on employait le poinçon ou style. D'ordinaire les tablettes se composaient de deux feuillets, c'étaient alors des diptyques, qui se repliaient l'un sur l'autre, donnant ainsi deux pages à remplir ; quand il y avait trois feuillets, on avait quatre pages libres, les faces extérieures restant toujours blanches et n'étant pas garnies de cire. L'usage des tablettes se conserva au moyen âge ; on en a des spécimens du XIIIe, du XIVe et même du XVIIe siècle.

On a encore employé la terre cuite, soit couverte, soit non couverte. Les anciens Égyptiens utilisaient pour écrire leurs lettres des fragments de pots, de vases en terre ; c'était sur des tessons de poterie, des coquilles que les Grecs à Athènes écrivaient leurs votes, d'où l'expression *ostracisme*. Enfin la Chaldée, l'Assyrie nous ont transmis nombre de cylindres en terre émaillée, portant des prières, des notes d'astronomie, ou même des contrats, des traités de grammaire. Notons encore ces légendes souvent assez longues qui accompagnent et expliquent les scènes figurées sur les vases gréco-italiens. Cet usage paraît être resté inconnu au moyen âge.

On a encore un peu partout employé les étoffes : toile de lin ou de coton, soie. En Égypte, les bandelettes enveloppant les momies portent des hiéroglyphes ; Pline et Tite-Live parlent de livres de linge (*libri lintei*). En Perse on a employé la soie, et au XVIIe siècle encore, en Occident, on imprimait quelques exemplaires des thèses de droit ou de philosophie sur cette matière précieuse. Enfin c'est sur des toiles de coton que les Mexicains traçaient au pinceau leurs signes hiéroglyphiques. A titre de singularité, citons encore l'usage de l'écorce d'arbre : cerisier, tilleul, celui des feuilles de l'olivier, du palmier, de la grande mauve. Aujourd'hui encore certains peuples de l'Inde emploient des feuilles de latanier.

Les substances énumérées jusqu'ici ne pouvaient être d'un grand usage, soit à cause de leur cherté ou de leur poids, soit à cause de leur dureté. L'antiquité a presque uniquement employé le papyrus et le parchemin.

On appelait papyrus, en grec *biblos*, *bublos*, un roseau de grande taille, fort abondant jadis sur les bords du Nil en Égypte, et qu'on ne retrouve plus aujourd'hui que dans le haut bassin du fleuve, en Nubie; c'est le *cyperus papyrus* des botanistes. Cette plante fut également cultivée en Sicile, au temps de la domination arabe; les derniers champs de papyrus de Palerme disparurent à la fin du XVIe siècle, en même temps que les marais avoisinant cette ville. Pline nous a longuement décrit la préparation du papyrus, de la matière à écrire tirée de ce roseau. On découpait la tige à l'aide d'une aiguille ou d'une lame mince, dans le sens de la hauteur. Les bandes ainsi obtenues étaient rangées sur une tablette légèrement humectée d'eau du Nil, cette eau terreuse et trouble passant pour remplacer avantageusement la colle. Sur les fragments ainsi disposés on en plaçait d'autres transversalement, de manière à obtenir comme un treillis. La feuille une fois constituée était soumise à l'action du soleil, battue, martelée, polie et collée. A cette première feuille on en ajoutait une autre, en formant ainsi un rouleau de dimension déterminée, que l'on appelait *scapus*; c'est notre *main* moderne.

Le grand défaut du papyrus était d'être cher et peu solide. Si le climat de l'Égypte, sec et constant, a pu conserver intactes beaucoup de ces feuilles fragiles, dans les pays du nord, plus humides, les anciens papyrus sont beaucoup plus rares. Cette substance, en dépit de sa fragilité, n'en a pas moins servi presque seule aux besoins de l'antiquité, et encore aux temps de l'Empire, on la préférait au parchemin pour les actes les plus importants du pouvoir public, les diplômes impériaux par exemple, et pour la transcription des œuvres littéraires. La fabrication du papier de roseau resta toujours le monopole de l'Égypte, et encore aux temps de la domination arabe, il arrivait aisément par mer en Italie et en Gaule. Toutefois après le XIe siècle la chancellerie pontificale elle-même renonce à l'employer, et au XIIe des érudits, tels que Pierre le Vénérable, ne connaissent plus que de nom le papier de roseau, le *liber*.

Le parchemin s'était dès lors substitué à son ancien rival. Le mot latin *pergamenum* dérive du nom d'une ville de l'Asie Mineure, Pergame, où, dit-on, fut inventé l'art de préparer les peaux pour écrire. De tout temps les peuples d'Orient avaient employé à cet usage des peaux plus ou moins bien apprêtées; les livres sacrés des Juifs sont encore aujourd'hui transcrits sur des rouleaux simplement tannés, et ces rouleaux s'appellent *meguillah*, de *galal*, rôle. Les auteurs grecs citent également les rouleaux royaux, *diphterai basilicai*, des Perses. Cet usage s'introduisit de bonne heure en Ionie, et une fois l'art de préparer la peau découvert, la nouvelle substance fit concurrence au papyrus. Elle avait sur lui de grands avantages; elle était plus solide et pouvait recevoir l'écriture sur ses deux faces. Toutefois on verra bientôt que les lettrés à Rome lui préférèrent longtemps le papyrus, et l'usage du parchemin pour les manuscrits et les actes publics ne devint général que tout à fait vers la fin de l'Empire. Adopté par le moyen âge, cet usage nous a été transmis, et encore aujourd'hui, certains actes solennels sont écrits sur vélin.

Les peaux de tous les animaux domestiques ont servi

à faire du parchemin ; on a eu ainsi le vélin, peau de veau, la basane, peau de mouton, l'aignelin, peau d'agneau, le parchemin vierge, *charta virginea*, peau d'agneau mort-né ; on sait que cette substance, réputée rare, servait à écrire les formules magiques, les conjurations. On employait encore la peau de bœuf, celle d'âne, etc. La préparation de toutes ces peaux était identique ; une fois nettoyée, la peau était dégrossie avec un rasoir ou un canif, de manière à enlever toutes les parties molles et graisseuses ; une fois amincie, elle était passée à la pierre ponce et polie à l'agate.

Jusqu'au xe siècle le parchemin est très poli, très blanc et très fin ; il devient ensuite épais et rugueux, pour reprendre ses anciennes qualités aux approches de la Renaissance. En général le parchemin fabriqué dans le midi de l'Europe est supérieur à celui des pays plus septentrionaux.

Moins cher et moins rare que le papyrus, le parchemin n'était une substance ni commode pour l'écrivain, ni suffisamment abondante. Aussi vers la fin du moyen âge fut-il remplacé dans l'usage ordinaire par le *papier*. Ce mot vient de *papyrus*. On distingue le papier de fil, composé de lin, de chanvre, et le papier de chiffe, composé de vieux linges de toile ou de coton, réduits en pâte. Ces deux espèces de papier paraissent avoir été anciennement connues en Europe. Des écrivains arabes, assez récents d'ailleurs, rapportent que les Arabes apprirent à Samarcande, conquise par eux au viiie siècle, l'art de fabriquer le papier, et au temps d'Haroun-al-Raschid, cette industrie était florissante à Bagdad. L'usage du papier passa rapidement de la terre de l'Islam en Grèce, puis de là en Occident ; on possède deux manuscrits grecs écrits sur papier, au xe siècle ; on a sur la même matière un diplôme de l'an 1140, émanant d'un roi de Sicile ; un peu plus tard le papier fait une concurrence sérieuse au parchemin en Italie, en

Espagne, en France même; dès 1189, on cite un moulin à papier fonctionnant sur l'Hérault, dans le diocèse de Lodève.

Ces premiers papiers sont souvent appelés *charta bombycina, charta damascena*. On a longtemps cru qu'ils étaient composés de coton pur, non travaillé, simplement battu, poli et encollé; l'aspect des feuillets, brillants, soyeux, mélangés de résidus cotonneux, semblait donner raison à l'opinion courante. Des recherches récentes, et dont le résultat paraît incontestable, ont fait disparaître le papier de coton pur. En effet, l'examen au microscope d'un grand nombre de manuscrits de tout âge et de toute provenance a permis d'affirmer que ce que l'on avait pris jusqu'ici pour du papier de coton était du papier de chanvre et de lin. On doit donc ranger tous les papiers anciens dans la classe du papier de fil ou dans celle du papier de chiffe. Le premier est vraisemblablement le plus ancien; au XIe siècle, à Bagdad, on le fabriquait avec le chanvre de vieux cordages de vaisseaux; on y employait aussi le lin, la toile. Le papier de chiffe, d'autre part, est mentionné par Pierre le Vénérable, abbé de Cluny, vers le premier tiers du XIIe siècle; cet écrivain parle quelque part d'un papier fait de raclures de vieux linge, *ex rasuris veterum pannorum*. A mesure que l'usage du linge se développa en Occident, la fabrication du papier de chiffe dut progresser, la matière première ayant en somme peu de prix.

Les anciens papiers de fil et de chiffe présentent les uns et les autres des raies, appelées *vergures* et *pontuseaux*; les premières, très rapprochées et serrées, sont coupées par les autres de distance en distance. Ce sont les traces laissées par les fils de métal constituant le fonds de la forme. Presque toujours, au milieu de cette forme, ces fils dessinent un emblème, une figure, une devise, reproduits sur la feuille de papier; c'est le *fili-*

grane. On a essayé, en classant ces figures, de déterminer le lieu de fabrication des anciens papiers; cette recherche n'a pas donné de résultats appréciables, certaines marques se rencontrant un peu partout en Europe; d'ailleurs il est parfois assez difficile de déterminer le lieu d'exécution d'un manuscrit déterminé. On obtient des indications plus précises en étudiant les filigranes des premiers incunables.

Nous parlerons maintenant des formes reçues par les manuscrits; elles sont au nombre de deux : rouleau, *volumen*, ou *codex*, livre carré. La première a été la plus usitée dans l'antiquité; le papyrus, seul employé jusqu'au temps de l'Empire pour transcrire le texte des œuvres litéraires, était trop fragile pour recevoir de l'écriture des deux côtés, d'où la nécessité de constituer des rouleaux plus ou moins longs, que l'on déroulait de la main droite pour les rouler de nouveau de la main gauche. Sur ces *volumina*, le texte était généralement disposé par colonnes étroites appelées *pagina*. La tige sur laquelle s'ajustait le rouleau s'appelait *umbilicus*, nombril, car elle occupait le centre de ce rouleau; les deux extrémités de l'ombilic s'appelaient *cornua*.

L'usage des rouleaux s'est conservé durant tout le moyen âge, époque où l'on a fait des rouleaux de parchemin, mais dès lors on n'hésitait pas à écrire sur les deux côtés, la matière étant plus solide. De plus on y écrivait à longues lignes et dans le sens de la largeur du rouleau, usage que les anciens connaissaient, mais pratiquaient peu. Mais la forme la plus usuelle à dater du IIIe siècle de notre ère est celle de *codex*; notre livre moderne en est sorti. Le mot *codex* dérive de *caudex*, expression qui désigne un amas de planches superposées. On ignore le temps exact où cet usage s'introduisit à Rome. Au rapport de Cicéron, les *codices* servaient de livres de comptes; ils semblent s'être parfois composés de tablettes de cire. Leur usage comme manuscrits littéraires n'apparaît pas avant le second siècle après Jésus-Christ; en général on les composait de feuillets de parchemin, et c'est ce que Martial appelle *membranæ* dans ses *Épigrammes*; il y eut aussi des *codices* en papyrus. A mesure qu'on avance vers les temps barbares, l'usage des *volumina* devient plus rare, et les *codices* plus nombreux. Au moyen âge, sauf de rares exceptions, le rouleau sert uniquement à la transcription de documents d'archives, comptes, enquêtes, etc.

Un mot encore des instruments employés pour écrire. Sur les tablettes de cire on se servait du *style*, morceau d'os, d'ivoire ou de métal, pointu à une extrémité, arrondi et aplati à l'autre; on écrivait avec l'un des bouts, on effaçait avec l'autre. Pour le papyrus, on employait le *calamus* ou roseau, instrument des plus défectueux; on le taillait comme nos plumes d'oie. Au roseau de l'époque antique on substitua plus tard la plume d'oiseau; cette dernière est, il est vrai, mentionnée pour la première fois par Isidore de Séville, au VIIe siècle, mais cet auteur, on le sait, a presque uniquement employé des textes anciens. La plume d'oie a été employée durant tout le moyen âge. Les anciens usaient parfois aussi de plumes de métal; on en cite également au moyen âge.

Le pinceau, seul instrument à écrire des Chinois, n'a été que très rarement employé en Occident, sauf pour tracer les ornements en encre de couleur. En effet, on le verra plus loin, les écrivains de tous les temps ne se sont jamais contentés de l'encre noire; réservant celle-ci pour le corps du texte, les scribes les moins experts et les moins soigneux ont eu recours à des encres d'une autre couleur pour les titres d'ouvrage ou de chapitres; presque toujours ils ont choisi la couleur rouge, d'où l'expression *rubrique*, pour désigner les titres de chapitres. Mais c'était là une ornementation bien modeste et bien insuffisante; on montrera dans les prochains chapitres comment calligraphes, peintres et dessinateurs finirent par s'associer pour produire les merveilles conservées aujourd'hui dans les grandes bibliothèques de l'Europe.

LES MANUSCRITS

CHAPITRE PREMIER

ANTIQUITÉ : ASSYRIE, ÉGYPTE, GRÈCE ET ROME

Il serait certainement impossible de dire quand et par qui fut fondée la première bibliothèque ; autant rechercher le nom de l'inventeur de l'écriture. Quelques érudits du XVIe et du XVIIe siècle se sont amusés à disserter longuement sur les bibliothèques antédiluviennes ; sans nous attarder à discuter ces rêveries, nous nous occuperons d'abord du livre chez les Assyriens et en Égypte ; c'est en effet aux Grecs et aux Romains et à leurs prédécesseurs immédiats que nous comptons borner nos recherches, les manuscrits arabes et persans, ceux de l'Inde, de la Chine et du Japon formant un groupe particulier et absolument distinct.

Certains auteurs anciens, peu sûrs à vrai dire, Mégasthènes et Ctésias, mentionnent la bibliothèque royale de Suse. Si jamais elle a existé, elle devait se composer de manuscrits sur peaux tannées, les *diphtherai basilicai* dont parle Hérodote, et de briques chargées de caractères cunéiformes; cette bibliothèque paraît avoir péri, mais, par contre, on en a retrouvé de nos jours une autre bien plus ancienne et non moins précieuse; nous voulons parler de la bibliothèque royale de Ninive. C'est M. Layard qui l'a découverte en explorant les ruines du palais d'Assourbanipal. On savait déjà par les historiens anciens qu'il avait existé des collections de livres sur les bords de l'Euphrate et du Tigre; on connaissait un passage de Pline l'Ancien, où l'illustre écrivain parle de *coctiles laterculi*, de tablettes de briques cuites, mais on ne possédait encore aucun spécimen de ces livres singuliers. Les Assyriens paraissent d'ailleurs avoir employé également des peaux pour écrire; certains bas-reliefs montrent des scribes enregistrant le butin fait à la guerre sur des bandes qui semblent flexibles; mais aucun de ces rouleaux ne nous est parvenu, et tous les traités scientifiques, religieux et historiques recueillis par M. Layard et par ses successeurs, sont tracés en caractères cunéiformes cursifs et avec un stylet de forme particulière sur des plaques d'argile crue et encore humide; ces plaques étaient ensuite passées au four et converties en briques indestructibles. On leur donnait le plus souvent la forme de tablettes, mais on rencontre également des barillets, des cylindres, des prismes chargés d'écriture. Pour transcrire plus aisément les inscriptions commémoratives relatant les hauts faits du souverain, pour en multiplier les copies, on employait aussi des planches gravées permettant d'*imprimer* sur argile.

La collection de briques composant la bibliothèque de Ninive était classée avec grand soin. Chaque tablette, si l'ouvrage en comportait plusieurs, portait un numéro d'ordre et le titre général de l'ouvrage, les premiers mots tout au moins; de plus les scribes répètent sur chaque nouvelle brique la dernière ligne de la précédente. On voit que l'usage des signatures et des réclames ne date pas d'hier. La collection formée par les soins d'Assourbanipal, — non content de faire composer des traités techniques et religieux, ce prince recherchait avec soin et faisait copier les anciens documents historiques; —

Empreinte d'un cylindre à inscription assyrienne.

cette collection, disons-nous, se composait principalement de livres usuels de droit et d'agriculture et d'annales; ajoutons-y des grammaires, des syllabaires, des

Brique d'Erech.

dictionnaires, et ces dernières plaquettes ont rendu aux savants modernes les plus grands services, en leur permettant de déterminer les rapports entre l'alphabet syllabique et l'alphabet idéographique. On a encore retrouvé à Ninive des livres d'astronomie et d'astrologie, des rituels, des géographies, voire même des ouvrages d'imagination, par exemple le roman d'Istar, si souvent publié et traduit. Une autre suite de tablettes non moins précieuses se compose de documents officiels, lettres et rapports des officiers d'Assourbanipal, récits des campagnes de ce prince, liste des *limmu* ou fonctionnaires annuels, dont le nom, comme celui des archontes à Athènes et des consuls à Rome, servait à désigner chaque année d'un règne quelconque. Citons encore des textes juridiques très nombreux et très précieux : ventes, engagements, prêts, etc.; n'oublions pas enfin que ces tablettes ont fourni le texte de deux légendes de la plus haute importance pour l'histoire primitive de l'humanité, les récits chaldéens de la Genèse et du Déluge.

Pour l'Égypte on est mieux renseigné que pour la Chaldée et l'Assyrie, et surtout les savants modernes ont poussé beaucoup plus loin le travail d'interprétation. Jamais peut-être peuple n'a eu plus que les anciens Égyptiens la manie d'écrire, et le climat sec et constant de ce pays nous a conservé une quantité infinie de papyrus, principalement administratifs, car les œuvres littéraires et scientifiques sont assez rares. Pour écrire, les Égyptiens employaient de toute ancienneté le bois de sycomore; on a des tablettes de cette matière, trouvées dans des cercueils de momies et portant des caractères soit hiéroglyphiques, soit démotiques, soit grecs; ces inscriptions se composent d'ordinaire des noms du défunt et d'une formule pieuse. Cet usage du bois n'est pas, d'ailleurs, particulier aux Égyptiens; on le retrouve en Chine et en Inde, et les peuples du nord ont longtemps employé des baguettes de bois pour y tracer leurs runes. Mais seuls peut-être les scribes des bords du Nil ont au bois et au papyrus associé des tessons de pots, des os d'animaux domestiques, des coquilles même; on a des brouillons de lettres, des quittances d'impositions, des contrats entre particuliers, tracés sur des fragments de terre cuite; on peut rappeler à ce propos le mot grec *ostracisme*, qui dérive d'un usage analogue. Mais, chez les Égyptiens, l'habitude se perpétua, et on a des poteries portant des inscriptions en langue grecque, du temps des Antonins. Le procédé était économique, mais le classement et la conservation de ces documents administratifs d'un nouveau genre devait présenter parfois certaines difficultés.

Les Égyptiens ont aussi utilisé la toile de lin; on a des rituels funéraires écrits sur cette étoffe; mais la matière de beaucoup la plus employée par eux a été le papyrus, et les fragments trouvés dans les tombeaux forment souvent de véritables dossiers, au sens moderne et administratif du mot. L'usage, en effet, en Égypte voulait qu'on enterrât chaque mort avec ses papiers personnels, singulière façon à coup sûr de conserver ceux-ci; bien plus on inhumait avec le défunt tous les papiers trouvés sur lui, lettres non décachetées, papiers appartenant à des tiers, et les savants modernes ont plus d'une fois ouvert des missives dont l'auteur et le destinataire étaient l'un et l'autre morts depuis bon nombre de siècles. A ces documents d'ordre privé et administratif ajoutons les textes liturgiques; chaque momie, en effet, est régulièrement accompagnée d'un exemplaire de ce que nous appelons d'ordinaire le *Livre des morts*. C'est un long rouleau, portant des prières et des formules à l'usage des défunts dans l'autre monde; on en a quantité d'exemplaires plus ou moins complets, plus ou moins luxueux; souvent le scribe a représenté par des dessins les scènes de la vie posthume auxquelles le texte du rouleau fait allusion; quelques-unes de ces peintures sont fines et remarquables. Le *Livre des morts* a été publié bien des fois, notamment par Lepsius.

L'Égypte paraît avoir possédé anciennement des bibliothèques; on connaît l'histoire du roi Osymandias, rapportée par Diodore de Sicile; ce prince aurait amassé une immense collection de livres dans son palais de Thèbes, et l'aurait intitulée *Pharmacie de l'Ame*. L'idée est jolie, mais plus grecque qu'égyptienne; au surplus le nom d'Osymandias manque dans les anciennes chroniques égyptiennes. Mais on sait que le Rhamesséum renfermait une salle consacrée à Thot, déesse des sciences, et sous la sixième dynastie, on trouve un fonctionnaire du palais nommé le *gouverneur de la maison des livres*, ce qui prouve que le souverain possédait déjà une collection littéraire. On a retrouvé beaucoup de fragments littéraires, philosophiques, historiques et même poétiques. Citons seulement ici un récit bien connu des campagnes de Rhamsès, le Sésostris des Grecs (manuscrit Sallier), des pièces satiriques, des hymmes. On connaît le nom de deux de ces poètes : Pentaour et Amenemapt.

L'ornementation de tous ces rouleaux fragiles varie naturellement beaucoup. La plupart ne présentent que des caractères plus ou moins élégamment tracés; mais d'autres, par exemple certains exemplaires du *Livre des morts*, inhumés avec des rois ou des personnages puissants, sont richement illustrés. On y trouve de petits tableaux représentant la longue pérégrination de l'âme humaine dans l'autre vie, et entre autres la pesée des âmes dans l'Amenti, ce que les Grecs appelaient la *Psychostasie*. Quelques-unes de ces peintures sont remarquables.

Le papyrus était fort cher, aussi les Égyptiens n'en laissaient-ils perdre aucun fragment; ils prenaient des notes, écrivaient leurs lettres au dos de manuscrits plus anciens dépareillés, et cet usage a ménagé aux savants modernes d'intéressantes découvertes. C'est ainsi que le recto de certains papyrus, portant au verso des notes en caractères démotiques, nous a livré des fragments d'Euripide, de Sapho, etc., et tout récemment un savant fran-

Fragment de rituel funéraire

çais a retrouvé de cette manière tout un plaidoyer d'Hypéride. Toutefois on n'a constaté qu'en des cas assez rares des papyrus palimpsestes. On sait qu'on appelle ainsi des manuscrits dont l'écriture primitive a été anciennement effacée pour lui en substituer une nouvelle. Quelques rouleaux d'Égypte présentent des lacunes de plusieurs colonnes, effacées intentionnellement pour recevoir un nouveau texte, mais le plus souvent on s'est contenté d'utiliser le côté extérieur du *volumen* resté blanc.

Tous les manuscrits égyptiens se présentent sous forme de rouleaux, ou de fragments de rouleaux, et tous, sauf les *ostraca* et les tablettes de bois, sont en papyrus. C'est aussi cette matière qui a été la plus usitée en Grèce et à Rome.

Pour leurs livres liturgiques les Hébreux paraissent avoir uniquement employé des cuirs plus ou moins bien préparés, et cet usage s'est perpétué jusqu'à nos jours dans les synagogues. On possède beaucoup de ces rouleaux renfermant les uns les livres législatifs, les autres, les livres historiques de l'Ancien Testament. Rarement ces rouleaux admettent des ornements. Josèphe parle cependant d'un exemplaire du texte grec des livres saints, offert à Ptolémée Philadelphe, roi d'Égypte, et écrit en lettres d'or sur peau fine; citons encore un joli exemplaire du livre d'Esther, datant du XVIIIe siècle et décoré d'encadrements de couleurs vives : fleurs, fruits, rinceaux dans le goût du temps; il appartient à la bibliothèque de Nîmes. La plupart de ces *volumina* énormes sont écrits non pas à la façon antique par colonnes, mais dans le sens de la largeur, comme les rouleaux du moyen âge; l'usage était déjà connu des anciens, qui appelaient cela *transverso scribere calamo*. Cette disposition était évidemment plus commode pour le prêtre chargé de lire au peuple le texte sacré. La Bible parle encore plusieurs fois de tablettes de plomb sur lesquelles on écrivait avec un stylet de fer, et un passage souvent cité du livre des Rois mentionne les tablettes de cire, le style et le double usage de cet instrument : « Je détruirai Jérusalem, dit le Seigneur, comme on efface des tablettes de cire; je retournerai le style et je le passerai plusieurs fois sur la face de la ville. » (IV. Rois, XXI, 13.)

Les Grecs paraissent avoir primitivement employé, comme leurs voisins de l'est, des peaux de bêtes, *diphtherai*, plus ou moins bien préparées. Mais l'usage du papyrus dut leur être de bonne heure familier. C'est sur cette matière qu'ont été transcrites les œuvres de toute la littérature hellénique. On a un assez grand nombre de fragments de manuscrits grecs sur papyrus, trouvés pour la plupart en Égypte, mais à vrai dire il ne nous reste rien des grandes collections littéraires formées par les anciens. Pisistrate passe pour avoir formé la première bibliothèque publique qui ait été vue en Grèce; trouvée par Xerxès à Athènes, elle aurait été transportée en Perse, renvoyée aux Athéniens 200 ans plus tard, par Nicanor, roi de Syrie, et enfin prise par Sylla et emportée en Italie. Tous ces renseignements, à vrai dire, paraissent peu sûrs. On cite encore les collections littéraires de Polycrate, tyran de Samos, d'Euclide d'Athènes, de l'île de Cnide. On connaît mieux l'histoire de la bibliothèque d'Aristote; léguée par lui à Théophraste, augmentée par ce philosophe, elle finit par appartenir à Appellicon de Teos; Sylla se l'appropria après la prise d'Athènes, et c'est de ces manuscrits que dérive le texte actuel des ouvrages du grand philosophe.

Mais toutes ces collections étaient peu de chose auprès de la bibliothèque d'Alexandrie, fondée par le roi Ptolémée Lagus, peut-être avec les conseils du célèbre Démétrius de Phalère. Grâce à la munificence des rois d'Égypte, elle finit par renfermer près d'un million de rouleaux, tant au Serapeum qu'au Brucchium. Ce chiffre n'a rien qui doive étonner; chaque rouleau en effet ne contenait qu'une partie d'ouvrage et il y avait beaucoup de doubles. Toutefois, le musée d'Alexandrie renfermait la littérature grecque de trois siècles au grand complet. On doit d'autant plus déplorer l'incendie qui détruisit le Brucchium, lors du siège de la ville par César, et la négligence coupable qui laissa se perdre peu à peu les collections du Serapeum.

Avec la bibliothèque d'Alexandrie, en disparut une autre non moins célèbre, celle de Pergame. Donnée par Marc-Antoine à Cléopâtre, elle comptait 200 000 rouleaux; on en attribuait la fondation au roi de Pergame, Eumène.

A Rome le goût des livres naquit assez tard, et jusqu'au temps de la dernière guerre de Macédoine, les livres y furent rares. Le premier, Paul-Émile rapporte en Italie les collections de Persée; Sylla, un peu plus tard, prend à Athènes celle d'Apellicon de Téos, enfin Lucullus pille les bibliothèques de l'Asie et dépose son butin dans sa luxueuse villa de Tusculum. Ce goût pour les livres, d'abord peu répandu, devient bientôt général, et un peu plus tard tous les patriciens de Rome ont des rouleaux, des copistes, et sont à l'affût de toutes les occasions pour augmenter leurs trésors. Citons seulement Atticus, l'ami et l'éditeur de Cicéron, Cicéron lui-même et son frère, etc. César, devenu dictateur, charge Varron de réunir les éléments de deux grandes bibliothèques, l'une grecque, l'autre latine, dont il veut doter Rome; Auguste réalise ce projet de son père adoptif, et Asinius Pollion fonde par ses ordres la première grande bibliothèque publique qu'ait eue Rome; puis se forment successivement la bibliothèque Octavienne, la Palatine, celle-ci divisée en deux sections, l'une grecque, l'autre latine. Citons encore les bibliothèques dites de Tibère, fondée par l'empereur de ce nom, du Temple de la paix, créée par Vespasien, Ulpienne, due à Trajan, enfin du Capitole. Accroître ces collections, veiller à leur conservation fut le souci constant de la plupart des empereurs, même des pires; on cite notamment Domitien, qui travailla activement à réparer les pertes causées par l'incendie du Capitole. Sous Constantin, grâce à tous ces efforts, Rome comptait 29 bibliothèques publiques.

A ces grands dépôts ajoutons les collections particulières; la mode s'en mêlant, chaque riche Romain, le moins instruit comme le plus lettré, voulut avoir des casiers remplis de *volumina*. On cite les collections du grammairien Épaphrodite, de Gordien, plus tard empereur; mais d'autres, moins considérables, nous sont mieux connues, par exemple celle de Pline le Jeune; maintes fois dans ses lettres, cet écrivain parle de livres achetés par lui, et sa bibliothèque tient une place notable dans la célèbre description de sa villa. Enfin la découverte d'Herculanum et de Pompéi a montré jusqu'où les anciens Romains pouvaient pousser l'amour des livres; ces deux villes de plaisance, stations d'été, nous ont fourni maint rouleau précieux. Toutes ces richesses littéraires, accumulées par les anciens Romains, ont péri, en partie par l'injure du temps, en partie par la main des hommes. La matière composant ces milliers de rouleaux était, il est vrai, bien fragile : à Rome comme en Grèce, comme en Égypte, c'est le papyrus qui a servi exclusivement jusqu'au IIe siècle de notre ère à la transcription des œuvres de l'esprit.

Anciennement les Grecs et les Latins employaient pour écrire le cuir, le bois; un poète comique parle quelque part des gens qui pour faire cuire leurs légumes brûlent des copies des lois de Solon; d'autre part Tite-Live cite des manuscrits sur étoffe, *libri lintei*; à Rome on gravait sur des tablettes de bronze les sénatus-consultes, les plébiscites; on possède le décret interdisant la célébration des Bacchanales (186 avant J.-C.), et on sait que l'incendie du Capitole sous Vitellius fit disparaître des milliers de ces précieux documents. Citons encore les diplômes militaires ou lettres de congé accordées aux vétérans, le discours de Claude en faveur des sénateurs de la Gaule chevelue, aujourd'hui conservé à Lyon, enfin les livres de bronze, *aeris libri*, dont parle Hygin et qui recevaient les titres de propriété des citoyens habitant une nouvelle colonie. On mentionne encore quelques fragments de terre cuite ; à Italica, en Espagne, on a trouvé une plaque de cette matière portant le début de l'*Énéide*. On parle aussi, à Chypre, de textes transcrits sur des cuirs plus ou moins bien préparés et enduits de cire, à Rome de décrets honorifiques gravés en lettres d'or sur colonnes d'argent, à Rome encore de livres d'ivoire. Mais les écrivains romains, plus abondants en détails que les Grecs, ne mentionnent que trois espèces de livres, les rouleaux en papyrus, les *codices* en papyrus ou en parchemin, enfin les tablettes.

Les rouleaux de papyrus s'appelaient *volumina*. La matière employée tant à Rome qu'en Grèce venait exclusivement d'Égypte, et telle était dans ce dernier pays l'importance de cette industrie, qu'au IIIe siècle de notre ère, un grand fabricant de papyrus, à Alexandrie, Firmus, put acheter à beaux deniers comptants le titre d'empereur aux légions d'Égypte. La matière était donc toujours assez chère, et elle manquait parfois, de là des troubles parmi les lettrés de Rome, du temps de Tibère notamment. Le papyrus à son arrivée à Rome avait déjà reçu une première préparation, mais avant de l'utiliser, les *librarii* lui faisaient subir un nouveau traitement ; ils trichaient sur la qualité, joignant à des feuilles belles et sans tache d'autres bien inférieures ; beaucoup revêtaient les unes et les autres d'une couche épaisse de résine, laquelle rend aujourd'hui à peu près impossible le déroulement des volumes latins trouvés à Herculanum. Fort heureusement, les papyrus en langue grecque, écrits probablement en Orient, n'ont point reçu cet apprêt.

La hauteur de la feuille de papyrus déterminait

celle du rouleau; le plus grand, appelé *macrocolle*, pouvait avoir jusqu'à un pied romain de haut; on s'en servait pour les ouvrages de luxe, pour les diplômes impériaux. Ce format s'accrut encore plus tard, et certaines bulles pontificales des premiers temps du moyen âge atteignent jusqu'à deux pieds. Les autres formats, plus maniables et plus faciles à employer, étaient réservés aux œuvres littéraires, les plus petites feuilles servant aux œuvres légères, telles que poésies élégiaques ou amoureuses, lettres, etc. Les rognures de papyrus servaient à la correspondance privée. Suivant sa finesse, le papyrus portait des noms différents : *Augusta*, *Livia*, *hiératique*, *amphithéâtrique*, plus tard *Fannien* du nom du grammairien latin Fannius, *saïtique*, *théotique*; enfin l'empereur Claude, écrivain infatigable, inventa un papier de luxe, qu'on appela de son nom *claudien*.

Chaque *volumen* était muni à son extrémité d'une tige rigide, sur laquelle il s'enroulait; on appelait cette tige *umbilicus* et ses deux bouts *cornua*. Quelquefois, probablement pour les rouleaux un peu gros, on avait deux ombilics, un à chaque extrémité, comme pour les cartes murales, que nous employons aujourd'hui. Ces ombilics étaient en bois précieux, en ivoire ou en os, en métal; ils portaient une cordelette qui sortant par une extrémité du rouleau, servait à lier celui-ci. Pour exprimer l'action de dérouler ou de rouler un *volumen*, on disait *plicare*, *evolvere*, *explicare*; d'où l'expression *explicit liber*, *explicitus liber*, conservée au moyen âge, mais qui n'a plus aucun sens quand il s'agit de livres carrés.

La première feuille de chaque main de papyrus portait le nom du fabricant, et cette inscription s'appelait *protocole*; les Arabes, devenus maîtres de l'Égypte, conservèrent cet usage, et une bulle de 876 pour l'abbaye de Tournus porte le nom du fabricant en caractères arabes. Un édit de Justinien interdit aux notaires publics de faire disparaître cette inscription dans le papyrus employé par eux. Vers la fin de l'Empire, la fabrication du papyrus était placée sous la surveillance directe du pouvoir central et les industriels qui s'y livraient dépendaient

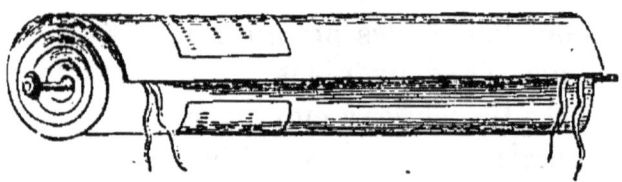

Volumen.

d'un haut fonctionnaire, le *comes sacrarum largitionum*.

Une fois roulé et attaché, le *volumen* était déposé dans une case, mais il fallait une marque extérieure permettant de reconnaître au premier coup d'œil quel ouvrage renfermait chaque rouleau. De là l'usage de l'*index*; c'était une bande de parchemin ou de papyrus collée au verso de la première feuille, et *indiquant* le nom de l'auteur, le titre de l'ouvrage, et la section de cet ouvrage comprise dans chaque rouleau.

Casier à livres muni d'un pupitre.

La hauteur du papyrus donnait un des formats du rouleau; théoriquement la longueur de la bande était indéfinie, rien n'empêchant d'ajouter toujours de nouvelles feuilles, mais en réalité il était impossible de dépasser certaines dimensions, un rouleau trop considérable étant difficile à manier, et se déchirant facilement. On s'en tenait donc à des rouleaux plus minces, quitte à ne mettre dans chacun d'eux qu'une partie d'ouvrage ; on pouvait de la sorte les dérouler et les rouler aisément. Presque toujours le texte était disposé par colonnes (*pagina*), plus rarement on écrivait dans le sens de la hauteur du papyrus, *transverso calamo*.

On a étudié récemment la longueur des *volumina* antiques. En Égypte, elle paraît avoir été illimitée ; un rouleau trouvé à Thèbes a 43 m. 50, ce qui est excessif ; il est vrai que le moyen âge a eu des rouleaux de parchemin, plus solides, mais encore plus lourds et infiniment plus longs. Pour les œuvres littéraires grecques et latines, un érudit moderne, M. Birt, a évalué à 12 mètres la longueur extrême des *volumina*. De là des habitudes littéraires assez curieuses ; on constate, principalement chez les auteurs latins, une tendance visible à diviser leurs ouvrages par parties égales ou à peu près, parties dont chacune formera un *volumen*, et qui s'appelle un livre, *liber*. Ces habitudes paraissent dater de la période alexandrine ; les écrivains de la grande époque, Aristote, Xénophon, Platon, par exemple, ne la connaissaient certainement pas, et les différents livres de leurs ouvrages sont de longueur très variable, d'où la nécessité pour les copistes d'employer simultanément des rouleaux gros et minces. Dès le temps de Cicéron, l'usage nouveau paraît bien établi à Rome ; Varron excellait à découper ses ouvrages en tranches d'épaisseur égale. M. Birt cite encore à titre d'exemple les *Tusculanes*, les *Géorgiques*, l'*Ars amatoria* d'Ovide, la *Géographie* de Strabon, l'*Histoire naturelle* de Pline, les *Stratagèmes* de Frontin. Cet usage pouvait évidemment être gênant pour l'écrivain, et à cet égard les auteurs modernes ont une latitude beaucoup plus grande ; s'ils divisent leurs ouvrages en parties égales ou à peu près, c'est pour obéir à des règles supérieures d'harmonie et de composition, plutôt que pour céder à des exigences de libraires. Au surplus cette liberté donnée à l'écrivain date de loin; les auteurs de la décadence latine, profanes et sacrés, conservent pieusement la division en livres que leur a léguée le temps passé, mais ils ne s'astreignent plus à donner toujours à ces livres la même dimension; on peut citer à titre de preuve les poésies de Claudien, de Prudence et de Paulin de Périgueux, les traités exégétiques d'Origène et de saint Jérôme. Cette irrégularité provient de l'usage de plus en plus répandu du *codex*, du livre carré.

Comment évaluait-on la longueur d'un ouvrage ou d'une partie d'ouvrage? On comptait par *stichoi*, d'où le terme stichométrie. Le mot grec *stichos* veut dire rang, ligne, et par extension *vers*. C'est de la poésie épique qu'il était le plus facile d'évaluer l'étendue; il suffisait de compter le nombre d'hexamètres, aussi la longueur de l'hexamètre devint-elle l'unité de mesure, même des ouvrages de prose. On appelait aussi les lignes *epê*, vers. M. Birt a appliqué ces règles à un certain nombre d'ouvrages de l'antiquité, et a pu établir les formats ainsi que suit : la longueur maximum des livres des prosateurs est de 5 000 *stichoi*, d'où trois formats : au-dessous de 2 300, petit et moyen format; de 2 700 à 4 000, grand format; de 4 000 à 5 000, très grand format. En employant des papyrus de hauteur variable, on obtenait des rouleaux de longueur sensiblement égale. D'où l'expression de *libellus* servant à désigner les petits recueils de poésie, ou de prose : par exemple les *Épigrammes* de Martial, certains poèmes d'Ovide, les *Dialogues* de Cicéron, etc. Ces règles de stichométrie persistèrent et furent appliquées à des ouvrages composés anciennement; la plupart des anciens exemplaires de la Bible, par exemple, notent à la fin de chaque livre le nombre de lignes qui le composent, mais ces indications sont traditionnelles, l'usage de plus en plus répandu des abréviations renversant toutes les habitudes acquises. Plus tard, en plein moyen âge, des règles analogues s'introduiront dans les études de notaires et dans les greffes; aujourd'hui encore la loi règle minutieusement le nombre des syllabes qui doivent composer chaque ligne dans une copie authentique d'acte.

Parlons maintenant du *codex*. Aux beaux temps de la littérature romaine, le papyrus presque seul fut en usage. Très fragile assurément, incommode à écrire, cette matière suffisait pourtant à tous les besoins; à Herculanum, on n'a que des rouleaux de papyrus de grosseur inégale. Seuls les pauvres, pour écrire, usaient de parchemin, probablement sous forme de rouleaux. Pline cite toutefois, comme existant encore de son temps, des dessins du célèbre Parrhasius exécutés sur des feuillets de parchemin. Vers la fin du premier siècle, semble-t-il, s'introduit chez les libraires l'usage du *codex*. Cette nouvelle forme dérive des tablettes de cire. Le *codex* est un livre, composé de feuillets de papyrus ou de parchemin pliés et assemblés par cahiers. Martial, dans ses *Épigrammes*, parle avec admiration de cet usage, qui permet de réunir sous un petit volume l'ensemble des œuvres d'un prosateur ou d'un poète, et dans plusieurs de ses pièces, il mentionne des ouvrages *in membranis*; c'étaient déjà vraisemblablement des *codices*. Aussi, dans Isidore de Séville, le mot *codex* désigne-t-il la réunion de plusieurs *libri*, du contenu de plusieurs rouleaux; les Grecs disaient *teuchos*, d'où le nom *Pentateuque*, réunion de cinq livres. Dès le temps de saint Jérôme, le mot *volumen* a perdu son sens originaire, et désigne un manuscrit de forme quelconque; Sidoine Apollinaire, parlant de l'*Odyssée*, dit simplement *Smyrnæ volumen*.

Le *codex quadratus*, le livre carré, que les anciens appellent également *membrana*, n'est pas pour cela toujours en parchemin ; il y a eu des *codices* en papyrus, et on en possède un certain nombre datant des derniers temps de l'Empire ; citons seulement le Josèphe de l'Ambrosienne, le saint Hilaire de Vienne, le saint Augustin de la bibliothèque Nationale, enfin le recueil des homélies de saint Avit, partagé aujourd'hui entre Paris et Genève. Mais qu'il soit en papyrus ou en parchemin, le *codex* est opisthographe, c'est-à-dire que chaque feuillet (*tabella*) a reçu de l'écriture au verso comme au recto ; les feuillets sont réunis par cahiers, *quaterniones*, qui, le nom l'indique, se composaient primitivement de quatre feuillets ; toutefois dans les *codices* en papyrus, à chaque *quaternio* est joint un double feuillet de parchemin qui le soutient et le protège. En grec on disait *tetradion*. On a eu aussi des *quinquenniones*. Le feuillet double s'appelait *diploma*. Tantôt les copistes employaient des cahiers encore en feuilles non cousues, tantôt au contraire on faisait relier les feuillets de parchemin ou de papyrus avant de les utiliser. En tout cas chaque *quaternio* portait un numéro d'ordre ou signature ; on disait I^{us}, II^{us}, III^{us}... *quaternio*, et on mettait en réclame à la dernière page le premier mot du cahier suivant. Cet usage, conservé au moyen âge, a subsisté longtemps dans l'imprimerie ; aujourd'hui on n'emploie plus que les signatures par feuilles.

Rien ne prouve d'ailleurs que les anciens aient jamais eu l'idée de numéroter soit les colonnes de leurs rouleaux, soit les feuillets de leurs *codices* ; les renvois se faisaient par les premiers mots du passage à consulter. On a, il est vrai, dans certaines inscriptions, noté des renvois à une page déterminée d'un livre de comptes. Rien toutefois ne prouve que ces livres fussent réellement paginés ; on pouvait se contenter de compter les pages ou les feuillets.

Le format des anciens *codices* est généralement le format carré, d'où leur nom ; chaque page reçoit trois ou quatre colonnes dans les manuscrits très anciens, d'ordinaire deux au moyen âge. Quelques-uns pourtant sont à longues lignes, tel le Virgile du Vatican.

Longtemps avant d'employer les *codices quadrati*, les Romains écrivaient sur parchemin. Horace, Juvénal, par exemple, parlent d'ouvrages qui, composés par l'auteur *in membranis*, attendent dans une ombre obscure un instant favorable à leur publication ; ce jour-là, un *librarius* les fera transcrire sur papyrus et ils circuleront de main en main. Le parchemin servait donc à mettre au net un brouillon ; pour celui-ci, pour les pensées fugitives, Quintilien recommande l'usage des tablettes de cire. On a déjà dit quelques mots de ces petits meubles. On les utilisait pour prendre des notes, faire des comptes, écrire des lettres. On avait des tablettes de tous les formats ; des grandes pour écrire les comptes publics, des petites pour souhaiter le bonjour à un ami ; les plus petites s'appelaient *pugillares*. La falsification des tablettes de cire était aisée. Cicéron accusait Verrès d'avoir récrit tous ses comptes. On prenait souvent d'ingénieuses précautions pour empêcher un indiscret ou un malveillant de modifier le texte d'une lettre ; on écrivait par exemple sur la plaque de bois servant de fond, puis on appliquait de la cire qui recevait quelques mots insignifiants. Le plus souvent les plaquettes sont en bois et enduites de cire colorée en jaune, en rouge ou en noir, et l'écrivain traçait les caractères à l'aide d'un stylet de métal. Mais on a aussi employé des plaques d'os ou d'ivoire, sur lesquelles on écrivait avec de l'encre noire ou de couleur. Les fameux diptyques consulaires portaient à l'origine des inscriptions au revers des panneaux sculptés. Quelquefois, mais rarement sans doute, on écrivait sur ces *libri eborei* ou *elephantini* avec de l'encre d'or. Ces tablettes se portaient généralement à la ceinture, comme un carnet ou un agenda ; on s'en servait pour la correspondance entre amis ; mais quand la lettre à écrire était importante et longue, on recourait au papyrus, en faisant un rouleau de la lettre, et cette habitude était si bien établie qu'au vᵉ siècle encore, alors que le parchemin est depuis longtemps en usage pour les *codices*, saint Augustin s'excuse d'écrire à un ami sur du parchemin et lui explique qu'il manque de papyrus.

Les tablettes s'appelaient encore *codicilli*, petits *codices*, et pouvaient servir à recevoir les testaments; d'où l'expression *codicille*. Des constitutions impériales réglèrent soigneusement la forme et la disposition des cachets qui devaient sceller ces tablettes testamentaires.

Le moyen âge a conservé toutes les habitudes de l'antiquité; il a eu des rouleaux, des tablettes de cire et des livres carrés, mais cette dernière forme tend à l'emporter dès la fin de l'Empire; elle était à la fois plus commode et moins coûteuse et aujourd'hui, habitués que nous sommes au format minuscule de nos livres, nous avons peine à nous représenter les anciens, grands liseurs pourtant, roulant et déroulant des *volumina* de papyrus.

Quelques mots maintenant de l'écriture antique. Le sujet a été traité bien souvent; il suffira d'indiquer brièvement les différentes espèces de caractères employés. L'antiquité grecque et romaine a connu et légué au moyen âge trois écritures distinctes : capitale, onciale et cursive. On appelle capitale l'écriture dont les inscriptions latines nous offrent tant de modèles admirables; chaque lettre, bien proportionnée, est tracée séparément; elle a des formes bien arrêtées, ne laissant aucune place à la fantaisie du scribe. Cette écriture capitale, plus ou moins belle, plus ou moins régulière, se retrouve dans la plupart des manuscrits antiques dont les débris ont subsisté; elle est très difficile à dater; plus elle est large, plus elle se rapproche de l'écriture carrée, des *litteræ quadratæ*, plus elle est ancienne. Le Virgile du Vatican est un beau spécimen de cette écriture. Chaque lettre de ce manuscrit a près d'un centimètre de hauteur. Pour les manuscrits, cette écriture, en dépit des sigles dont l'emploi supprimait une partie des caractères à tracer, était dispendieuse et peu rapide, surtout quand il s'agissait de caractères un peu grands. Aussi, de bonne heure, à côté de l'écriture capitale se forme un autre alphabet capital, dans lequel la forme de certaines lettres est modifiée, de manière à être plus rapidement tracée; en général, dans cette écriture les angles sont remplacés par des lignes arrondies. On appelle cette écriture onciale, du mot *uncia*, qui désigne la douzième partie du pied. Il n'est pas prouvé d'ailleurs qu'il y ait jamais eu une écriture dont les lettres aient eu 1 centimètre 1/2 de haut. Mais de bonne heure, dès le temps de saint Jérôme tout au moins, on appelle onciale une écriture dérivée de la capitale et n'en différant que par la forme des lettres suivantes : A, D, E, G, M, Q, T, V. Un savant paléographe allemand, M. Wattenbach, date du IIe siècle de notre ère la constitution de cette écriture et cite des manuscrits du IVe siècle où on la retrouve; dans le Tite-Live de Paris, du Ve siècle, la plupart des lettres appartiennent à l'écriture onciale. Cette dernière ne paraît toutefois être devenue d'un usage courant qu'à l'époque barbare, et rien de plus difficile, en général, à dater que les manuscrits écrits tout entiers en lettres onciales.

L'écriture onciale, comme la capitale, était longue à tracer, aussi les Romains et les Grecs ont-ils eu de bonne heure une écriture cursive, dans laquelle les lettres étant plus petites et liées, la main du scribe pouvait en tracer plusieurs d'un seul jet, sans repos. On a trouvé à Pompéi, à Rome même, sur les murs des maisons, des inscriptions en cursive, et Herculanum nous a conservé des manuscrits écrits tout entiers de cette façon; citons encore des tablettes de cire publiées jadis par M. Mommsen. Une autre espèce de cursive, plus soignée, mais d'une lecture plus laborieuse, est ce qu'on appelle la moyenne cursive romaine, ou écriture curiale; elle a été employée pour les diplômes impériaux du IIIe siècle, diplômes dont le déchiffrement n'a été tenté que de nos jours; la Bibliothèque nationale possède plusieurs de ces précieux monuments; mais cette cursive, très curieuse à étudier au point de vue de la paléographie générale, l'est moins pour les manuscrits, car jusqu'à une époque avancée du moyen âge, elle a été peu employée par les copistes pour la transcription de traités étendus, pour l'exécution de volumes de luxe.

Les manuscrits antiques étaient d'ordinaire écrits en lettres capitales ou onciales; on en a encore aujourd'hui un certain nombre de spécimens. Citons seulement les deux Virgile du Vatican, le Prudence et le Tite-Live de notre Bibliothèque nationale; ces deux derniers sont du Ve siècle, l'âge des deux autres est indécis; toutefois en général un manuscrit en capitales est toujours d'une haute antiquité. Tous ces volumes sur parchemin, comme les manuscrits sur papyrus de Leyde, de Paris, de Milan et de Genève, sont des *codices quadrati*. Les textes de Pompéi et d'Herculanum, au contraire, comme ceux qui viennent d'Égypte, affectent la forme de rouleaux.

Quelques mots maintenant de l'ornementation des manuscrits antiques. Les rouleaux et les *codices* sur papyrus ne comportaient guère, à cause de la fragilité de la matière, que quelques peintures légèrement tracées au pinceau; on en a plusieurs exemples venant d'Égypte. On cite également des rouleaux de portraits avec légendes; l'une de ces iconographies était l'œuvre de Cornélius Népos; de même le célèbre Varron avait pu orner ses *Hebdomades* de portraits dus à une artiste grecque, Lala de Cyzique; Pline cite encore un traité des simples, dédié à Néron, avec figures représentant les plantes décrites. Mais cette ornementation a été toujours assez sobre : pour le papyrus on se contentait d'une écriture régulière et soignée, et pour éloigner les insectes, on enduisait les rouleaux d'huile de cèdre; on prenait la même précaution pour les *codices* sur parchemin. *Et cedro digna locutus*, dit un poète latin d'un auteur estimé.

Au contraire, les *codices* sur parchemin étaient plus faciles à orner, à parer, et les *librarii* de Rome paraissent avoir connu à peu près tous les raffinements pratiqués par les peintres du moyen âge. Nous allons étudier successivement les éléments constitutifs de cette ornementation : matière subjective, encre employée, illustration.

Le premier parchemin obtenu était de teinte jaune, rugueux et inégal ; ces défauts contribuèrent sans doute à en restreindre longtemps l'usage. C'est à Rome même, au rapport d'Isidore de Séville, qu'on trouva l'art de le blanchir ; mais cette teinte trop éclatante fatiguant la vue des lecteurs, on prit le parti de passer au jaune safran l'un des côtés de chaque feuille, recto ou verso ; un vers célèbre de Juvénal semble même prouver qu'on finit par faire subir le même traitement aux deux côtés.

Mais le raffinement ne s'arrêta pas là ; à la couleur safranée on finit par substituer, pour les manuscrits de grand luxe, la pourpre, réputée la plus belle des couleurs dans l'antiquité, peut-être parce qu'elle était la plus coûteuse. Cette teinture était, on le sait, empruntée à un coquillage de la Méditerranée orientale, et était également employée pour la laine et pour la soie. On la réserva pour les *codices*, le parchemin pouvant seul supporter cette opération, et la mode s'en conservera longtemps en Orient et en Occident ; la plupart des beaux manuscrits carolingiens sont écrits, au moins en partie, sur vélin pourpré. L'effet devait être assez riche à l'origine ; mais aujourd'hui le pourpre est tourné au violet foncé, et cette dernière teinte est d'autant plus accusée qu'on s'avance davantage dans le moyen âge.

Sur le vélin pourpré, l'encre noire aurait été peu distincte ; on employait parfois le cinabre, mais plus souvent l'or et l'argent. L'écriture en or paraît avoir été connue des Grecs. La VIIe Olympique de Pindare, en lettres d'or, était consacrée dans le temple d'Athéné à Lindos. Néron voulut que les vers qu'il avait composés fussent écrits de la même manière et dédiés à Jupiter Capitolin. C'était là un luxe vraiment impérial, que tout le monde ne pouvait se permettre. On cite un Homère ainsi exécuté et offert à l'empereur Maximin le Jeune; certains auteurs, en dédiant leurs œuvres au souverain, en faisaient transcrire un exemplaire en lettres d'or; tel Optatianus, poète du temps de Constantin.

Un peu plus tard, ce luxe est réservé aux livres liturgiques; les Pères de l'Église s'élèvent en vain contre ces dépenses exagérées, l'habitude ne disparaît jamais complètement. Pour le recueil des Évangiles et des épîtres de l'année principalement, les scribes de tous les temps ont mis à contribution toutes les ressources de leur art. En fait de manuscrits anciens ainsi ornés, on peut citer l'évangéliaire de Rossano, les fragments de la Genèse conservés à Vienne, le *Codex argenteus* d'Ulphilas, aujourd'hui à Upsal, etc.

Ces lettres d'or ou d'argent paraissent avoir été tracées à la plume; on se servait en somme d'encre métallique mais on n'a pas la recette exacte de la préparation de cette encre. L'écriture d'argent et d'or devait à l'origine faire très bel effet sur le vélin pourpré, mais l'argent a fini par passer au noir, et l'or lui-même s'est terni et a pris une teinte rougeâtre.

Les anciens ne réservaient pas l'écriture d'or pour le vélin pourpré; ils l'appliquaient souvent, et le moyen âge conserva cet usage, sur du parchemin blanc; Josèphe parle d'une copie de la traduction grecque de l'Ancien Testament offerte au roi Ptolémée par le grand prêtre Éléazar; elle formait un rouleau de peau fine, écrit en lettres d'or. On cite encore un exemplaire des poèmes d'Homère en lettres d'or sur intestin de dragon (*sic*); il aurait péri dans un incendie à Constantinople, au ve siècle.

Les anciens employaient encore l'encre de cinabre, et s'en servaient pour les titres des ouvrages et des chapitres, et parfois pour les premières lignes de chaque traité. Quelques-uns des manuscrits les plus anciens, les Tite-Live de Vienne et de Paris, le Virgile de Florence, sont ainsi disposés, et de là les mots *rubrica*, *rubricare* pour désigner les titres d'un ouvrage et l'action de tracer, de disposer ces mêmes titres. L'encre rouge, composée cette fois non plus de cinabre, mais de pourpre, fut réservée à Constantinople pour la signature des empereurs, qui écrivaient aussi ou faisaient écrire le mot *legimus* au bas des actes à leur nom. Cette formule se lit notamment au bas de la lettre d'un empereur byzantin à Pépin le Bref; on la retrouve encore sur un diplôme de Charles le Chauve de l'an 846. Cette encre sacrée, *sacrum incaustum*, était confiée à la garde d'un officier spécial; plus tard on l'appela *cinnabaris*, le cinabre ayant remplacé l'encre de pourpre devenue rare. Un usage analogue voulait qu'à Byzance le tuteur de l'empereur signât en encre verte, *batracheion chroma*. Au moyen âge les encres verte, rouge, bleue ont joué un grand rôle dans l'ornementation des manuscrits, surtout pour les lettres initiales.

A ces embellissements coûteux, ajoutons la calligraphie; non seulement les riches amateurs tenaient à employer des écrivains experts, mais ceux-ci exécutaient parfois de véritables tours de force; citons seulement une copie de l'*Iliade* sur papyrus, écrite en caractères téllement microscopiques que tout le volume pouvait tenir en une coquille de noix. La rareté des abréviations dans l'écriture capitale antique rend le fait assez surprenant; nous le rapportons sans le garantir.

A cette coloration du parchemin en pourpre, à la chrysographie, aux lettres de couleur, les anciens joignaient, comme les artistes du moyen âge, des peintures. Le fait est certain; mais nous avons conservé fort peu de ces manuscrits illustrés. Les plus célèbres sont la Genèse grecque de Vienne, le Virgile du Vatican, le Dioscoride de Vienne, l'*Iliade* de l'Ambrosienne. Les peintures de la plupart de ces volumes ont été reproduites plus ou moins exactement, celles de la Genèse par Lambecius, celles de l'*Iliade* par Maï; ce dernier a également donné une partie des peintures du Virgile de Rome, qui depuis ont été étudiées à nouveau par M. de Nolhac. Le travail de ce dernier érudit va nous fournir quelques indications utiles. N'oublions pas, au surplus, que certaines peintures antiques ont été reproduites avec des altérations par des copistes plus récents; par exemple, celles des anciens exemplaires de Térence qui dérivent d'exemplaires antiques, celles de la *Psychomachia* de Prudence et du Dioscoride; l'habitude est constante au moyen âge.

Le Virgile du Vatican, celui que l'on appelle *Vaticanus* pour le distinguer d'un autre exemplaire du même dépôt qu'on appelle *Romanus*, renferme cinquante peintures. Le manuscrit complet devait en contenir au moins deux cent cinquante; c'était, on le voit, un volume de grand luxe. Ces peintures sont de dimensions variables, les unes occupent la page entière, les autres sont intercalées dans le texte, au haut, au bas ou au milieu de la page. Elles sont encadrées de deux filets, l'un noir, l'autre rouge, avec fleurons blancs aux coins; sur le filet rouge on a disposé des plaques d'or en forme de losange. Les peintures sont de trois artistes différents: un excellent, un médiocre, un peu soigneux; on avait donc fait pour ce manuscrit comme pour les livres à images de nos jours, que plusieurs graveurs concourent à illustrer. Ces trois artistes étaient d'ailleurs contemporains, l'écriture capitale paraissant être de la même main d'un bout à l'autre. Le procédé est partout le même; les artistes ont peint à la gouache par couches successives; la première forme le fond: terrain, monuments, eau, ciel; une seconde couche donne les personnages ; enfin, quand il y a lieu de varier la couleur, une troisième couche a achevé la peinture. Le procédé, on le voit, était assez rudimentaire, et c'est à ce défaut de soin qu'il faut attribuer le mauvais état actuel des peintures ; seule, la couche inférieure subsiste à peu près partout, les personnages et les objets figurés au premier plan présentent des trous nombreux, la peinture s'étant écaillée. La perspective aérienne est défectueuse, le modelé des figures est marqué par des applications de blanc, le clair-obscur n'existe pas ; enfin, l'ombre est simplement indiquée par un trait plus fort. De légers traits d'or servent à accentuer les parties fortement éclairées : plis des vêtements, lumières dans les arbres, arêtes des armes, etc. A vrai dire, ce manuscrit que l'on croit du IVe siècle (quelques-uns ont dit du IIe) n'est pas fait pour nous donner une idée très avantageuse des manuscrits illustrés de l'époque romaine. Sans doute, le dessin dans les volumes plus anciens devait avoir plus de correction, la peinture pouvait présenter plus de délicatesse, mais il y a loin de ce livre lourdement illustré aux merveilles que devait créer le moyen âge. La décoration des beaux manuscrits de l'époque capétienne est autrement riche et variée, et cette variété est le résultat de l'alliance intime qui s'est faite entre le goût antique et l'art ornemental des peuples barbares. Toutefois il serait injuste de juger l'art du livre dans l'antiquité sur ce seul et à peu près unique spécimen.

On rapporte le Virgile du Vatican au IVe siècle ; il serait à peu près contemporain du célèbre calendrier romain, conservé à Vienne et décrit jadis par Lambecius. Ce calendrier, offert à un certain Valentinus qui aurait vécu vers 360, est l'œuvre de Furius Dionysius Filocalus. A chaque mois on trouve des peintures représentant sous une forme allégorique les occupations de ce mois. Ce sont de vraies peintures antiques, mais on y sent déjà la décadence.

Les habitudes suivies par les libraires romains pour l'illustration des livres ne se perdirent jamais complètement; on les retrouve à l'époque barbare en Occident, dans certains manuscrits célèbres, tel le Pentateuque de Tours, dont il sera question plus loin. Mais c'est surtout

Peinture du Virgile de la Bibliothèque Vaticane.

Byzance qui les conserve le plus exactement; les copistes grecs du Bas-Empire paraissent s'y être pendant longtemps exactement conformés.

Un mot de la disposition des bibliothèques des anciens. La forme même de rouleaux, si longtemps universellement en usage, avait obligé les architectes à certains arrangements intérieurs tout différents de ceux que les modernes ont adoptés. Les armoires étaient divisées en casiers, comme ceux des marchands de nos jours ; on les appelait *nidi*, *capsæ*, *loculi*, et les *volumina* y étaient rangés de manière à présenter aux yeux l'*index*,

Bibliothèque de la fin de l'Empire.

portant le nom de l'auteur, le titre de l'ouvrage et le numéro du livre. Les rouleaux contenant les différentes parties d'un même ouvrage étaient attachés ensemble, seul moyen d'éviter le désordre. Quand l'usage des *codices* devint universel, aux casiers on substitua des rayons à rebord sur lesquels les livres étaient posés et présentaient aux yeux le plat antérieur. Cet usage, conservé au moyen âge, explique pourquoi beaucoup de manuscrits anciens portent le titre écrit sur le plat antérieur, pourquoi aussi, dans les reliures luxueuses, on s'est souvent contenté d'orner ce même plat, l'autre devant rester caché. Les Romains n'épargnaient d'ailleurs aucune dépense pour l'ornement de leurs bibliothèques : pavés en mosaïque, armoires de bois précieux garnies d'incrustations d'ivoire, plafonds dorés et à caissons, etc., peintures, statues, etc. En un mot, on y retrouvait ce luxe artistique que la nécessité de créer des salles de lecture spacieuses, ouvertes à tous, a interdit à peu près entièrement aux modernes, mais dont quelques anciennes bibliothèques publiques ou privées fournissent encore aujourd'hui de beaux exemples.

CHAPITRE II

BYZANCE

L'expression *art byzantin* éveille d'ordinaire l'idée d'un art en décadence, hiératique et figé. On admet, il est vrai, généralement que les artistes de Constantinople ont pu conserver plus fidèlement que leurs confrères de Gaule et d'Italie les procédés et les leçons des anciens, et exercer à leur tour une heureuse influence sur les calligraphes et les artistes de l'époque carolingienne. L'étude des manuscrits et des rares monuments existant en Orient a prouvé qu'on s'était bien mépris, que la Grèce du moyen âge avait produit autre chose que les icones banales fabriquées encore aujourd'hui par les moines grecs et russes. A vrai dire, il eût suffi aux archéologues d'un peu de réflexion pour éviter cette lourde méprise; si Constantinople a été pillée à outrance par de grossiers vainqueurs en 1204 et avilie par la longue domination des Turcs, Ravenne existe encore avec ses admirables mosaïques, ses églises somptueuses, prouvant que les architectes et les décorateurs de Sainte-Sophie avaient trouvé des émules dans l'Italie grecque. Au surplus il eût suffi d'ouvrir quelques-uns des beaux manuscrits que conservent nos bibliothèques publiques, on y aurait vu comment, sans oublier les traditions antiques, peintres et calligraphes grecs avaient su trouver des formes nouvelles, des associations de couleurs ignorées de leurs devanciers et illustrer d'une façon personnelle les livres sacrés et les écrits des Pères. En effet, tandis que de dégradation en dégradation les dessinateurs d'Occident en arrivent à produire les êtres monstrueux qui sous le nom de figures humaines ornent tel manuscrit gaulois, le Pentateuque de Tours par exemple, les peintres de Byzance, plus heureux, vivant dans un milieu plus tranquille, à l'abri des hordes barbares, conservent le culte et l'amour des anciens modèles et créent des procédés nouveaux, des types inconnus. Qu'ils aient échappé à toute influence extérieure, on ne saurait l'affirmer. Byzance paraît bien avoir emprunté aux monarchies orientales autre chose que le cérémonial compliqué et puéril d'une cour somptueuse; l'art persan semble avoir eu pour les artistes grecs un attrait tout particulier; mais ceux-ci surent longtemps garder intactes leurs qualités prime-sautières : facilité de main, grâce, imagination mobile et riche, et pour trouver en Occident l'équivalent de ce qu'ils produisirent du IXe au XIe siècle, il faut descendre jusqu'au XVe, à l'aurore de la Renaissance.

On ne saurait ici entrer dans de longs détails sur la paléographie grecque. Rappelons seulement que les Byzantins ont, comme les écrivains de notre moyen âge, employé les écritures que leur avait léguées l'antiquité classique : capitale, onciale, minuscule et cursive. Comme chez les Occidentaux, la capitale est de bonne heure réservée aux titres, aux débuts d'ouvrages, mais l'onciale, par contre, jouit en Grèce d'une longue faveur. Il y a deux siècles Montfaucon croyait antérieurs au Xe siècle tous les volumes écrits en onciales; les successeurs de cet illustre savant ont démontré qu'il s'était gravement trompé à cet égard et que l'usage de cette écriture s'était conservé fort longtemps, principalement pour les livres liturgiques. L'onciale grecque a donné naissance aux anciens alphabets liturgiques slaves.

La minuscule dérive, en grec comme en latin, de l'onciale, et l'on distingue suivant les temps trois minuscules différentes : ancienne, moyenne et nouvelle. La cursive enfin, connue dès l'antiquité, et dont on a de précieux spécimens trouvés à Herculanum et en Égypte, varie beaucoup avec les temps et les lieux.

La lecture des manuscrits grecs est obscurcie par les abréviations. De ces dernières, la plupart, comme en latin, consistent en liaison et en suppression de lettres; d'autres, en petit nombre, sont empruntées à la tachygraphie.

Sauf les papyrus de Pompéi et d'Égypte, les manuscrits anciens sont tous sur parchemin, plus ou moins lisse, plus ou moins fin, suivant le temps et le pays. Mais à dater du xie siècle, le papier dit bombycin fait au parchemin une sérieuse concurrence. Peu nombreux encore au xiie siècle, les manuscrits grecs sur papier se multiplient au xiiie. On a dit plus haut comment des recherches toutes récentes avaient modifié les notions acquises sur la nature de ce papier; rappelons seulement que la finesse extrême de cette matière l'a quelquefois fait confondre avec le parchemin.

Tout comme les manuscrits latins, les anciens manuscrits grecs sont difficiles à dater ; cette remarque s'applique principalement aux volumes écrits en onciales. Par bonheur, plus soigneux que leurs confrères de Gaule, d'Italie et d'Allemagne, les copistes grecs ont très souvent signé et daté leurs ouvrages. Anciennement les écrivains formaient dans l'empire byzantin une corporation puissante et bien organisée. On sait de quel peuple de scribes et de secrétaires s'entourait le célèbre Origène: tous les grands personnages avaient leur chancellerie, leurs tachygraphes; pour les manuscrits plus riches on recourait à des calligraphes de profession. Tout naturellement la plupart de ces scribes étaient engagés dans les ordres, mais les écoles monastiques d'écriture semblent avoir exercé moins d'influence aux beaux temps de l'Empire qu'en Occident durant les premiers siècles du moyen âge. Ce fait tient à l'existence d'une culture séculière, d'une administration laïque puissamment organisée et indépendante de l'Église. On a dressé bien des fois la liste de ces copistes grecs, et ces listes ont permis de constater l'existence d'un certain nombre d'écoles provinciales, et de marquer les limites de l'influence grecque au moyen âge. On a des manuscrits écrits en langue grecque en Thrace et dans les autres parties de la Grèce continentale, dans les pays slaves, en Italie (Grotta Ferrata, Venise, Reggio), en Sicile; l'école d'Alexandrie était également célèbre et l'usage des caractères grecs s'étendait jusqu'en Nubie et en Abyssinie. L'Asie Mineure, l'Arménie, la Syrie ont également fourni de nombreux manuscrits grecs; l'influence grecque ne déclina qu'assez lentement dans ces pays et surtout après l'arrivée des Turcs Ottomans. La forme des souscriptions des copistes varie beaucoup. Tantôt ils se contentent de donner leur nom et de marquer le temps de la copie. Parfois ils entrent dans plus de détails, se plaignent en vers ou en prose de la dureté du métier, de la longueur du travail, etc.

Au XVe siècle, la prise de Constantinople est suivie de l'exode d'une foule de savants grecs, de copistes, qui, réfugiés en Occident, y répandent les goûts des lettres antiques, et pour vivre multiplient les copies d'anciens manuscrits. Quelques-uns de ces copistes furent des artistes distingués : tel Ange Vergèce qui transcrivit nombre de beaux volumes en France au XVIe siècle. Mais, à vrai dire, la connaissance du grec n'avait jamais été entièrement abolie en Occident, même aux temps les plus barbares. Au IXe siècle, Jean Scot Érigène traduisait en latin les œuvres du faux Denis l'Aréopagite, et Sedulius Scotus copiait de sa main un précieux psautier bilingue. A Saint-Denis même, l'office du saint patron s'est célébré en grec jusqu'à la fin de l'ancien régime. Enfin, par coquetterie de pédants, beaucoup de copistes du IXe, du Xe et du XIe siècle ont signé leurs œuvres en caractères grecs; le même alphabet a été parfois employé par de grands personnages pour souscrire des chartes solennelles. Mais il serait téméraire de conclure de ces faits isolés que beaucoup de clercs du plein moyen âge aient entendu la langue d'Homère; ils connaissaient l'alphabet, le sens de certains mots techniques; à cela d'ordinaire se bornait leur science, et jusqu'au XVe siècle bien faible fut le nombre des personnes lettrées lisant couramment le grec.

Nous arrivons maintenant au sujet particulier que nous devons traiter, à l'ornementation des manuscrits grecs. Comme celui des peintres, l'art des miniaturistes grecs dérive de l'art antique lentement transformé. On a distingué plusieurs périodes : en voici l'indication sommaire. Jusqu'à la fin du Ve siècle, c'est l'art antique à peu près pur, n'ayant subi que les transformations nécessitées par les sujets à reproduire; vient ensuite le période dite justinienne, qui se prolonge jusqu'à l'hérésie des iconoclastes (sous Léon l'Isaurien, mort en 741); cette hérésie fait périr la plupart des manuscrits grecs de l'époque ancienne. Au IXe siècle, l'art renaît de ses cendres et brille d'un vif éclat au Xe. Avec le XIe et le XIIe siècle commence la décadence qui s'accentue au XIIIe, après la prise de Constantinople par les croisés. Au milieu des malheurs qui affligent l'Empire, seuls ou presque seuls, les moines conservent les anciennes traditions et continuent à peindre, d'après un canon rigoureusement fixé, des Christs, des Vierges et des Saints. La destrutcion de l'empire byzantin par les Turcs porte le dernier coup à la civilisation hellénique; quelques couvents se transmettent pieuse-

Saint Jean évangéliste. (Peinture grecque.)

ment jusqu'à nos jours le précieux dépôt de l'art national..

Les principaux caractères de l'art byzantin son. aujourd'hui suffisamment connus ; beaucoup des œuvres existantes ont été exécutées par des artistes servilement attachés à un canon immuable, répétant à l'infini des modèles une fois fixés ; mais à côté de ces œuvres mortes, on en trouve de plus vivantes, de plus personnelles ; certains peintres ont su se soustraire à l'influence de ce canon hiératique et créer des œuvres originales librement imitées de l'antique. Toutefois les meilleurs et les plus indépendants sont restés toujours à certains égards fidèlement attachés à la tradition ; dès le temps de Constantin, au rapport de saint Jean Damascène, les types du Christ et de la Vierge étaient définitivement arrêtés ; que l'on compare les différentes figures des grands saints de l'Église grecque : saint Grégoire de Nazianze, saint Jean Chrysostome, saint Basile, et l'on reconnaîtra bientôt que les artistes tenaient à reproduire aussi exactement que possible un type convenu, traditionnel. C'était là une cause d'infériorité compensée fort heureusement par des qualités précieuses. L'éducation technique des peintres fut toujours meilleure en Orient qu'en Occident ; si les miniaturistes d'Orient ont moins de liberté que leurs congénères de Gaule ou d'Angleterre, en revanche ils ont appris à dessiner ; ils savent dresser une figure et souvent, on le montrera tout à l'heure, ils n'ont pas moins d'imagination ; tout en respectant des traditions autoritaires, ils donnent à leurs œuvres un caractère personnel, varient les scènes, modifient heureusement l'interprétation du texte à illustrer.

Obligés de reproduire des types convenus et figés, ils n'étaient pas beaucoup plus libres en ce qui touche à l'interprétation du texte, au choix du sujet ; les artistes d'Occident peuvent choisir le sujet qui inspirera leur crayon, ceux d'Orient, au contraire, sont tenus à plus de rigueur. Les textes des Pères sont formels à cet égard :

pour saint Nil, au ve siècle, les peintres doivent respecter scrupuleusement les textes sacrés, leurs œuvres servant à l'enseignement du peuple. Ils semblent avoir généralement observé ces règles étroites ; les scènes qui illustrent les anciens manuscrits grecs de la Bible se suivent dans un ordre exact, et toujours le même ; dans les détails même ils se conforment au canon, et telle peinture de la Genèse de Vienne est encore conforme aux descriptions de saint Cyrille et de saint Grégoire de Nysse. Ce formalisme étroit s'étendit plus tard aux textes autres que la Bible ; les différents manuscrits de saint Grégoire de Nazianze, par exemple, sont illustrés de miniatures placées aux mêmes endroits, exécutées et conçues dans le même esprit.

Aussi, pour rester originaux et supérieurs malgré tant de causes d'infériorité, a-t-il fallu aux miniaturistes byzantins un talent supérieur. Cette supériorité, ils la doivent en partie à leur instruction technique, en partie aux leçons de l'antiquité, qu'ils n'oublièrent jamais entièrement. Dans leur manière de poser les figures, de draper les vêtements, on sent toujours l'influence de l'art gréco-romain, souvent même l'imitation est beaucoup plus directe ; tel peintre se contentera de reproduire d'une main rapide et légère des dessins évidemment antiques ou transformera par l'addition de quelques accessoires un Orphée en David, des Victoires en Anges. Mais pour l'ornementation proprement dite, les miniaturistes grecs ont puisé à une source plus lointaine. Dans certains manuscrits l'influence orientale, persane probablement, se fait sentir par le choix des couleurs, des motifs d'ornement. Il y a loin, par exemple, des encadrements lourds et sans grâce du Virgile du Vatican, de l'*Iliade* de Milan, de la *Genèse* de Vienne, aux admirables portiques de tel Psautier du xe siècle, conservé à la Bibliothèque nationale (n° 64). L'artiste ici n'a reculé ni devant les couleurs les plus éclatantes, rouge clair ou rose, bleu lapis, or brillant, ni devant les motifs les plus singuliers, fleurs imaginaires, monstres bizarres. L'effet, en somme, est surprenant, et ce manuscrit laisse bien loin derrière lui les plus beaux produits de l'art carolingien, les œuvres les plus parfaites des écoles anglo-saxonne et française.

Mais, à vrai dire, ce n'est pas dans l'ornementation proprement dite que gît la supériorité de l'art grec. Jusqu'au xive siècle faible est le nombre des manuscrits latins sans initiales de couleur; dans les volumes les plus courants de théologie du xiie, du xiiie siècle, on trouve ces belles initiales de couleur, avec ou sans or dont la délicatesse et le fini nous étonnent. Tout au contraire, la plupart des copistes grecs se sont contentés de bandeaux de couleur, d'ornements en forme de Π, de petites initiales monochromes. Écrits d'une main rapide avec des ligatures multipliées, et d'ordinaire sans beaucoup de soin, la plupart des manuscrits grecs ne présentent que peu d'intérêt pour l'archéologue et tirent toute leur valeur du contexte.

Ce sont donc les manuscrits somptueux qu'il faut étudier pour se faire une idée de l'art du calligraphe grec, mais ici la rareté est compensée par la richesse et par la variété de l'ornementation; cette ornementation consiste en lettres ornées, bandeaux à dessins, écriture d'or et figures. Nous allons étudier séparément ces divers éléments.

Dans les manuscrits grecs, les lettres ornées n'ont jamais eu l'importance que leur donnaient les artistes occidentaux; tandis que certains manuscrits fort beaux, exécutés en France, en Angleterre et en Allemagne, tirent tout leur intérêt de leurs initiales de couleur, les artistes grecs se sont montrés toujours très sobres d'ornements. En général l'initiale peinte est placée à la mode antique, hors du texte, dans la marge, et les écrivains ne s'inquiètent guère de la place; parfois cette initiale appartient au milieu d'un mot, dont le commencement est à la ligne précédente. Dans beaucoup de manuscrits même somptueux, ces initiales sont de petite dimension, assez simples, en écriture d'or ; quand le scribe emploie plusieurs couleurs, à une lettre rouge il fait succéder alternativement une lettre verte ou une lettre bleue.

Dans les anciens manuscrits, le *Codex Ephræmi* notamment, ces initiales sont fort simples ; le texte, écrit en caractères compacts, ne renferme que quelques lettres en vermillon au début de chaque alinéa. Mais dans les manuscrits de l'époque byzantine proprement dite, ces initiales se compliquent et se multiplient et l'usage s'en est conservé jusqu'au XVIIe siècle ; à cette date on trouve encore, dans des volumes d'ailleurs sans intérêt, de jolies petites lettres en noir ou en couleur, représentant des fleurs, des animaux, des hommes même. Les plus simples parmi ces initiales sont comme fleuronnées, bourgeonnées, peintes au carmin ; le calligraphe a presque toujours respecté la forme primitive de la lettre à représenter. Ces mêmes lettres bourgeonnées se retrouvent encore dans des livres écrits tout entiers en capitales et en onciales ; elles rappellent avec plus d'élégance la capitale rustique des manuscrits occidentaux. Plus tard les formes se compliqueront, les courbes s'allongeront, se contrarieront, et on aura des lettres rappelant vaguement (cette remarque fort juste est de Bordier) notre style rococo du XVIIIe siècle ; on a des exemples de ces lettres dès le XVe siècle.

Ce sont là les motifs les plus simples ; mais on en trouve de beaucoup plus compliqués, dans lesquels entrent des animaux, des membres humains, des figures complètes. Citons dans un volume du Xe siècle, un T ormé d'une jambe nue au sommet de laquelle s'emmanche une main tenant un bâton posé horizontalement. Ailleurs ce seront des serpents, des monstres fantastiques, des oiseaux affrontés, ou bien encore une main bénissant.

Dans un E le dessinateur loge un pêcheur, dont la figure forme la barre médiane de la lettre; la même lettre représentera ailleurs un chasseur armé d'une lance; pour le K le scribe dessinera un serpent replié sur lui-même dévorant la tête d'un moine, ou bien encore un vendangeur enlevant sa hotte; pour un T, un renard portant deux oiseaux au bout d'un bâton. On a même remarqué que ces lettres ont une signification symbolique, se rapportant au sens du passage illustré; ainsi le vendangeur plus haut cité accompagne l'homélie de saint Jean Chrysostome sur le psaume 8 (*In pressorio*). Au xive siècle, les lettres sont encore plus compliquées et représentent des scènes complètes; un saint faisant un discours, Daniel dans la fosse aux lions, etc.

Beaucoup de ces lettres sont monochromes, d'autres, en presque aussi grand nombre, sont exécutées à l'aide de deux ou trois couleurs. Dans tel manuscrit du xie siècle on trouve des capitales bleues cerclées de rouge;

Initiale grecque.
(Bibliothèque nationale.)

ailleurs un grand Π ou en-tête de chapitre sera sur fond brun, avec bordure rouge et ornements bleus.

Dans la plupart des manuscrits, en effet, outre ces initiales, on trouve des bandeaux de couleur en tête de chaque ouvrage ou partie d'ouvrage. Beaucoup de ces bandeaux affectent la forme d'un Π grec, c'est-à-dire qu'ils se composent d'une bande horizontale, à laquelle se rattachent deux bandes verticales, le tout formant comme une sorte de fronton; on a dit sans preuve que c'était une allusion au mot grec *pyle*, porte, début. La décoration et les couleurs de ces bandeaux varient infiniment; tantôt c'est une simple ligne d'or, ondée ou brisée, accompagnée de pois de couleur; tantôt un bandeau quadrangulaire, composé de petits polygones alternativement bleus et verts, cerclés d'or et disposés en quinconce. Au milieu, dans un espace vide, le titre en capitales d'or, entouré de médaillons, et dans ces médaillons sont disposés des portraits du Christ, de la Vierge et de divers saints. Parfois ces bandeaux, ces Π sont fleuronnés; d'autres se composent d'entrelacs de couleurs variées, parfois encore ces entrelacs sont formés de corps de serpents ou de monstres fantastiques contournés. Tantôt ces bandeaux sont polychromes, rose, bleu et or par exemple, tantôt monochromes, bleus ou rouges. Enfin, dans certains manuscrits plus somptueux, ces bandeaux prennent un développement extraordinaire; ce sont alors de vrais tableaux d'ornement, généralement sur fonds d'or ou de couleur, au milieu desquels l'artiste a placé une petite scène. Tel un ravissant tableau représentant Mammès, berger de Cappadoce, entouré d'animaux sauvages et priant Dieu.

De ces bandeaux il faut rapprocher les portiques qui, en Orient comme en Occident, accompagnent les canons des Évangiles; ce motif ornemental est parfois très développé et prend une grande importance. Au-dessus de ces portiques élégants, l'artiste a dessiné des oiseaux, des animaux fantastiques, ou bien encore des scènes de chasse, des épisodes de la vie de campagne. La plupart de ces petites peintures sont gracieuses et dénotent chez leurs auteurs beaucoup de goût et d'imagination. Par imitation, les bandeaux initiaux en forme de Π ont souvent pris la forme d'arcades, sous lesquelles le scribe a disposé le titre. Ailleurs ce titre sera inscrit dans un quadrilatère de guirlandes de fleurs et de fruits.

A la fin des livres et des chapitres on trouve des ornements analogues, mais généralement plus simples. Dans le fameux *Codex Alexandrinus*, par exemple, la souscription est accompagnée d'un losange, avec points à l'intersection de chaque ligne. Un peu plus tard on trouve des lignes ou des torsades d'or, des cadres de couleur, etc. Enfin rappelons l'habitude, assez fréquente chez les scribes, de disposer les gloses marginales sous une forme régulière, de leur donner par exemple l'appa-

S. Mammès en prière. (Bibliothèque nationale.)

rence d'une croix; cet usage se retrouve dans les anciens manuscrits occidentaux.

La chrysographie, l'écriture d'or, a toujours été très en faveur auprès des calligraphes byzantins. Toutefois, passé une certaine époque, on trouve fort peu de manuscrits écrits tout entiers en caractères d'or. On peut citer un Psautier du xe siècle et un recueil d'extraits de ce même livre du xiie, tous deux à la Bibliothèque nationale. En général, l'écriture d'or est réservée pour les titres et les tables des chapitres en tête des volumes ; ainsi, dans les canons qui précèdent le texte des Évangiles, la lettre d'Eusèbe de Césarée à Carpianus est souvent tout entière chrysographiée, de même la préface générale dans le recueil des homélies de saint Jean Chrysostome, ou les épîtres dédicatoires dans des manuscrits somptueux. Ailleurs encore l'or servira pour les titres et les premières lignes de chaque chapitre. Dans les très anciens manuscrits, cette écriture paraît avoir été, en

Scène rustique, tirée d'un manuscrit grec
de la Bibliothèque nationale.

Orient comme en Occident, tracée à la plume ou au pinceau ; plus tard les artistes grecs prennent l'habitude d'écrire deux fois le texte, d'abord en cinabre auquel on superpose une légère couche d'or. Le procédé apparaît très visible dans une foule de volumes du ixe siècle et des suivants.

L'or a encore été employé comme fond pour les peintures somptueuses, mais au lieu de ne dorer que la partie non occupée par les figures, les artistes byzantins commençaient, à la mode antique, par couvrir le parchemin d'une couche d'or assez épaisse, et sur cette couche dessinaient et peignaient les personnages. Le procédé était dangereux; beaucoup de peintures byzantines sont aujourd'hui écaillées, et le fond seul est resté.

En Orient comme en Occident, on a combiné l'écriture soit d or, soit d'argent avec l'emploi du parchemin pourpré. Mais on a peu de ces manuscrits somptueux. Citons toutefois le célèbre Évangéliaire de Rossano, écrit sur pourpre en lettres d'or et d'argent; la Genèse de Vienne, rapportée de Constantinople au XVIe siècle par Busbek; enfin le saint Marc du mont Athos; dans ce dernier manuscrit, qui date du VIe siècle, l'or a été réservé pour les titres, et certains noms sacrés : *Theos, Christos, Iesous*, etc.; le texte est en lettres d'argent; nous aurons à noter la même particularité dans le psautier latin dit de saint Germain, aujourd'hui à Paris. L'habitude vient de l'antiquité. L'usage du vélin pourpré paraît s'être continué assez longtemps en Grèce; on peut citer un Évangéliaire du Xe ou du XIe siècle trouvé à Bérat, en Albanie, composé et écrit comme celui de Rossano, qui lui est bien antérieur.

Parlons maintenant des peintures ornant les manuscrits grecs. On a déjà noté plus haut quelques-uns des principaux caractères de cette branche de l'art byzantin. Les peintres se conforment scrupuleusement à des traditions très fortes, et on peut voir dans ces traditions le fruit d'une influence monastique. A notre sens, en effet, il faut soigneusement distinguer entre les manuscrits antérieurs et postérieurs à l'hérésie des iconoclastes (VIIIe siècle). Les rares manuscrits échappés à la destruction ordonnée par Léon l'Isaurien portent la trace d'un art tout différent; la culture laïque succomba à cette persécution, seuls les moines purent sauver quelque chose des anciennes traditions, mais les manuscrits exécutés à dater du IXe siècle par eux sont forcément bien inférieurs. En effet, quoi qu'on en ait dit, les moines de tous les pays paraissent impuissants à développer l'art; ils ne peuvent que conserver les traditions anciennes. Dès le vie siècle, la peinture grecque était soumise pour tous les sujets de piété, à tout prendre les plus nombreux, à des règles étroites ; ces règles, les moines du ixe et du xe siècle les préciseront encore, et de cet excès sortiront des manuels comme celui qu'a publié Didron. Désormais il n'est plus besoin d'inspiration, d'imagination ; l'artiste, si l'on peut appliquer ce nom à de médiocres fabricants d'images de piété, pourra, en se conformant exactement aux règles formulées par le maître, produire des œuvres correctes, mais sans vie et d'une banalité désespérante. Entre une icone du xie siècle et celles que les Russes fabriquent encore aujourd'hui, il n'y a guère de distance.

Toutefois le génie grec, dans une certaine mesure, sut triompher de ces difficultés, et jusqu'au temps de la décadence définitive, c'est-à-dire jusque vers le xiiie siècle, il se trouva des artistes d'esprit plus personnel qui surent conserver leur originalité, tout en se soumettant à ces règles étroites. Dans l'expression des têtes, dans la manière de poser les figures, beaucoup prouvent qu'ils n'ont point oublié les leçons de l'antiquité, et cette tendance se montre surtout dans certains manuscrits profanes, dans le Nicandre et dans l'Oppien, par exemple, de la Bibliothèque nationale, copies l'un et l'autre d'exemplaires plus anciens.

Le nombre des manuscrits grecs à peintures antérieurs au ixe siècle est assez faible, et sur la date de ces volumes les savants sont loin d'être d'accord. Nous citerons seulement les deux Genèses de Londres et de Vienne, le Dioscoride, le rouleau de Josué, le Cosmas du Vatican, les Évangéliaires grec de Rossano et copte du moine Rabula. Quelques archéologues ajoutent à cette liste le Virgile du Vatican et l'*Iliade* de Milan ; ils ont à la fois tort et raison : tort, car ces deux derniers volumes appartiennent encore sans contredit à l'époque antique ; raison, car à bien des égards tous les manuscrits cités plus haut se rattachent à la même tradition.

L'illustration de la *Genèse* de Vienne, en effet, comme celle du *Josué* du Vatican, est exécutée à la mode antique. Mêmes procédés dans ces volumes que dans le Virgile du Vatican; costumes, attributs, tout prouve que les artistes grecs avaient sous les yeux des peintures antiques. On y trouve, comme dans les peintures de Pompéi, au demeurant le meilleur exemple qu'on puisse donner de cette branche de l'art gréco-romain, des figures symboliques personnifiant les abstractions philosophiques, les fleuves et les villes. Ce sont des scènes chrétiennes traitées à la manière antique. Dans l'Évangéliaire de Rabula, ainsi nommé du moine qui l'exécuta en 586, dans un couvent de Mésopotamie, on remarque la même fidélité à reproduire des modèles antérieurs; mais déjà des tendances nouvelles se font jour, un nouveau canon se constitue, auquel les artistes devront dès lors se conformer au point de vue artistique. Ces peintures du moine copte sont peu intéressantes; mais l'auteur a eu sous les yeux de bons modèles qu'il a reproduits de son mieux. L'une des peintures les plus curieuses est la Crucifixion, c'est l'une des plus anciennes représentations connues de cette scène.

Plus curieux encore à tous égards est le manuscrit de Cosmas Indicopleustes. Cet auteur, dont on place la mort vers l'an 550, a laissé un ouvrage assez singulier qui, sous le titre de *Topographie chrétienne*, renferme une cosmographie orthodoxe et la description d'une partie de l'Asie et de l'Afrique. A son texte l'auteur avait joint des dessins, dont le manuscrit du Vatican, d'âge indécis d'ailleurs, passe pour renfermer la reproduction. Ces peintures représentent des animaux, des dessins astronomiques, et enfin quelques figures humaines : Aaron et Melchisédech, les prophètes, etc. Toutes ces figures sont fort intéressantes; elles prouvent que dès l'époque de Cosmas le canon commençait à s'établir; toutefois on y sent encore comme une inspiration antique, le grand prêtre de Cosmas a comme une vague ressemblance avec les philosophes de l'ancien temps, et le dessin de toutes ces images est loin d'être sans valeur; les attitudes sont justes et élégantes, les costumes sobres, les figures fines.

Mais en voilà assez sur ces anciens manuscrits, qui à notre sens ne sont pas encore absolument byzantins. Si dans la manière d'interpréter les scènes du Nouveau Testament, dans le choix des types, le moine Rabula suit déjà les règles qui seront plus tard codifiées dans le *Guide de la peinture*, ces œuvres sont encore presque antiques et nous avons hâte d'examiner des produits plus récents de l'art grec proprement dit.

Prenons un célèbre manuscrit de Grégoire de Nazianze, le n° 510 de la Bibliothèque nationale; il a été exécuté entre les années 867 et 886 et renferme quarante-cinq peintures souvent citées et décrites; c'est un monument presque unique du grand art du ixe siècle. En tête plusieurs pages représentent le Christ triomphant, dans le style des mosaïques de Ravenne, l'impératrice Eudoxie avec ses fils Léon et Alexandre, deux grandes croix d'or sur fond d'azur, reproduction exacte d'objets d'orfèvrerie, enfin l'empereur Basile flanqué du prophète Élie et de l'ange Gabriel. Ces peintures ont grand air, malheureusement elles sont bien écaillées et il a fallu toute l'imagination de certains archéologues allemands pour y voir grand'chose. Les autres miniatures du volume sont mieux conservées; elles accompagnent et commentent le texte des homélies de saint Grégoire, mais l'artiste ne s'est pas toujours astreint à ne reproduire que les sujets indiqués par l'écrivain grec. En général chaque page se compose de plusieurs scènes; on doit citer l'histoire de la Vierge et de Jonas, la Transfiguration, l'Enfance de Jésus, le Denier de la Veuve, etc. Toutes ces peintures ne sont pas de la même main et l'exécution en est souvent assez grossière. Entre la conception même et le résultat obtenu, il y a parfois une telle distance qu'on doit supposer que l'artiste s'est alors contenté de reproduire des tableaux ou des mosaïques connues. Cette inégalité se retrouve souvent dans des figures voisines ; à côté de morceaux vulgaires et presque barbares, on notera telle figure comme celle de la Veuve du folio 316, qui rappelle les beaux modèles de l'antiquité. Citons encore le Daniel dans la fosse aux lions, certaines scènes de la vie de Julien, Jacob endormi, etc. L'artiste a poussé la conscience jusqu'à reproduire scrupuleusement le type adopté pour chaque personnage ; ainsi la figure de Jonas, dans toutes les scènes racontant la fuite et les aventures de ce prophète, présente les mêmes caractères. Les teintes sont en général assez claires, sauf pour les chairs, qui prennent un ton de

Couronne d'anges, d'après un manuscrit du XIIe siècle. (Bibliothèque nationale.)

brique ; les extrémités sont bien dessinées, les mouvements naturels. Comparer avec Waagen l'œuvre de l'artiste inconnu aux Loges de Raphaël paraît bien un peu excessif ; mais on ne saurait nier que sans être bien original, ce peintre connaissait et appréciait les bons modèles et savait les reproduire assez exactement.

A notre avis, ce beau manuscrit est l'œuvre d'un peintre laïque, peut-être de Constantinople ; dans l'interprétation, dans le dessin, il fait montre d'une aisance, d'une liberté que n'ont jamais connues les moines byzantins. Comparons par exemple à ce beau volume un autre manuscrit de deux cents ans postérieur, les Homélies en l'honneur de la Vierge, du moine Jacob. Voilà un volume d'une exécution à peu près parfaite, venant probablement de la Bibliothèque impériale de Constantinople. Le moine chargé d'illustrer l'œuvre de son confrère a suivi le texte de près, et les soixante-treize peintures très fines, très élégantes tracées par lui composent comme une histoire de l'un et l'autre Testament. Les personnages, de petite taille en général, sont dessinés avec une précision parfaite, mais non sans sécheresse; les attitudes, les gestes dont quelques-uns ne rappellent que de loin l'antiquité, n'ont rien que de convenu. Aucune perspective naturellement, mais aussi aucune observation de la nature. L'ensemble est brillant, grâce au coloris, mais froid et sec. L'artiste était habile; il savait à fond son métier, et dessinait mieux que ses contemporains d'Occident, mais il se contentait de copier servilement des modèles traditionnels, et n'avait aucun souci de la nature extérieure. Il arrive parfois à certains effets; citons seulement la célèbre peinture du folio 74, représentant Salomon sur un lit de gloire, entouré de soixante guerriers armés de lances. Au point de vue de la perspective, ces soixante gardes du corps rangés sur six rangs derrière le roi font un effet déplorable; les têtes du dernier rang sont aussi fortes que celles du premier; les physionomies sont banales et l'artiste n'a point cherché à varier les expressions. On doit toutefois reconnaître que l'ensemble est agréable à regarder. Le manuscrit est d'ailleurs en excellent état et amusant à parcourir. Malgré les défauts notés plus haut et qui dénotent chez l'artiste une absence presque complète de personnalité, dans l'ensemble il est bien supérieur à beaucoup de volumes célèbres exécutés en Occident.

Ces deux manuscrits si différents ont le tort de ne fournir ni l'un ni l'autre d'exemple bien sensible des deux tendances déjà signalées par nous chez les artistes byzantins, d'une part imitation directe de l'antique ; de l'autre, observation de la nature.

Imitation de l'antique. — Elle est visible dans beaucoup de manuscrits, nous en avons noté quelques traces dans le numéro 510, mais elle est plus sensible ailleurs. Prenons le manuscrit 139 de la Bibliothèque nationale ; ce volume, écrit au x⁰ siècle, renferme le texte des psaumes, et l'artiste y a joint quatorze belles peintures représentant des scènes de la vie de David et des prophètes. La première, souvent citée, représente David gardant les troupeaux de son père sur le mont de Bethléem et jouant de la harpe. Derrière le saint, une femme vêtue à l'antique personnifie la mélodie ; au bas, un personnage à demi nu et couché représente le mont de Bethléem ; enfin derrière une colonne portant un ex-voto apparaît à demi une nymphe attirée par les chants du divin musicien. Évidemment l'artiste avait vu et voulait reproduire une peinture représentant soit Apollon chez Admète, soit Orphée charmant les animaux. Mêmes tendances dans la peinture représentant le combat de David et de Goliath (derrière Goliath est la personnification de la Jactance, derrière David celle du Courage), ou dans celle qui figure le repentir du saint roi. Enfin signalons une peinture justement célèbre : la Prière d'Isaïe ; auprès du prophète sont la Nuit, jeune femme entourée de voiles sombres, et le Jour, petit génie portant une torche. Ces deux peintures peuvent se comparer aux meilleures de Pompéi.

Dans toutes ces peintures le dessin est correct, peut-être un peu lourd, les couleurs foncées. L'ensemble toutefois est agréable et repose de la vue des œuvres grossières de l'Occident ou des peintures monastiques du manuscrit du moine Jacob.

On pourrait encore citer plus d'un manuscrit célèbre, renfermant des marques non équivoques d'imitation de l'antiquité ; tel le n° 550 de la Bibliothèque nationale, qui renferme les homélies de saint Grégoire de Nazianze. Dans ce volume, du XIIe siècle, les peintures, généralement de petites dimensions, sont sur fond d'or; l'ornementation elle-même est d'une grande délicatesse; sur le fond se découpent des rinceaux d'une élégance parfaite, d'un coloris excellent. Quant aux personnages, ils appartiennent encore à la bonne école; on pourrait noter telle scène qui fait penser aux meilleures œuvres de l'art gréco-romain. En un mot ce volume laisse loin derrière lui les produits de l'art hiératique.

On nous saurait mauvais gré de ne pas dire un mot de deux autres volumes célèbres de la même bibliothèque; nous voulons parler du Nicandre et de l'Oppien. Le premier de ces volumes appartient au XIe, le second au XVe siècle. L'un et l'autre nous ont conservé en copie des peintures plus anciennes. Les miniaturistes, auteurs de ces deux volumes, avaient plus de facilité que de talent réel; leurs copies ont d'autant plus de chances d'être exactes. Nicandre, médecin grec du premier siècle de l'ère chrétienne, avait écrit un poème sur les poisons et les antidotes. Le peintre a donc illustré l'ouvrage de figures représentant soit les épisodes mythologiques racontés par le poète, soit les animaux venimeux décrits par lui. La plupart de ces peintures sont de haute valeur. L'artiste du XIe siècle peut bien avoir modifié quelques détails, mais la manière un peu grossière dont il a exécuté sa tâche prouve qu'il était à peu près incapable d'inventer. Quelques-unes de ces peintures ont été fidèlement reproduites en couleurs dans la *Gazette archéologique* (années 1875 et 1876); le plus rapide examen de ces reproductions prouvera au lecteur qu'on peut sans exagération les mettre à côté des peintures antiques. Même usage (ou plutôt abus) des personnifications symboliques, même facilité, même grâce dans certaines scènes de la vie rurale. Ce manuscrit prouve qu'au XIe siècle les Grecs savaient encore goûter l'art antique.

Le manuscrit d'Oppien le prouve également pour le xve. Cette copie d'un poème sur la chasse renferme en cent vingt pages cent soixante-deux scènes, copiées vraisemblablement sur des peintures plus anciennes. La plupart

David sur le mont de Bethléem. (Bibliothèque nationale.)

sont du plus haut intérêt; on ne saurait dire à quelle époque appartenait le prototype de ce curieux volume; il devait être assez ancien, car les costumes sont encore antiques et les scènes représentées absolument païennes.

Les œuvres examinées jusqu'ici, et surtout le Nicandre et l'Oppien, nous montrent les artistes grecs s'inspirant directement de l'antique ou même le copiant. Parfois ils ont pris plus de licence, et certaines peintures nous montrent l'antiquité interprétée et non copiée par eux. Ainsi un saint Grégoire de Nazianze du XIIe au XIIIe siècle (Coislin, 239) nous indique comment certains

Hélène en Égypte, peinture du Nicandre de la Bibliothèque nationale.

peintres se figuraient les dieux grecs ou romains. Mars est un général byzantin, armé de toutes pièces; Vénus, une femme vêtue d'une robe violette et nageant à la surface des flots. Ces peintures sont sans doute l'œuvre d'un moine, et l'artiste a cherché, par certain détail de cette dernière scène, à faire de la déesse de l'amour la déesse de l'impudicité.

Réalisme et observation de la nature. Ces qualités apparaissent déjà dans le Nicandre et dans l'Oppien. On doit aussi remarquer l'effort constant chez les artistes pour donner à chaque personnage un type, une physionomie toujours la même. Citons encore les portraits : celui de Nicéphore Botoniate, par exemple, dans un manuscrit exécuté vers 1080 (Bibl. nat., Coislin 79). L'artiste, qui s'est représenté, sans se nommer d'ailleurs, aux pieds de l'archange saint Michel, a donné à l'empereur un type réel; quatre fois il a reproduit les traits du prince, et ces traits sont toujours les mêmes. On peut encore citer les portraits de l'empereur Basile, de Manuel Paléologue, d'Alexis Apodaukos, médecin grec du xive siècle qui joua un certain rôle politique à Constantinople. Enfin on a remarqué bien des fois que les figures des grands saints de l'Église grecque, saint Jean Chrysostome, saint Grégoire de Nazianze, par exemple, ont toujours un certain air de ressemblance, ce qui semble prouver que les artistes essayaient de reproduire un type convenu, probablement des portraits traditionnels.

Pour le paysage, les arbres, par exemple, l'observation de la nature paraît avoir été bien incomplète; non seulement les peintres byzantins ignorent les règles les plus élémentaires de la perspective, mais encore, sauf dans quelques manuscrits médicaux, le Dioscoride notamment, ils ne semblent pas avoir cherché à rendre exactement l'apparence réelle des plantes et des arbres. Leurs végétaux sont de pure fantaisie et n'ont rien de vivant. Il est vrai que les mêmes défauts se retrouvent à un degré moindre dans les peintures antiques. C'est sur la représentation des animaux et des hommes qu'ils paraissent avoir fait porter toute leur étude. Les marges de beaucoup de manuscrits sont couvertes de petites scènes rustiques d'une fraîcheur et d'une exactitude qui ne laissent rien à désirer : chasses, vendanges, animaux domestiques et sauvages. Ici un chasseur lançant un léopard sur un cerf et une biche; plus loin un berger jouant de la flûte, un pêcheur au bord d'un fleuve, ou un oiseleur tendant ses filets ; des enfants jouant entre eux ; des luttes rustiques, etc. Dans un manuscrit de Job, l'artiste a interprété librement tous les versets ; ici nous voyons la famille du patriarche à table, plus loin un combat entre des laboureurs et des brigands, un cavalier conduisant des prisonniers, le pillage de la maison de Job, la tonte des brebis, etc.

D'autres manuscrits nous présentent des scènes d'in-

Fronton orné, d'après un manuscrit grec du x⁰ siècle.
(Bibliothèque nationale.)

térieur. On trouve ainsi fidèlement figurés une boutique de pharmacien, un *scriptorium* de copiste, des repas à la mode antique, des scènes de famille, etc. Bordier a pu donner dans son ouvrage une liste à peu près complète de tous les objets servant à la vie ; étudiés à ce point de vue, les manuscrits grecs fourniraient beaucoup de renseignements sur les arts industriels à Byzance et sur les usages et les mœurs des Grecs du Bas-Empire.

De tous ces objets nous n'examinerons que ceux à

l'usage des scribes. Dans les peintures accompagnant les recueils des évangiles sont figurés tous les meubles et instruments servant à l'écrivain : armoires à mettre les

Scènes familières tirées d'un manuscrit grec
de la Bibliothèque nationale.

livres, calames pour tracer les caractères, poinçons, compas et règles pour marquer les lignes sur le vélin, écritoires, godets pour les couleurs, canifs, grattoirs et pierre ponce, pupitre, brunissoir pour polir l'or, etc.

Tantôt l'évangéliste écrit à la mode antique, sur un rouleau, et devant lui est un *codex* posé sur un pupitre; tantôt il écrit sur un *codex* placé sur ses genoux ou sur le pupitre. Beaucoup de ces pupitres sont richement ornés de sculptures fantaisistes, qui donnent la meilleure idée du talent des menuisiers grecs. Rarement les scribes sont représentés dans ces peintures. On connaît toutefois le portrait d'un artiste nommé peut-être Michel, qui figure dans l'une des planches du manuscrit de Nicéphore Botoniate plus haut décrit. La plupart des écrivains se sont contentés de se nommer dans des souscriptions et de noter l'époque de la copie. Le copiste d'un manuscrit du xive siècle indique même le temps mis par lui à exécuter le livre : quatre ans; le cas est rare en Orient, mais beaucoup de scribes occidentaux ont pris ce soin.

Un mot maintenant de l'influence orientale dans la décoration des manuscrits grecs. Cette influence est indéniable, mais le plus souvent c'est dans le choix des couleurs et des motifs d'ornements qu'on en trouve des traces. On peut citer, à cet égard, le manuscrit 64 de la Bibliothèque nationale, du xe siècle, dont le fronton, les bandeaux exquis, le coloris, tout indique chez l'artiste l'étude des monuments orientaux, peut-être persans. Ailleurs, cette influence se trahit dans la manière même de traiter les scènes; mais l'exemple qu'on en peut citer n'est pas très concluant; nous voulons parler de la légende grecque de Barlaam et Josaphat. On sait que l'ouvrage grec de ce nom, attribué sans raison à saint Jean Damascène, renferme une vieille histoire bouddhique, transformée en légende chrétienne. Beaucoup des scènes qui accompagnent l'un des exemplaires de la Bibliothèque nationale, semblent copiées sur des peintures indiennes ou tout au moins imitées de ces peintures. Mais le fait est exceptionnel, et on aurait tort d'en tirer des conclusions très générales. Le manuscrit, au surplus, est relativement récent; il date du xive siècle, c'est-à-dire d'une époque de décadence.

Au xive siècle, en effet, l'art byzantin est sur son déclin. Au milieu des malheurs qui frappent l'Empire, la peinture n'est plus guère cultivée que dans des cloîtres et devient de plus en plus hiératique et conventionnelle. Les manuscrits de ce siècle ne sont pas encore sans intérêt, mais il y a loin de leurs miniatures sèches et peu élégantes aux merveilles des temps plus anciens. Nous citerons seulement un manuscrit de l'empereur Jean Cantacuzène, exécuté en 1375. Sauf les figures du prince en costume impérial et en moine, les autres peintures sont lourdes et généralement sans grâce; le coloris est brillant, le dessin soigné, mais exagéré et conventionnel. On n'y remarque plus les qualités prime-sautières des beaux volumes du ixe et du xe siècle. Toutefois, jamais les bonnes traditions ne se perdront entièrement, et dans tel manuscrit du xviie siècle on trouvera des initiales du meilleur goût, prouvant que les moines de cette époque étudiaient encore les bons modèles.

Il serait impossible de traiter ici la question si obscure et encore si controversée de l'influence de l'art byzantin sur l'art occidental. Il sera plus utile d'indiquer en quelques lignes ce que devinrent les manuscrits grecs en Occident. Très anciennement, on transcrivit des manuscrits grecs en Italie, à Venise, en Calabre et en Sicile. Citons tout d'abord un texte des Évangiles écrit dans ce dernier pays en 1167 par le notaire Salomon; on reconnaît tout de suite dans les initiales un mélange assez curieux d'art byzantin et d'art italien; au premier appartiennent de petites initiales et de petites capitales rehaussées de jaune et de vermillon. Même mélange dans un autre texte bilingue des Évangiles datant du xiiie siècle; des peintures qui devaient l'orner, un petit nombre seulement ont été exécutées;

elles sont, du reste, absolument grecques de style et de faire, mais avec quelque chose de lourd, de provincial pour ainsi dire, qu'on ne retrouve pas dans les manuscrits grecs proprement dits; notons d'ailleurs que ce manuscrit est un volume de grand luxe, puisqu'il devait être tout entier écrit en lettres d'or. Ce mélange des deux styles est encore très sensible dans un manuscrit en grande onciale ecclésiastique d'époque indécise. Montfaucon le mettait à tort au viiie siècle; de bons juges le croient vénitien et le placent au xve siècle. Cette dernière date nous paraît la seule acceptable, et les peintures qu'y a notées Bordier se rattachent directement à l'art italien. Citons seulement une magnifique tête d'ange. Le reste de l'ornementation est d'ailleurs absolument grec, le copiste italien aura très habilement reproduit les initiales d'un ancien manuscrit.

Quand les copistes et les savants grecs chassés par l'invasion ottomane se répandent en Occident, quelques-uns conservent les traditions ornementales de leur pays d'origine, d'autres adoptent franchement les modes de leur patrie d'adoption. Dans un manuscrit de la bibliothèque Sainte-Geneviève du xvie siècle, par exemple, on observe, à côté de lettres de style italien (or, blanc et brun), des animaux, des culs-de-lampe de style grec. Même mélange des deux styles dans un manuscrit d'Ange Vergèce. Ici l'art grec trouve encore sa place dans quelques initiales; mais aux lettres peintes ont succédé en général de petites grisailles dans le goût italien le plus pur; les dessins, par exemple, qui ornent une copie d'Héron due à ce célèbre calligraphe, sont absolument occidentaux. On peut donc dire qu'à dater de la prise de Constantinople, l'ancienne calligraphie byzantine n'est plus cultivée que dans quelques rares couvents de l'Empire ottoman.

Pour terminer, quelques mots sur la méthode de dessin et de peinture des artistes byzantins et sur la

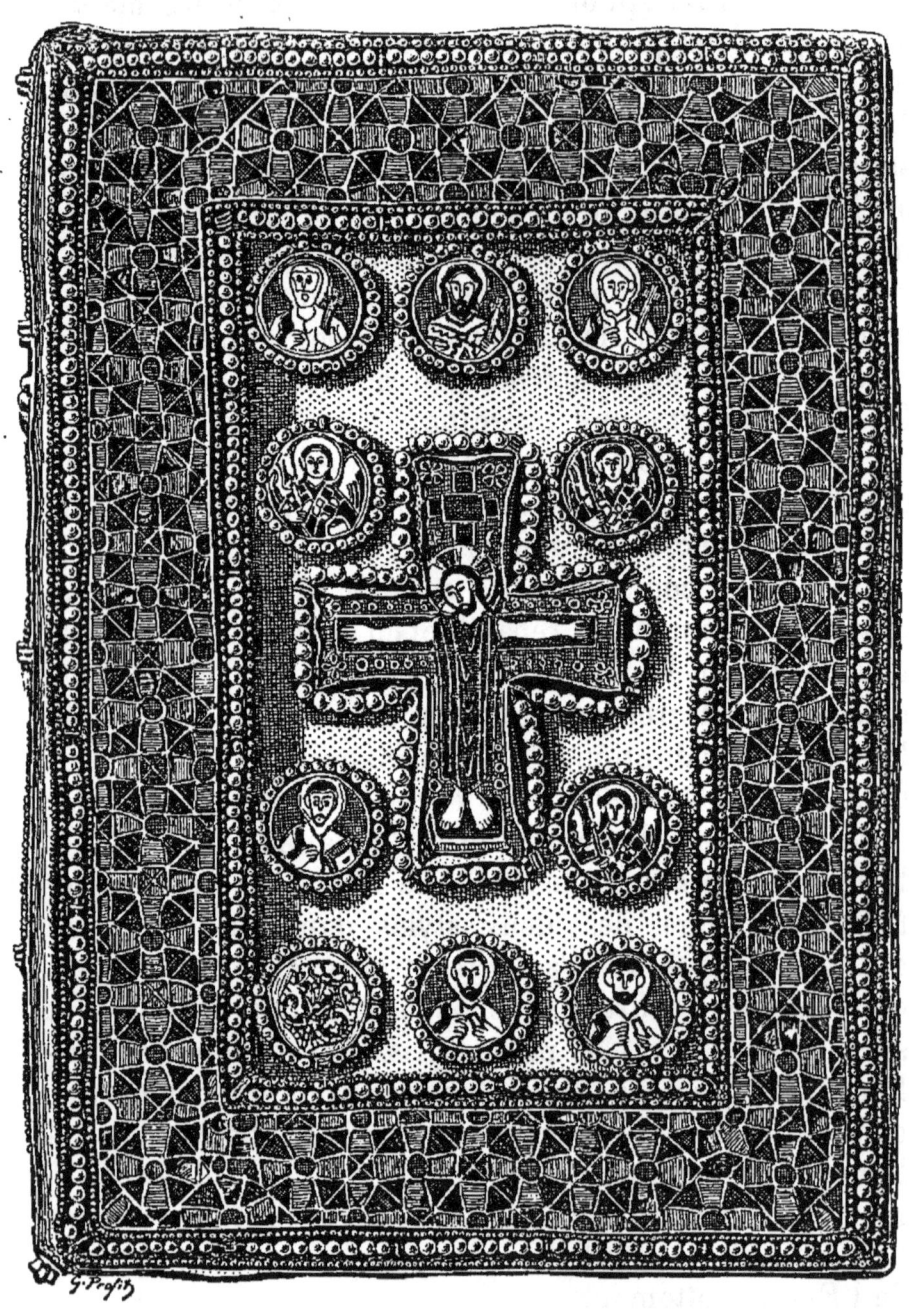

Reliure byzantine. (Trésor de Saint-Marc de Venise.)

reliure des manuscrits. Tantôt ils procédaient à la façon antique : sur un fond d'or ou de couleur sombre, bistre, bleu, rougeâtre, ils peignaient leurs personnages par couches successives, partie par partie. Ce procédé est des plus fâcheux; ces couches accumulées se sont souvent écaillées et alors le fond blanc ou or apparaît seul. Tantôt, au contraire, ils procèdent comme les Occidentaux : le dessin une fois indiqué en bistre, ils reprennent les détails, les têtes et finissent par le fond. Ce second système était infiniment préférable, et les peintures ainsi exécutées sont les mieux conservées.

Les spécimens d'anciennes reliures byzantines sont assez rares. La plupart des manuscrits grecs conservés dans les bibliothèques publiques de l'Europe ont perdu leurs vieilles couvertures. Citons pourtant une reliure datant du xive siècle, et qui a tout à fait l'aspect d'un travail oriental; elle est en peau de veau, teinte en rouge et garnie de bandes, quelques-unes d'argent, chargées de losanges et d'entrelacs. Citons encore une reliure du xviie siècle couverte de plaques d'orfèvrerie ciselées et gravées, représentant la Crucifixion et les symboles des évangélistes.

Ces pauvres spécimens ne peuvent donner une idée des couvertures somptueuses mises par les empereurs byzantins aux livres du culte : plaques en or avec émaux cloisonnés, incrustations de perles et de pierres précieuses, etc. Fort heureusement beaucoup de ces plaques ornées, détachées des volumes qu'elles revêtaient jadis, ont été conservées dans les anciens trésors d'église. A Saint-Marc de Venise notamment, on conserve dans le trésor nombre de morceaux d'orfèvrerie, qui ont bien certainement jadis fait partie de reliures somptueuses. La planche ci-jointe, bien que fort réduite, donnera au lecteur une idée de ces merveilleux monuments. Il y a loin de ces chefs-d'œuvre, datant du xe ou u xie siècle, aux couvertures riches mais barbares dont les Occidentaux garnissaient vers le même temps leurs livres liturgiques. Si le dessin des émaux paraît parfois un peu bizarre, la richesse des couleurs, le fini du travail sont surprenants; ce sont là des œuvres de premier ordre prouvant l'habileté des orfèvres et des émailleurs de Byzance, aussi supérieurs à ceux de l'Europe catholique que leurs confrères, les peintres grecs, aux grossiers enlumineurs de l'Occident.

CHAPITRE III

ÉPOQUE BARBARE : LES MÉROVINGIENS

Les invasions barbares qui, au ve siècle, portèrent les derniers coups à l'Empire romain, déjà bien affaibli par l'anarchie militaire, n'eurent pas dans le domaine des lettres et des arts des conséquences moins désastreuses. Les nouveaux maîtres du monde n'avaient le goût ni des unes ni des autres ; les hautes classes, appauvries et décimées, durent songer à des besoins plus pressants ; les écoles se fermèrent ; seuls les clercs, derniers héritiers de la culture antique, purent en sauver quelques épaves. Aussi beaucoup des détails que nous aurons à donner sur les manuscrits de l'époque mérovingienne pourraient vraisemblablement se remarquer dans les copies de l'antiquité, si nous avions un plus grand nombre de volumes écrits avant le ve siècle. Néanmoins, pour barbares qu'ils fussent, les Germains avaient des goûts particuliers, un art national bien éloigné des traditions gréco-romaines, et à la longue, l'influence de ces goûts se faisant sentir, cet art pénétra dans le domaine si spécial de la calligraphie. L'histoire des manuscrits de l'an 400 à l'an 750 est donc celle du mélange des deux arts, des deux civilisations ; de cette union confuse d'une corruption extrême et d'une barbarie enfantine sortira l'art carolingien.

Les clercs, avons-nous dit, en Gaule comme dans les autres provinces romaines, conservèrent pieusement ce précieux dépôt des lettres. Longtemps, en effet, seuls ou presque seuls, des Romains d'origine occupent les dignités épiscopales et beaucoup savent exercer une heureuse influence sur leurs grossiers conquérants. Mais l'Église séculière finit par être envahie elle-même par la barbarie. Au VIIe siècle, la civilisation courait les plus grands dangers; elle fut sauvée par les moines. Jamais ou presque jamais en Occident le monachisme ne montra pour les lettres et les arts le sot dédain des solitaires orientaux, et les occupations intellectuelles tinrent toujours en Europe une grande place dans la vie régulière. Dès le IVe siècle, certains grands monastères de la Gaule sont des centres d'études; tel Lérins, fondé par saint Honorat d'Arles et qui fournit d'évêques beaucoup d'églises du continent. Mais il manquait à l'institution une règle précise et claire, une discipline exacte. Saint Benoît, fondateur du Mont-Cassin, lui donna l'une et l'autre chose. Cet esprit supérieur sut faire la part du corps et de l'esprit, établir une discipline sévère, sans tuer complètement l'initiative individuelle, associer au travail des mains le travail de l'esprit. La règle de Saint-Benoît († 543) eut une fortune étonnante; elle marque le premier essor de la vie régulière en Europe; elle est adoptée par la plupart des grands monastères plus anciens que le Mont-Cassin. et réglera pendant près de 1 300 ans la vie morale de millions d'êtres pensants.

Les monastères réformés ou fondés par les moines de saint Benoît devinrent donc, à dater du milieu du VIe siècle, des foyers de lumière; ce fut comme un fleuve bienfaisant qui inonda peu à peu l'Europe du sud au nord. D'autres missionnaires, partis du nord-ouest de l'Europe, travaillèrent non moins activement à l'œuvre commune. L'Irlande, restée inaccessible aux légions romaines, avait été évangélisée dès le v⁰ siècle, et de ce mélange de civilisation romaine, apportée par les prédicateurs chrétiens, et de demi-civilisation celtique, naquit un art des plus originaux. A cet art prime-sautier et que nous aurons à caractériser plus loin vint se mêler l'art anglo-saxon. Convertie à la fin du vi⁰ siècle par saint Augustin de Canterbury, l'Angleterre saxonne voit bientôt fleurir la vie régulière : des monastères opulents s'élèvent dans l'île entière, juqu'aux derniers confins de la mer du Nord. La sauvage Calédonie est parcourue en tous sens par des apôtres du nouveau Dieu; des abbayes se fondent de toutes parts et cultivent les lettres sacrées. Au viii⁰ siècle les royaumes des îles sont autrement florissants que ceux du continent; l'Angleterre et l'Irlande évangélisent à leur tour les régions barbares du Rhin, des Alpes et du Jura. L'Irlandais saint Colomban fonde Luxeuil en Séquanaise, Bobbio dans la Haute-Italie; un peu plus tard, saint Boniface et ses disciples, préparant en Germanie le succès des armes de Pépin le Bref et de Charlemagne, instituent la plupart des évêchés entre le Rhin et l'Elbe; enfin, bientôt c'est à l'Angleterre et à l'Écosse que le grand empereur demandera les savants, les littérateurs qui feront revivre en France le culte des lettres et la sainteté de la vie monastique.

On aurait donc tort de nier les immenses services rendus à la cause de la civilisation par l'institut monastique; mais il ne faut point s'abuser sur le degré de culture de ces premiers religieux. Ils ont sauvé une partie des lettres antiques, mais sans discernement; combien est faible le nombre de manuscrits d'auteurs latins de la haute époque, comparé à celui de copies des pères de l'Église, de traités ascétiques, d'une lecture rebutante, et aujourd'hui justement oubliés! De plus les copistes de l'époque mérovingienne avaient plus de bonne volonté que de savoir; si un évêque tel que Grégoire de Tours s'excuse de la barbarie de son style, que dire de la grammaire, de l'orthographe des copistes du viie, du viiie siècle? Mais c'était déjà beaucoup qu'au sein de la barbarie grandissante, au milieu des hommes de chair et de sang qui se disputaient l'autorité, il y eût au fond d'un cloître écarté quelques scribes obscurs appliqués à leur tâche, croyant faire œuvre pie, en transcrivant maladroitement des textes qu'ils entendaient à peine ; sans doute leur zèle mal éclairé nous a fait perdre bien des monuments de l'antiquité ; pour remédier à la pénurie du parchemin, ils ont en bien des cas substitué à de beaux discours de Cicéron, aux histoires de Tite-Live, d'insipides compositions, dont les meilleures ne sont que le dernier écho de l'antiquité expirante ; mais, ne l'oublions pas, sans eux nous n'aurions aucune de ces œuvres dont l'étude passionnée a plus tard guéri le monde moderne d'une longue anémie intellectuelle. Enfin, disons-le hautement, si grossiers qu'ils fussent, ces moines irlandais, gallo-romains et italiens, avaient une conception toute nouvelle de l'art. Leurs dessins sont souvent barbares et choquants, mais ils apportaient un élément neuf à l'Occident épuisé, et de ce mélange entre l'art antique corrompu et devenu insipide à force de banalité et l'art barbare plus vigoureux, sortira quelques siècles plus tard l'art roman.

L'étude des manuscrits à l'époque mérovingienne est donc un des seuls moyens qui nous restent d'étudier la lutte entre la civilisation et la barbarie. Nous allons successivement examiner les modifications subies durant cette période par l'écriture et par l'ornementation ; en terminant, nous dirons quelques mots des écoles calligraphiques et des principaux centres littéraires d'Italie, d'Espagne, de Gaule et de Grande-Bretagne.

L'antiquité connaissait certainement trois genres d'écriture : la capitale, l'onciale et la cursive. On a plus haut déterminé le caractère de ces trois genres ; les copistes mérovingiens les ont tous employés et leur en ont ajouté un quatrième, la minuscule.

La capitale est encore usitée pour les manuscrits de grand luxe; cette écriture avait bien des défauts, elle était longue à tracer, et elle occupait énormément de place; c'étaient là de graves inconvénients à une époque d'appauvrissement général. On connaît toutefois quelques manuscrits du ve au viiie siècle tout entiers en capitales; tel le célèbre Prudence de la Bibliothèque nationale, que beaucoup de critiques croient antérieur à l'an 527. Ce volume est des plus remarquables; les abréviations y sont rares et fort simples et les traits des lettres d'une élégance achevée. Plus tard ce caractère capital s'alourdit: il est déjà moins net, moins élégant dans le fameux Évangéliaire en lettres d'or sur pourpre de Saint-Germain-des-Prés, et dans l'Évangéliaire de Metz, que les meilleurs juges datent aujourd'hui de la fin du vi^e siècle. Toutefois ces deux manuscrits sont encore écrits en une capitale très régulière, un peu massive, mais ayant en partie conservé les proportions antiques.

La capitale a encore servi longtemps pour les titres, les rubriques, et en plein moyen âge, les beaux volumes renferment ainsi des lignes entières écrites dans ce caractère; on la retrouve également en tête des diplômes royaux et des bulles de papes, mais ici l'écriture antique a été cruellement modifiée. Sans parler des changements qu'elle a subis en passant par les différentes écoles de copistes, elle affecte maintenant des formes bizarres; elle s'écrase et devient la capitale allongée des diplômes et la capitale rustique des manuscrits. A cette première cause de modification, ajoutons les lettres enclavées et conjointes; les copistes anciens connaissaient déjà ce procédé, mais ils y recouraient avec discrétion; les calligraphes du moyen âge l'ont employé à tout propos, arrivant ainsi à faire servir le même jambage à trois ou quatre lettres différentes, créant en un mot ces monogrammes compliqués qui figurent au bas des actes royaux et impériaux.

L'onciale, plus facile à tracer, a été aussi beaucoup plus employée que la capitale aux temps mérovingiens. Cette écriture s'est formée lentement; elle apparaît déjà dans des inscriptions du début du IVe siècle et elle est mentionnée par saint Jérôme, mais elle se développe surtout aux temps barbares; comme la capitale, elle est extrêmement difficile à dater. Tantôt, comme dans le célèbre Psautier en pourpre dit de Saint-Germain (à la Bibliothèque nationale), elle affecte des formes pures, régulières, elle s'étale largement; tantôt, au contraire, elle s'écrase, elle s'aplatit, les pleins s'alourdissent Toutefois le caractère même de cette écriture arrondie et massive répugnait aux innombrables ornements dont la fantaisie des scribes surchargeait les lettres capitales, et les manuscrits ou parties de manuscrits écrits en onciale ont été toujours plus simples que ceux écrits en capitales. L'usage de l'onciale se conservera longtemps; elle figure dans les titres de la plupart des manuscrits carolingiens, soit pure, soit mêlée à la capitale, et elle sera très longtemps employée pour les légendes des sceaux.

Les anciens connaissaient-ils une écriture plus expéditive que la capitale et l'onciale, plus élégante que la cursive? La question a été très discutée; mais aucun monument à notre connaissance ne permet de la trancher dans un sens ou dans l'autre. Quoi qu'il en soit, dès le VIe siècle paraît dans des notes marginales l'écriture dite minuscule; elle dérive de l'onciale, à laquelle on a enlevé une partie de ses jambages. Le passage de l'alphabet oncial à l'alphabet minuscule se marque bien, si on compare la petite onciale des notes marginales du Prudence avec l'écriture dite semi-onciale, c'est-à-dire mélangée d'onciale et de minuscule. La minuscule a servi à écrire des manuscrits entiers, tel le célèbre Grégoire de Tours de la Bibliothèque nationale, datant du vii⁰ siècle, et le non moins célèbre Lectionnaire de Luxeuil. Cette minuscule varie d'ailleurs d'école à école, de pays à pays, et le nombre de ces variétés est immense. Ce n'est guère qu'avec la renaissance carolingienne qu'elle se simplifiera en s'épurant, et cette minuscule caroline, lentement transformée par les siècles, régnera dans l'Europe entière jusqu'à l'âge moderne.

La cursive romaine ne s'est pas moins transformée ; impossible de définir ici tous les genres de cursive que l'antiquité avait connues. Beaucoup de paléographes ont confondu la cursive avec la minuscule ancienne, les deux écritures ayant en effet bien des points de contact, l'une et l'autre abondant en ligatures, mais la cursive a toujours conservé un caractère de hâte, de rapidité qui suffit à la faire reconnaître ; ajoutons les difficultés de la lecture ; la minuscule, si étrange que soit la forme de certaines lettres, se déchiffre généralement sans peine ; la cursive au contraire, notamment dans les diplômes impériaux du iii⁰ et du iv⁰ siècle, dans les actes mérovingiens, et dans les chartes de Ravenne du vi⁰ siècle, présente des difficultés inouïes qui n'ont été surmontées que de nos jours.

Toutes ces écritures antiques ont subi à l'époque mérovingienne de profondes modifications. Sous l'influence de quelles causes et comment, c'est ce qu'il importe d'examiner. Très anciennement les érudits ont créé des qualifications particulières pour certains alphabets ; on a eu de la sorte des écritures lombardique, irlandaise, anglo-saxonne, germanique, française ou mérovingienne, enfin visigothique. A vrai dire ces termes ne sont pas tous bien choisis. Si l'écriture dite visigothique paraît en effet avoir été principalement usitée dans l'ancien domaine des Goths, en Espagne et dans le midi de la Gaule, l'écriture lombardique a été employée ailleurs qu'en Italie, domaine propre des Lombards et longtemps après la destruction de ce peuple. De même l'écriture irlandaise et anglo-saxonne a été usitée un peu partout sur le continent. Il semble plus rationnel de rattacher toutes ces minuscules à la minuscule romaine. En effet les peuples barbares qui envahirent l'Empire romain n'avaient pas d'écriture nationale, et Ulphilas fut obligé d'emprunter à l'alphabet grec la majeure partie des caractères qu'il employa pour écrire sa traduction des livres saints en langue gothique. Comment ces modifications se sont-elles produites, dans quelle mesure le goût national de chaque école de copiste a-t-il contribué à transformer la minuscule primitive, tirée de l'onciale romaine, c'est ce qu'il serait difficile de marquer ici ; il faudrait avoir de nombreux fac-similés, étudier attentivement des manuscrits à provenance certaine, et cette étude, on peut le dire, est encore à peine commencée.

Le domaine de l'écriture visigothique a été l'Espagne entière et le sud de la Gaule, l'ancienne Septimanie. On a en France de bons types de cet alphabet ; en premier lieu le célèbre Sacramentaire de Gellone, qu'on date du viiie siècle, quelques manuscrits venant de l'abbaye du Silos et un célèbre volume écrit en 951 et ayant appartenu à l'église du Puy. L'usage officiel et liturgique de cette écriture se prolongea dans les royaumes de Castille et de Léon jusqu'à la fin du xie siècle ; à cette date, des légats romains et les moines de l'ordre de Cluny la firent proscrire en même temps que la liturgie mozarabique. Elle se conserva d'ailleurs dans un certain nombre d'abbayes, et on en retrouve encore des traces dans des manuscrits du xiiie siècle. L'écriture qui lui fut substituée est qualifiée par les chroniqueurs de *lettre française* ; c'était en effet la minuscule capétienne, analogue à celle qui régnait en Catalogne, cette province ayant toujours été soumise à l'influence du royaume de France depuis les conquêtes de Charlemagne et de Louis le Pieux.

L'écriture lombardique est peut-être née en Italie, mais on la retrouve en Gaule, notamment à Corbie et à

Soissons. Elle fut en usage dans la chancellerie pontificale jusqu'au xiie siècle; pour les manuscrits, elle fut surtout employée au Mont-Cassin, à la Cava et dans quelques autres monastères du sud de l'Italie. Elle paraît y avoir été en faveur jusqu'au xiiie siècle, et nous a valu des monuments très remarquables à tous égards, comme calligraphie et comme ornementation.

Si l'expression lombardique paraît erronée de tout point, celle d'écriture anglo-saxonne ou irlandaise est plus juste. C'est bien, semble-t-il, de ces deux grandes îles de la mer du Nord que ce genre particulier paraît avoir été transporté sur le continent par les colonies monastiques de Luxeuil, d'Epternach, de Bobbio. Rappelons encore les relations fréquentes entre les couvents et les églises du nord de la France : Corbie, Saint-Vast, Cambrai, et l'Angleterre, centre d'études de premier ordre au viie et au viiie siècle. N'oublions pas encore les missions de saint Boniface et de ses disciples en Frise, en Saxe, en Souabe et en Thuringe. L'écriture anglo-saxonne régna presque seule en Angleterre jusqu'à l'invasion normande; l'écriture irlandaise, plus ou moins modifiée, s'est conservée jusqu'à nos jours; on en retrouve encore des traces dans des manuscrits du xviiie siècle. Mais plus encore au point de vue ornemental que pour la calligraphie, les scribes de ces deux îles ont exercé une influence prépondérante et contribué à la transformation de l'art romain dégénéré.

Quelques mots maintenant de l'exécution des manuscrits à l'époque mérovingienne. Seuls les manuscrits les plus anciens ne présentent qu'un seul caractère, sont écrits d'un bout à l'autre en capitales ou en onciales. La plupart des volumes en onciale renferment dans les titres, dans les souscriptions, au début des alinéas, de la capitale; l'onciale remplit le même rôle par rapport à la minuscule, mais parfois elle est elle-même mêlée de capitale. En général chaque manuscrit est l'œuvre d'un copiste; ainsi le Psautier de Saint-Germain, le Saint-Hilaire de Tours, mais ce sont là de beaux volumes écrits à grands frais. Le Prudence est dû à deux copistes, ayant, il est vrai, la même main ou peu s'en faut. Parfois la diversité est plus forte; ainsi un manuscrit d'Eugyppius, étudié par M. Delisle, renferme des parties en onciale, à côté de pages entières en minuscule ou en cursive. En effet, pour aller plus vite, le texte à copier était souvent distribué par cahiers à plusieurs copistes qui, suivant que la place manquait ou abondait à la fin du cahier qu'ils avaient à remplir, allongeaient ou serraient leur écriture, employaient plus ou moins d'abréviations et de ligatures. Le cas est assez fréquent au moyen âge.

Le texte, dans les manuscrits mérovingiens, est disposé soit à longues lignes, soit sur deux ou même trois colonnes. Cette dernière disposition est une marque d'ancienneté, tel le célèbre Pentateuque de Lyon; on connaît même un manuscrit à quatre colonnes, mais le cas est exceptionnel. Plus il y a de colonnes, plus, semble-t-il, le souvenir du *volumen* antique est proche. Les mots sont peu ou point séparés dans les textes en onciale et en capitale; le plus souvent il n'y a pas coupure de mots à la fin de la ligne; le copiste, soit en serrant l'écriture, soit en joignant deux ou plusieurs lettres, soit enfin en employant un signe abréviatif, s'est arrangé de manière à faire tenir le mot entier dans la ligne. Parfois encore un mot entier ou une partie de mot sont écrits en interligne; ce dernier procédé est antique : il était, au dire de Suétone, employé par Auguste.

La page entière est réglée très légèrement à la pointe sèche; elle est encadrée d'une double ligne, tracée de la même façon et formant une marge intérieure. Dans les manuscrits à grande écriture, le Prudence par exemple, chaque ligne est enfermée dans un double trait à la pointe sèche. Enfin, dans la plupart des manuscrits en onciale ou en capitale, pour marquer les paragraphes ou les versets de la Bible, on fait sortir la première lettre au lieu de la faire rentrer. C'est le contraire de ce que nous faisons aujourd'hui.

Presque toujours ces anciens manuscrits ont une ornementation très sobre. Le Prudence ne renferme absolument que des titres en rouge. Même sobriété dans les plus anciens volumes en onciale. Notons seulement des feuilles de lierre servant de ponctuation, encadrant le titre courant ou les numéros de quaternion, placés au verso du dernier feuillet de chaque cahier, des torsades en rouge ou en noir, occupant la fin des lignes restées blanches, séparant les livres et les chapitres, etc. Parfois l'ornementation est plus somptueuse, le copiste a employé le vélin pourpré, l'encre d'or et d'argent. Citons seulement le Psautier de Saint-Germain, l'Évangéliaire de Paris, etc.

Presque toujours ces manuscrits portent trace de corrections anciennes; une fois le texte transcrit, le possesseur même ou un grammairien expert le relisait avec soin, ajoutait les lettres oubliées, corrigeait les bourdons, mettait des notes explicatives. Les lettres à supprimer sont soit soulignées, soit marquées d'un point; dans le Prudence, les mots fautifs sont barrés et la bonne leçon est placée en interlignes. En général, plus un manuscrit est soigné d'écriture, moins il est correct. Saint Jérôme se plaint déjà quelque part des recherches de luxe qui nuisent à la bonté du texte, et déclare qu'il préférerait des copies moins somptueuses, mais plus exactes.

C'était généralement au correcteur qu'incombait le soin de mettre les signes de ponctuation : points, virgules, signes de toute espèce. Les points sont tantôt ronds, tantôt carrés; quelquefois on en varie la couleur. Virgules et points servent également de signes abréviatifs, et ont gardé cette valeur jusqu'à la fin du moyen âge.

En effet, de tout temps on a eu recours à des abréviations pour diminuer le travail du copiste. Les lapicides païens et chrétiens employaient divers systèmes; tantôt ils unissaient deux lettres, leur donnant un jambage commun, tantôt ils employaient pour la lettre à abréger un caractère plus petit; le plus souvent ils recouraient aux *sigles.* On appelle ainsi, du latin *singulæ* (sous-entendu *litteræ*), des lettres isolées qui expriment un mot entier; ainsi F. voudra dire *filius*, ou tel autre cas de ce mot; C., *consul*, etc. Ces sigles, d'interprétation souvent difficile, ont été employés durant tout le moyen âge; mais plus tard on les a réservés pour les noms propres des dignitaires ecclésiastiques ou laïques, pour les citations d'auteurs, les formules de droit, etc. A ces sigles ajoutons les abréviations par *suspension* : non. = *nonæ, nonarum,* etc.; par *contraction* : Dns. = *dominus*; ep̄s = *episcopus.* Un signe avertit en principe le lecteur de l'existence de l'abréviation; dans les manuscrits anciens, les principaux de ces signes sont la barre surmontant le mot abrégé ou le point placé à la suite; ainsi q. voudra dire *que* (enclitique): qq.. = *quoque,* etc. Ajoutons-y quelques signes consacrés, dont l'origine est parfois obscure; citons seulement le *c* cursif renversé, qui dans les écritures de la fin du moyen âge devient un 9; avant les mots, il représente la syllabe *col, com,* et autres semblables; à la fin de ces mêmes mots, il signifie *us.*

Dans les manuscrits de l'époque mérovingienne, les abréviations sont rares; elles se multiplient du xe siècle au xvie, et le déchiffrement des anciennes écritures en devient d'autant plus difficile. En général les manuscrits, sauf les cahiers de cours, les livres classiques, etc., en renferment moins que les chartes. Dans les manuscrits anciens on procède surtout par lettres conjointes ou monogrammatiques et par lettres enclavées. Ainsi, dans le Psautier de Saint-Germain, les rares abréviations portent sur des mots tels que *Dominus*, *Deus*, *Spiritus*, qui reviennent si fréquemment dans le texte sacré. Ailleurs ces abréviations figurent à la fin des lignes pour ne point rejeter une partie du mot à la ligne suivante.

Ces détails techniques et un peu secs étaient nécessaires pour donner au lecteur un aperçu de l'aspect extérieur des manuscrits mérovingiens. La lecture n'en est pas difficile, quand il s'agit de manuscrits en onciale ou en capitale; la seule difficulté provient de la non-séparation des mots, on est obligé d'épeler chaque lettre. Plus difficiles sont la minuscule et surtout la cursive, avec leurs ligatures et leurs formes bizarres de lettres.

Il nous faut maintenant parler de l'ornementation. A cet égard l'examen le moins prolongé de ces vénérables monuments fait reconnaître immédiatement, à côté des produits de l'art romain dégénéré, une école particulière qui, dans le choix des formes ornementales et des couleurs, n'obéit pas aux règles esthétiques que la Grèce et Rome avaient connues.

La première école est la plus sobre. Beaucoup de beaux manuscrits de l'époque mérovingienne sont fort simples; quelques lettres de couleur, des feuilles de lierre ou d'autres arbres, des capitales dans les manuscrits en onciale, tels sont les seuls ornements qu'on y rencontre. Notons encore parfois des lignes en vermillon, ayant l'aspect de cordes, de tresses. Ajoutons enfin l'emploi du parchemin pourpré, de l'encre d'or ou d'argent. Le calligraphe a pu à lui tout seul exécuter ces ornements peu compliqués; on ne réclamait de lui qu'un texte correct, écrit avec élégance dans un caractère de grande dimension. Tous ces ornements devaient exister dans les manuscrits antiques.

Prenons par exemple le beau Prudence de la Bibliothèque nationale; le texte entier est en capitales élégantes et régulières; les petits vers du poète chrétien s'étalent majestueusement au milieu d'une large page blanche. A chaque poésie, titre en rubriques; on a également transcrit en lettres rouges la première ligne des pièces importantes. Le vélin est fin, réglé avec soin; l'écriture a un aspect lapidaire. Même apparence dans le Saint-Hilaire en onciale; mais ici l'écriture n'a plus la haute élégance de celle du Prudence, les caractères sont plus pressés, moins réguliers; l'onciale, comme la capitale, perd de sa fermeté, de sa beauté à mesure qu'on avance dans l'ère mérovingienne.

Veut-on un manuscrit plus luxueux? Voici le Psautier de Saint-Germain, vénérable manuscrit que les meilleurs juges attribuent au vi^e siècle. Sur vélin pourpré de teinte foncée, le copiste a écrit le texte en lettres onciales d'argent; les caractères sont de grande dimension (plus de 8 millimètres), extrêmement réguliers, et renfermés entre deux lignes parallèles. Le premier mot de chaque verset empiète sur la marge, enfin les titres des psaumes sont en caractères d'or et la même encre a servi à exprimer les mots *Deus*, *Dominus*, *Spiritus*, chaque fois qu'ils se sont rencontrés. Peu d'abréviations, quelques lettres liées en petit nombre. En un mot ce volume, à l'époque où l'argent était encore brillant, devait offrir une somptueuse apparence. Même richesse dans l'Évangéliaire de la bibliothèque de Vienne, étudié par M. Belsheim, mais ce second manuscrit date du viie siècle, l'onciale en est plus lourde, de moins belles proportions; le copiste ne craint plus de couper les mots à la fin des lignes, enfin la teinte de pourpre est moins riche.

On a également des manuscrits à peintures de l'école antique, datant de l'époque mérovingienne. Le plus célèbre est le Pentateuque de Tours, que M. Delisle vient de rendre à la France. Ce précieux volume date vraisemblablement du vi^e ou du viie siècle. Les peintures qui l'ornent, au nombre de dix-neuf, ne brillent ni par l'heureux choix des couleurs, ni par la correction du dessin; mais dans ces pages grossièrement exécutées, on ne trouve aucune trace d'influence étrangère, c'est l'œuvre d'un artiste de l'école romaine dégénérée. Les procédés sont les mêmes que dans le Virgile du Vatican. Autour de chaque scène figure un petit listel rouge. Les fonds sont d'une seule couleur, rouge, bleu, vert, et les sujets y sont tracés par superposition de couches. Les costumes sont antiques, les scènes traitées à la romaine ; dans la peinture représentant le festin offert par Joseph à ses frères, les convives sont sur des lits. Chaque planche représente plusieurs scènes différentes. L'artiste ne connaît d'ailleurs ni la perspective, ni le modelé ; il a donné aux extrémités de ses personnages ces dimensions monstrueuses qu'on retrouve sur les ivoires de la décadence ; les têtes sont barbares, sans expression. Citons encore le frontispice, sorte de fronton antique garni de rideaux de couleur. Ce manuscrit, en un mot, est un exemple très curieux de ce que savaient faire les artistes gaulois de l'extrême décadence, du ve au viie siècle ; on y voit combien ils avaient perdu de leur habileté. Fort heureusement des éléments nouveaux, empruntés à l'art barbare, allaient vivifier cet art corrompu, lui rendre une nouvelle existence ; de même que du latin populaire, mélangé de quelques centaines de mots germaniques, le français naîtra au ixe siècle, de même de l'art antique en pleine décadence, combiné à l'art anglo-saxon et irlandais, sortira quelques siècles plus tard l'art roman.

Les Germains qui détruisirent l'empire d'Occident au ve siècle avaient, comme toute race humaine, des goûts propres, un art particulier. Cet art était l'art du Nord, qui a régné un peu partout dans l'Europe septentrionale, de l'Irlande aux pays slaves. On l'a qualifié de mérovingien ; mais cette appellation paraît bien étroite, car on en a retrouvé des spécimens en Danemark, en Suède, en Angleterre, dans les pays, en un mot, où jamais ne s'exerça l'autorité des descendants de Mérovée. Il semble plus probable que nous nous trouvons en présence d'un art, oriental d'origine, propre à toutes les peuplades de la race aryenne, n'ayant point comme les Grecs et les Romains, subi l'influence des civilisations sémitiques de la Méditerranée orientale. On retrouve dans les manuscrits de l'époque mérovingienne quelques-uns des éléments décoratifs remarqués sur les boucles franques et scandinaves : dessins contournés, figures d'animaux monstrueux, bandelettes, tresses de dessin irrégulier et accompagnées d'ornements en forme de tête de clou, etc.

Cet art s'est développé et épuré du VIe au VIIIe siècle en Irlande et dans la Grande-Bretagne ; de là il est passé sur le continent. Mais si l'on doit faire aux moines des monastères fondés par saint Colomban et ses successeurs, à Alcuin et à ses compagnons, une grande part dans la renaissance carolingienne, il semble impossible d'attribuer à leur seule influence certains caractères communs à nombre de manuscrits de Gaule, d'Italie et d'Espagne. En effet, beaucoup de volumes exécutés dans ces trois pays et présentant à d'autres égards les caractères généraux de la librairie antique renferment également des particularités ornementales tout à fait étrangères au goût des anciens Romains.

Voici, par exemple, un recueil d'homélies venant de Fleury-sur-Loire ; l'écriture est une belle onciale du VIIe ou du VIIIe siècle, d'apparence antique, un peu lourde déjà et indiquant la décadence. Mais les initiales sont d'un art tout particulier. En tête du volume figure une sorte de bandeau vertical, sur fond rouge, avec bandelettes formant losanges et ornées de trèfles à quatre feuilles. Les initiales sont formées de poissons ; la bande décrite plus haut constitue la haste d'un grand P, dont la panse est figurée par un oiseau contourné, le bec et la queue touchant la haste. Les premières lignes du texte sont écrites en capitales contournées, conjointes et enclavées. — Un autre manuscrit, où figurent fréquemment des feuilles de lierre, signe d'antiquité, renferme également des lettres en forme de poissons et d'oiseaux. — Un manuscrit en écriture lombardique offre toute une page ornée de la manière suivante : une arcade dont les pieds-droits reposent sur deux animaux monstrueux,

Le Déluge; peinture du Pentateuque de Tours.

peut-être deux chiens; à l'intérieur de l'arcade, une croix avec pendeloques rappelant les fameuses croix du trésor de Guarrazar. Au-dessus, un phénix, symbole de l'immortalité. Sur l'arcade, des monstres bizarres s'enlevant en couleurs éclatantes sur le fond jauni du vélin. Le titre est composé de capitales de grandes dimensions, fleuronnées, de forme carrée et mêlées de rustique, avec entrelacs et bandelettes; à l'angle, un cerf monstrueux. Les initiales de certains mots sont recouvertes de vert et

Initiales mérovingiennes.

entourées d'un grènetis rouge; les nombres, exprimés en lettres romaines, sont couverts d'une teinte jaune. L'écriture est d'ailleurs une minuscule lombardique bien caractérisée. On retrouve déjà dans ce curieux volume des traces de l'influence irlandaise; ainsi les lignes du titre se détachent en clair sur des fonds de couleurs variées.

On pourrait multiplier les exemples. Les figures ci-jointes feront mieux qu'aucune description comprendre le caractère de cet art singulier. Mais plus riches, plus curieux à tous égards sont les manuscrits écrits dans les îles du Nord. On en connaît beaucoup de très importants, et Westwood, dans sa *Palæographia sacra pictoria* et dans son recueil de fac-similés, en a fourni des exemples nombreux. On fera bien également de consulter l'album de la *Paleographical society* et le recueil de fac-similés publié par l'administration du musée Britannique.

Étudions successivement, dans ces peintures irlandaises et anglo-saxonnes, le dessin ornemental, les couleurs et la figure humaine. Le dessin ornemental est de beaucoup la partie la plus remarquable. Il est toujours tracé à la plume, et la finesse, la sûreté des enroulements dénotent une légèreté de main surprenante. C'est surtout dans les grandes planches qui accompagnent les volumes luxueux qu'on en trouve de beaux exemples. Ces dessins, malgré leur fantaisie, ont des proportions géométriques; chaque planche d'entrelacs, par exemple, sera divisée en un certain nombre de parallélogrammes ou de carrés, où dominera une couleur particulière. L'élément principal est la tresse ou la bandelette de couleur variée, repliée plusieurs fois sur elle-même et terminée souvent par des têtes d'animaux : oiseaux bizarres, serpents, poissons, etc. Dans ces entrelacs sont figurés des animaux qui se dévorent, des canards par exemple ou des pélicans tenant dans leurs becs des poissons, ailleurs des poissons qui se mangent, etc. Ailleurs encore les colonnes qui soutiennent les arcades, sous lesquelles

Initiale mérovingienne.

sont disposés les canons évangéliques d'Eusèbe, sont bien des colonnes antiques, mais le dessinateur les a chargées de dessins en couleur, damiers ou rosaces; les arcs supérieurs, qui se coupent, se recourbent et se terminent en têtes de monstres. En un mot, c'est une combinaison savante du dessin géométrique et du dessin fantaisiste. Les éléments ornementaux sont parfois empruntés à l'art antique, ainsi on y retrouve la grecque, mais au lieu de former des angles droits, les différentes lignes de ces grecques sont à angles alternativement obtus et aigus, de manière à produire une alternance qui ne manque pas d'agrément.

Cet amour de la variété se remarque encore dans la forme des lettres capitales. Non seulement on trouve des lettres en forme de poissons ou d'oiseaux, des E, par exemple, formés de trois poissons allongés, mais encore les capitales affectent les formes les plus bizarres; les C seront carrés; les S auront les formes du Z capital grec; par la liaison des lettres, les dessinateurs obtiendront encore des effets bizarres et inattendus.

Cette recherche de la bizarrerie s'accuse encore plus dans le choix des couleurs. Avec un goût parfait, une sûreté d'œil étonnante, les peintres anglo-saxons recherchent les couleurs les plus opposées, les plus brillantes et savent les marier harmonieusement. Ici un faisceau de bandelettes rouges et jaunes se relève sur un fond de couleur noire ou pourpre; ailleurs, les bandelettes seront laissées en blanc et garnies seulement d'une chaîne continue de points d'un rouge vif. Les lettres capitales, de forme bizarre, se détacheront en pourpre sur un fond d'or mat, en clair sur un fond pourpre ou vert cru. Dans la disposition des différents cadres secondaires des pages ornées que nous indiquons plus haut, il y aura alternance régulière, accord rythmique pour ainsi dire. La page, par exemple, sera divisée en quatre cantons par une croix d'ornement; chacun de ces cantons sera divisé à son tour en quatre parties secondaires, subdivisées elles-mêmes en une infinité de petits damiers alternant et se répondant deux à deux.

Tous ces dessins sont exécutés à la plume et au compas; on aperçoit encore, dans le manuscrit d'Epternach, les traces des lignes tracées à la pointe sèche pour obtenir une symétrie parfaite entre les différentes parties. Une fois tracés à la plume, les dessins ont été remplis de couleurs au pinceau en teintes plates, avec une sûreté de main extraordinaire. L'effet d'ensemble est curieux et rappelle ces magnifiques cadres dont les copistes arabes et persans ont enrichi leurs somptueux manuscrits.

La figure humaine joue un grand rôle dans ces peintures, mais c'est là évidemment le côté faible de l'art anglo-saxon. La plupart des figures tracées par eux sont monstrueuses. Tels dans l'Évangéliaire d'Epternach les symboles des évangélistes ; saint Mathieu est figuré par un homme ; mais l'artiste ne connaissait évidemment aucune des règles du modelé et de la perspective ; dans son désir de rendre la nature telle qu'elle est, il a tracé jusqu'à l'intérieur des narines, qu'un homme vu de face ne peut montrer, et le nez remonte jusqu'à la hauteur des yeux, lesquels sont d'ailleurs mal placés ; aucune science dans l'étude des attaches et des articulations. Ces personnages sont en bois, et telle des peintures reproduite par Westwood rappelle en laid les pires magots de l'Extrême-orient.

Plus remarquables à tous égards sont les symboles des autres évangélistes dans ce même manuscrit d'Epternach. L'aigle de saint Jean possède, il est vrai, un bec de perroquet, mais le travail du corps est curieux ; les plumes sont figurées par une série d'écailles ornées chacune d'un point rouge. Le bœuf ou plutôt le veau (*vitulus*) de saint Luc est également remarquable ; il a comme une vague tournure égyptienne ; enfin le lion de saint Marc, tout incorrect qu'il soit, ne manque pas d'une certaine allure. D'ailleurs tous les manuscrits de l'école anglo-saxonne ne sont pas aussi barbares. Dans ceux qui datent du VIIIe et du IXe siècle, les figures humaines sont beaucoup mieux traitées ; le Psautier d'Utrecht par exemple présente dans les innombrables dessins dont sont chargées les marges des scènes bien composées ou traitées avec esprit; elles rappellent les curieuses illustrations de la Psychomachie de Prudence.

Peut-on dans tous ces dessins trouver trace de symbolisme? à vrai dire il paraît difficile de répondre à cette

Scène empruntée au Psautier d'Utrecht.

question. Que ces monstres qui se dévorent aient figuré pour ces intelligences primitives les passions mauvaises, la chose est possible; on croit bien encore que la forme de la croix est pour ainsi dire la génératrice de la plupart des planches ornées, mais il faut pour le reste compter avec la fantaisie de l'artiste et ne point chercher à comprendre ces figures multiples, où sans doute il ne mettait aucun sens caché.

Jusqu'ici nous n'avons rien dit des manuscrits espagnols en écriture visigothique. A vrai dire, les spécimens en sont rares hors de la péninsule, et ceux que l'on connaît sont loin de présenter au point de vue ornemental l'intérêt des manuscrits anglo-saxons. L'écriture est d'aspect moins soigné, le parchemin moins fin et les ornements d'ordinaire peu abondants et grossiers. Voici pourtant un curieux manuscrit, écrit tout entier en écriture visigothique, mais venant du midi de la France, c'est le célèbre Sacramentaire de Gellone; on le date du VIIIe siècle. L'ornementation est barbare, mais riche et variée; les principales couleurs employées sont le vert, le rouge et le jaune; les lettres initiales sont à doubles traits et les intervalles entre les traits sont remplis de teintes plates de couleur claire. Ici, comme dans les manuscrits irlandais, on retrouve autour des initiales des grénetis de points rouges; ailleurs la panse des initiales est formée par le corps d'un poisson, d'un oiseau replié qui se mord la queue; on trouve encore des O composés d'une tête humaine de style barbare. Sur les marges, dans les lettres ornées, on a tracé de véritables scènes; ici le combat d'un renard et d'un animal fantastique tenant du serpent et de l'oiseau, là un aigle enlevant un mouton, une main humaine harponnant un poisson, deux oiseaux se disputant leur proie, etc. Tous ces dessins sont barbares, la figure humaine surtout est traitée d'une façon enfantine, mais l'ensemble témoigne d'une imagination variée. A cet égard le manuscrit de Gellone est un des plus précieux monuments qu'on puisse citer.

Un mot maintenant des centres de production littéraire à l'époque mérovingienne. Le niveau intellectuel est descendu tellement bas que le seul fait de copier des livres est une preuve de culture; toutefois si la langue se corrompt de plus en plus, le nombre des traités composés du ve au viiie siècle est encore assez considérable. En Gaule la culture romaine s'affaiblit au vi^e siècle, disparaît presque entièrement au viie, mais elle survit encore en Espagne et en Italie. Le premier de ces deux pays produit l'école de Séville avec son représentant le plus illustre, saint Isidore; à l'Italie revient la gloire d'avoir préparé aux lettres un nouveau refuge; c'est de Rome que partent sous Grégoire le Grand († 610) les premiers apôtres de la Grande-Bretagne, saint Augustin de Canterbury et ses compagnons. Depuis déjà longtemps l'Irlande était conquise à la foi chrétienne. En moins d'un siècle la culture des belles-lettres s'étend dans l'île entière depuis les côtes de la Manche jusqu'aux Hébrides; des monastères s'élèvent et une école florissante d'écrivains se forme; le plus célèbre est le vénérable Bède († 735). A ces moines il fallait des livres, aussi la calligraphie se développe-t-elle avec une grande rapidité. On a encore aujourd'hui de nombreux spécimens de l'art des écrivains de cette époque.

Mais au lieu de se cantonner en Angleterre, les disciples de saint Augustin se répandent bientôt sur le continent. Dès la fin du vi^e siècle l'Irlandais saint Colomban avait pénétré en Burgondie et y avait fondé trois monastères, dont Luxeuil; un peu plus tard il évangélise la Suisse orientale, puis vient mourir à l'abbaye de Bobbio instituée par lui dans la Haute-Italie (615). Cent ans plus tard, d'Angleterre partent de nouveaux missionnaires, qui conduits par saint Boniface, fondent les églises d'Allemagne et font les premiers connaître l'Évangile aux sauvages habitants de la Saxe, de la Frise et de la Franconie. Longtemps les calligraphes de la Germanie occidentale garderont le souvenir des leçons de leurs premiers maîtres; au xie siècle encore, au rapport de Marianus Scotus, on employait l'écriture anglo-saxonne dans certains monastères de l'Empire; cent ans plus tard, il est vrai, cette même écriture passait pour illisible.

C'est donc, semble-t-il, par les écoles monastiques que se sont propagés dans l'Europe les différents alphabets à l'époque mérovingienne, et c'est par elles également que s'est opérée tout d'abord la fusion entre les deux arts mis en présence, l'art antique et l'art barbare. Mais jusqu'au VIIIe siècle, loin de se relever, le niveau intellectuel semble continuer à s'abaisser en Gaule; les copistes

Initiales mérovingiennes.

ignorent l'orthographe et la grammaire, la langue populaire s'introduit chaque jour davantage dans la langue classique. La réforme des études par l'école du palais et les lettrés d'Angleterre et d'Irlande, sous Charlemagne, arrêtera définitivement cette décadence lamentable. Mais le fait est à noter : la fin du VIIIe siècle est un terme extrême au-dessous duquel on ne peut faire descendre la date d'exécution d'un manuscrit luxueux, rempli de fautes d'orthographe. Plus la langue et l'orthographe d'un volume seront défectueux, plus il y aura des chances pour qu'il appartienne au VIIe ou au VIIIe siècle.

C'est qu'en effet il est extrêmement difficile de dater les manuscrits de l'époque mérovingienne, surtout ceux qui sont écrits en capitales ou en onciales. Le nombre des volumes à date certaine est très faible, le plus souvent les meilleurs paléographes diffèrent d'opinion à leur sujet à cent ou deux cents ans près. On a dressé la liste des volumes en onciale datés; on en a trouvé huit allant des années 509-510 à 754. La date est donnée soit par le collateur, le correcteur du volume, soit par le copiste lui-même qui indique d'ordinaire son nom et le nom de la personne qui a payé les frais d'exécution du volume. Ainsi le Sulpice Sévère de Vérone fut commandé par un certain Hiéronyme à Ursicinus, lecteur de cette église; le Nouveau Testament de Fulda existait déjà en 546, date où Victor, évêque de Capoue, le lut et le corrigea. Un évangéliaire d'Autun fut écrit en 754 par un scribe nommé Gundohinus, à la requête d'une noble dame nommée Fausta. Ailleurs la date est fournie par un synchronisme ou par un nom d'abbé (manuscrits du Mont-Cassin et de Bruxelles; ce dernier écrit à Saint-Médard de Soissons par ordre de l'abbé Nomedius sous Childebert III).

La nature des textes copiés par les scribes de l'époque mérovingienne rend encore plus difficile la fixation de la date de transcription. Ces textes en effet sont, soit des livres liturgiques, soit des ouvrages des Pères, soit enfin la Bible. Se conformant à une tradition, déjà établie du temps de saint Jérôme et contre laquelle ce père proteste avec énergie, les religieux des temps anciens réservaient pour les livres sacrés, toutes les ressources de la calligraphie et de l'art ornemental. Parchemin pourpré, écriture en lettres d'or ou d'argent, initiales peintes, frontispices ornés, les copistes de la Gaule comme ceux de l'Italie et de la Grande-Bretagne n'épargnent rien quand il s'agit d'exécuter un texte (recueil des évangiles,) un Sacramentaire (office de la messe), une Bible, ou un Homiliaire. La décoration de ces différentes classes de manuscrits se fixe bientôt. Les évangéliaires ont en tête des portiques pour recevoir les canons de concordance d'Eusèbe, et à chaque évangile une planche ornée où l'on figure soit l'évangéliste lui-même, soit le symbole traditionnel de ce même évangéliste. Les sacramentaires sont d'ornementation plus variée, mais presque toujours on y retrouve des titres en capitales de couleur disposés sous un vaste portique, des initiales compliquées, etc. Aux psautiers, on met une ou plusieurs peintures représentant le divin poète entouré de ses six acolytes, comme sur certains ivoires de l'époque mérovingienne. Sauf dans les manuscrits de grand luxe, tels que le Psautier d'Utrecht, on ne sort guère du cadre tracé et jusqu'à la fin du moyen âge, on aura ainsi des types de livres liturgiques exécutés sur un modèle fixe, variant avec la fortune de l'acheteur. Les libraires laïques hériteront à cet égard des traditions de leurs prédécesseurs, religieux et clercs.

Pour ceux-ci l'exécution d'un manuscrit était œuvre pie. L'Irlandais Holcundus, auteur d'une copie très curieuse des évangiles, la termine par une longue et prétentieuse prière; il souhaite que cette œuvre d'édification lui vaille la grâce d'éviter les peines éternelles, qu'après sa mort il rejoigne en paradis le chœur des saints et des pieux disciples de Jésus. Cette souscription, écrite en partie en grec, prouve que ce pauvre moine n'était pas meilleur helléniste que latiniste. Mêmes vœux exprimés en termes moins obscurs dans l'Évangéliaire d'Autun par le scribe Gundohinus. D'autres fois, les écrivains, dans de mauvais vers latins souvent reproduits, s'élèvent contre l'erreur qui fait regarder l'art d'écrire comme un travail peu fatigant et demandent l'indulgence du lecteur pour les fautes qui leur ont échappé.

La règle de tous les ordres monastiques prévoit donc

l'existence d'un *scriptorium*; on a conservé la prière qu'on récitait au moment où les copistes se mettaient à l'œuvre. Les principales obligations imposées étaient le silence et l'assiduité, et tout moine sachant écrire était tenu de venir travailler. C'était également dans les *scriptoria* que se tenaient des sortes de conférences (*collationes*), première forme de ces écoles monastiques qui au IXe siècle renouvelleront les études. On a peu de renseignements sur la nature même des livres qui composaient les bibliothèques, à l'époque mérovingienne. Si les textes sacrés y occupaient naturellement la première place, d'autres s'y joignaient : ouvrages de l'antiquité (principalement traités de rhétorique, de grammaire et de prosodie) et surtout œuvres des Pères, tant grecs que latins, les unes sous forme de traduction, les autres en original. Mais ces copies sont bien défectueuses et les manuscrits de poètes et d'historiens de l'antiquité datant de l'époque mérovingienne sont en somme des plus rares.

Non seulement, en effet, les moines de cette époque jugeaient plus utile la transcription d'homélies insipides de saint Ephrem ou des *Collations* de Cassien, que celle d'une décade de Tite-Live ou des *Annales* de Tacite, mais encore la rareté et la cherté du parchemin, qui dès lors a remplacé définitivement le papyrus, exposait ces précieux monuments de la culture antique à un danger sans cesse renaissant. La plupart des palimpsestes datent de l'époque mérovingienne, et on en retrouve un peu partout, en Gaule, en Angleterre, en Italie, en Égypte. Les moines coptes et syriens n'ont pas été plus respectueux que leurs congénères occidentaux, et on a même signalé des palimpsestes doubles, des parchemins ayant servi trois fois. Beaucoup d'auteurs ont accusé amèrement les moines de vandalisme; d'autres écrivains les ont défendus avec ardeur. Au fond, accusations et éloges sont également immérités. L'usage des palimpsestes était connu dès l'antiquité, et les moines n'ont fait que le développer. Ce qu'il faut regretter avant tout, c'est le manque de culture laïque, l'ignorance qui a fait sub-

Reliure de l'Évangéliaire de Monza (VIIe siècle).

stituer à des œuvres écrites et pensées fortement, dont l'absence sera éternellement regrettable, des compositions insipides, sans originalité et sans intérêt pour l'histoire des idées. En remplaçant par des homélies de saint Césaire et de saint Jean Chrysostome le *De Republica* de Cicéron, ou l'*Histoire romaine* de Tite-Live, les moines du vi[e] et du viie siècle commettaient un véritable crime, mais ils n'avaient point conscience de leur faute.

CHAPITRE IV

ÉPOQUE BARBARE : LES CAROLINGIENS

Au milieu du VIIIe siècle, l'état de l'église de Gaule était lamentable. L'ignorance des clercs et des moines, derniers gardiens de la culture littéraire, paraissait inguérissable, et la société tout entière semblait condamnée à de longs siècles de barbarie. Mais ce chaos renfermait des germes puissants et vivaces, ces intelligences incultes n'étaient point incapables d'un effort vigoureux; ce qui leur manquait le plus, c'étaient des maîtres. L'Angleterre et l'Italie vont les leur donner, et après quelques années d'efforts la Gaule carolingienne aura retrouvé une partie de son ancienne influence, le culte des lettres et des arts y renaîtra pour ne plus s'éteindre. D'élèves, les Francs de Charlemagne seront devenus maîtres à leur tour.

Cette heureuse renaissance est due à plusieurs causes distinctes : influence personnelle de Charlemagne, efforts de l'anglo-saxon Alcuin et de ses disciples, enfin action de la papauté. On ne saurait exagérer le rôle joué à cet égard par le grand empereur. Peu instruit lui-même, — il n'apprit qu'assez tard à écrire, au rapport de son biographe Eginhard, — il témoignait d'une admiration presque enfantine, d'une curiosité de barbare pour les recherches scientifiques; au retour de ses longues expéditions militaires, il aimait à s'entourer de savants clercs, à écouter leurs discussions abstruses; pour gagner sa faveur, point de moyen plus sûr que d'y briller; aux meilleurs élèves d'Alcuin il réservait les riches prébendes, les abbayes, les évêchés; en eux il mettait sa confiance, les chargeant d'ambassades lointaines, de missions à l'intérieur.

Tant d'efforts ne pouvaient rester stériles; par un heureux hasard, Charlemagne trouva à point nommé deux esprits supérieurs, un Anglo-Saxon, Alcuin, un Lombard, Paul Diacre.

Alcuin ou Albin, qui prenait volontiers le surnom de Flaccus, était originaire du pays d'York et avait fait ses études sous les disciples directs du célèbre Bède, le plus grand des écrivains anglo-saxons du VIIIe siècle. Instruit à l'école archiépiscopale d'York, sous les archevêques Egbert et Eilebert, il y avait pris le goût des lettres antiques, goût qu'un excès de scrupule devait lui faire perdre plus tard, et acquis des connaissances très étendues dans les diverses sciences sacrées et profanes.

La bibliothèque cathédrale d'York était, si on l'en croit, assez bien fournie; on y trouvait la plupart des auteurs classiques que le haut moyen âge a pratiqués, quelques poètes, des philosophes, des grammairiens, peut-être même certains ouvrages traduits du grec. Envoyé à Rome par Eilebert, Alcuin fit la rencontre de Charles à Parme en 781, le séduisit par son éloquence et dut s'engager à revenir se fixer en France. A son retour, comblé d'honneurs par le prince, il devient le chef incontesté de l'école palatine, prend une part active à la réforme monastique de Gaule et de Germanie et meurt en 804 à Saint-Martin de Tours, âgé de près de soixante-dix ans. Sa volumineuse correspondance prouve le nombre des amis qu'il s'était faits sur le continent, ou qu'il avait laissés dans son pays natal; elle prouve aussi l'acuité, la curiosité de cette intelligence d'élite, et donne meilleure opinion de lui que ses très nombreux ouvrages, qui sont sans originalité et d'une lecture difficile.

Alcuin apportait à la Gaule la culture anglo-saxonne, le fruit des leçons et des recherches des Irlandais et des Anglais. Pierre de Pise et surtout Paul Diacre lui firent connaître ce qui subsistait des traditions antiques en Italie, et celui-ci put donner à quelques clercs le goût des études grecques. Paul Warnefrid, dit Diacre, était lombard, et avait rempli de hautes fonctions à la cour des derniers rois de cette nation; il se retira au Mont-Cassin après la conquête franque. Charlemagne l'en fit sortir et sut garder à sa cour durant plus de six ans cet ancien ennemi.

La papauté exerça également sur les lettres gauloises une influence incontestable; il s'agissait pour les chefs de l'église romaine de restaurer les études ecclésiastiques depuis longtemps en décadence, et de rétablir la discipline. De là la substitution des livres liturgiques romains aux anciens rites gaulois. Déjà sous Pépin, Paul Ier envoie en France des livres d'antiennes et de répons et des ouvrages de grammaire et de philosophie, ces derniers en grec. Un peu plus tard, l'évêque de Rouen, Remedius, à la requête du roi, envoie des moines à Rome pour y apprendre la psalmodie sacrée. Enfin, Charlemagne fait demander au pape Adrien Ier un exemplaire correct du Sacramentaire de saint Grégoire, dont l'usage deviendra peu à peu général dans les églises gauloises.

De là le caractère tout particulier de la réforme des études sous Charlemagne. Ni le roi, ni les principaux maîtres du palais ne se proposent de restaurer les lettres antiques, leur but est plus modeste, plus conforme aux idées du temps. Ils veulent relever le niveau intellectuel du clergé, former des prêtres et des moines capables de comprendre et de copier le latin, et fournir à ces prêtres des livres d'étude et d'église bien écrits et corrects. L'école du palais, fondée et dirigée durant près de vingt ans par Alcuin, les écoles monastiques instituées par ses élèves et ses émules, Théodulphe d'Orléans, Adalard de Corbie, saint Benoît d'Aniane, Eginhard, Angilbert de Saint-Riquier, Leydrade de Lyon, forment des élèves, des copistes diligents. Alcuin et Théodulphe revisent le texte de la Bible, Paul Diacre compose un recueil d'homélies des Pères, dont Charlemagne imposera l'usage à tous les prêtres de son empire; on apprend aux clercs et aux moines la psalmodie romaine, pour rendre aux offices toute leur splendeur. Enfin Alcuin et ses principaux disciples composent des traités techniques : grammaires, rhétoriques, géométries, musiques; d'autres écrivent des commentaires perpétuels sur l'Écriture, composés d'extraits des Pères, et ces commentaires seront presque seuls employés des théologiens jusqu'au xiiie siècle. Enfin on multiplie les copies des livres sacrés, des œuvres des pères, des livres liturgiques. Plus tard, au ixe siècle, le goût des lettres antiques naîtra; on copiera les poètes, les philosophes latins, et les clercs versés dans la langue grecque traduiront les œuvres des principaux écrivains de l'Église orientale.

Le résultat de tout ce travail fut bientôt extraordinaire. Aux manuscrits incorrects et grossiers du viiie siècle, se substituent des volumes écrits avec élégance, relus avec soin; le goût des volumes luxueux se réveille, et du mélange de l'art antique dégénéré et de l'art anglo-saxon naît un style nouveau. Bientôt l'école caroline étend son influence, l'écriture de ce nom pénètre un peu partout en Europe, et jusqu'à la naissance du gothique elle y régnera sans rivale, après avoir fait oublier les anciennes écritures dites nationales. Un nouveau triomphe lui est même réservé au XVe siècle, elle fournira les meilleurs modèles à l'impression naissante.

Au point de vue particulier de nos recherches, la réforme entreprise sous les auspices de Charlemagne a donc un double résultat; d'une part à la cursive et à la minuscule mérovingienne, elle substitue une écriture plus lisible, plus élégante, inspirée des plus beaux modèles de l'antiquité; d'autre part elle rappelle les copistes au respect de la langue et de l'orthographe. A ces deux services signalés ajoutons-en un troisième, encore plus grand; en multipliant les copies des plus belles œuvres de l'antiquité classique, elle les sauve définitivement de la destruction.

Qu'est-ce donc que cette écriture caroline? Elle change de pays à pays et elle affecte un caractère différent suivant les écoles. Les mieux connues aujourd'hui sont celles de Saint-Martin de Tours, de Trèves, de Saint-Gall, et celle du nord de la France (provinces de Reims et de Sens). Mais elle se distingue de toute autre par l'allure générale; les lettres sont rondes, amples et régulièrement tracées. Dans l'écriture caroline de Saint-Martin de Tours, l'influence anglo-saxonne (et cela n'a rien d'étonnant, si l'on songe que le fondateur de cette école monastique fut le grand Alcuin), se fait sentir dans la forme de certaines lettres, du *g* notamment, mais en somme cette écriture est plutôt imitée des anciens modèles, et par son élégance, par sa clarté, elle fait honneur au bon goût et à l'esprit judicieux des créateurs. Au surplus il ne s'agit ici que de la minuscule; pour l'écriture capitale, il serait impossible de nier l'influence de l'école anglo-saxonne. Les copistes emploient ce dernier caractère pour les titres et les débuts des chapitres; les manuscrits du VIIIe et du IXe siècle tout entiers en capitale ou en onciale sont assez rares; on y trouve parfois la semi-onciale, mais presque toujours la majeure partie des textes est écrite en minuscule.

Les manuscrits de l'époque carolingienne sont le plus souvent assez simplement ornés, et la plupart tirent toute leur valeur de l'élégance de l'écriture; en général les titres sont, avons-nous dit, en capitale ou en onciale de couleur. Quand le copiste a jugé bon d'y joindre des ornements, il l'a fait avec discrétion, recourant au vieux procédé de l'alternance des couleurs : rouge, vert, jaune, à l'emploi de lettres initiales rouges, etc. Mais ces volumes, les plus précieux à vrai dire, car ils renferment des textes généralement corrects des auteurs anciens et des Pères, ne sont pas les seuls. La plupart des princes carolingiens ont eu le goût des beaux livres, et ces modestes manuscrits ne pouvaient leur suffire. Ce sont, bien entendu, les livres liturgiques ou les textes bibliques qui ont profité de cette faveur, et pour transcrire une bible, un psautier commandés par un prince puissant et riche, pour exécuter un sacramentaire, un évangéliaire réclamés par une église opulente, les moines calligraphes ont recouru à toutes les ressources de leur art. Parchemin fin souvent pourpré, initiales ornées, pages d'entrelacs, encres de couleur ou d'or, ils n'ont reculé devant aucune dépense, et certains volumes, dont il sera question tout à l'heure, sont restés des modèles de recherche et d'élégance.

L'usage du vélin pourpré se conserve donc en France pendant tout le ixe siècle, mais le nombre des manuscrits tout entiers composés de la sorte est de plus en plus faible. On cite pour le viiie siècle l'Évangéliaire de Charlemagne et celui de Saint-Médard de Soissons; pour le ixe celui de Saint-Lupicin. Généralement au vélin pourpré, on associe l'écriture d'or ou d'argent, le dernier manuscrit cité est tout entier en caractères d'argent. Mais c'est là mode archaïque. Au ixe siècle, on réserve généralement la pourpre pour quelques feuillets initiaux des manuscrits luxueux et pour les fonds des grandes peintures. Parfois encore, dans des volumes de demi-luxe, les titres sont écrits sur des bandes alternativement pourpre, rouge et jaune.

L'écriture d'or ou d'argent, à l'époque précédente, accompagnait toujours la couleur pourpre. Aujourd'hui il n'en est plus de même. On a des manuscrits tout entiers en or sur vélin blanc; tel le livre d'or de Stockholm, un manuscrit de l'Arsenal et encore certaines parties du fameux Sacramentaire de Drogon. De même l'encre d'argent, aujourd'hui bien ternie, apparaît dans les initiales, et dans les titres, même dans des volumes d'exécution peu luxueuse.

Passons maintenant à l'ornementation proprement dite. Elle comprend les éléments suivants : lettres initiales au début des traités et des chapitres; titres en capitale, onciale ou lettres enclavées; parties du texte en écriture particulière, soit capitale dans les manuscrits en onciale, soit onciale dans les volumes en minuscule, soit enfin minuscule plus forte que le corps du texte; pages ornées, enfin figures. Mais avant d'étudier chacun de ces éléments, il n'est pas inutile de dire quelques mots des sources mises à contribution et des influences subies par les artistes de cette époque.

Il suffit de comparer certaines initiales des plus anciens manuscrits carolingiens et celles des manuscrits anglo-saxons pour reconnaître entre les unes et les autres des ressemblances indéniables. Qu'on rapproche par exemple les initiales enclavées et à formes bizarres du fameux Évangéliaire de Stockholm dont Westwood a donné une peinture, et celles de la seconde Bible de Charles le Chauve (Bibliothèque nationale, lat. 2), on sera frappé de la ressemblance; même abus des formes géométriques données aux lettres, même goût pour les points rouges ou verts cerclant les grandes initiales, même usage de cadres de couleur sur lesquels se détachent ces lettres. Ces ressemblances se remarquent encore dans l'Évangéliaire de Saint-Vast d'Arras, étudié par M. Delisle et donné par cet érudit comme type de l'école franco-saxonne du nord de la France. Voilà un premier élément dont l'origine est bien certaine. Transporté en Gaule et en Germanie par les colonies monastiques du vi^e et du viie siècle, l'art anglo-saxon, épuré et raffiné, jouit, grâce

Initiale d'une Bible de Charles le Chauve.

à Alcuin et à ses disciples, d'une faveur bien méritée au viiie et au ixe.

Mais il a à lutter contre un rival puissant, l'art antique. Déjà, on ne saurait le nier, la tradition antique a exercé une réelle influence sur l'art anglo-saxon; au temps de Charlemagne, il revit en Gaule, et du mélange des deux arts sortira plus tard l'art roman proprement dit. Comment et pourquoi au ixe siècle l'art antique jouit il d'une telle faveur, on ne saurait le dire au juste. Nous n'avons plus les manuscrits connus et imités par les calligraphes carolingiens. Toutefois, on ne peut en douter, ce ne sont pas des produits barbares, tels que le Pentateuque de Tours, qui ont pu les inspirer; ils ont dû voir

Page ornée de l'Évangéliaire de Saint-Vast.

et étudier de meilleurs spécimens. Le fait, certain pour Térence, l'est également pour le Psautier.

On conserve à Utrecht un Psautier célèbre, exécuté en Angleterre, au VIIIe siècle probablement, par un artiste anglo-saxon, mais copié, semble-t-il, sur un manuscrit bien plus ancien. Le texte, écrit en capitale sur trois colonnes, est illustré de quantité de dessins; sans doute l'artiste a trahi son inexpérience dans le tracé des têtes et des extrémités, ses personnages ont l'air d'oiseaux montés sur pieds humains, mais une foule de détails prouvent que soit directement, soit indirectement, il s'inspirait d'images antiques. Ainsi les constructions, forteresses, palais, sont romaines; dans le combat entre David et Goliath, un ange ou un génie conseille le futur roi d'Israël. Ce Psautier, conservé jusqu'au xvie siècle dans la librairie capitulaire de Canterbury, servit luimême de modèle à d'autres manuscrits analogues; on en connaît du xe siècle à Londres, un autre à Cambridge, et M. Birch en a même cité un troisième du milieu du xiiie siècle.

Voilà un exemple de l'infiltration de l'art antique en Angleterre. Certains écrivains, remarquant la présence de prélats et de manuscrits grecs dans ce pays au viiie siècle, ont cru que le prototype du Psautier d'Utrecht pouvait avoir été byzantin. Il serait difficile de l'affirmer à priori; il est peut-être plus simple de supposer que l'artiste anglosaxon aura eu sous les yeux un beau psautier venu d'Italie et datant peut-être du ive siècle.

On peut, semble-t-il, être tout aussi sceptique en ce qui touche l'influence exercée sur l'art carolingien proprement dit par l'art byzantin. La thèse a souvent été soutenue et très éloquemment; on a allégué les relations diplomatiques entre les cours de Constantinople et d'Aixla-Chapelle, l'envoi de manuscrits grecs aux rois francs par les souverains pontifes. Tous ces faits, à vrai dire, sont certains. Mais quand on veut montrer dans les manuscrits occidentaux des traces de cette imitation, on est assez empêché, car tout ou presque tout ce qui dans ces manuscrits ressemble à l'art byzantin dérive de l'art antique.

C'est donc de ce dernier et de l'art anglo-saxon que procède, à notre sens, l'art carolingien; les artistes du

Le Christ.
Peinture tirée de l'Évangéliaire de Charlemagne.

IXe siècle auront pu s'inspirer parfois de quelques peintures grecques connues d'eux (telle dans l'Évangéliaire de 781 la planche représentant la source de vie), mais le cas est fort rare, et à mesure que l'on avance dans le siècle, l'art antique prédomine de plus en plus. Que l'on compare seulement l'Évangéliaire de Charlemagne de 781 et le Psautier de Charles le Chauve, et l'on comprendra la portée de notre observation. Le premier est un remarquable produit du nouvel art à ses débuts. Écrit en 781 et présenté par le scribe Gotescalc au roi Charles durant un séjour de celui-ci à Rome, il renferme les évangiles de l'année ; il est écrit en lettres d'or sur parchemin de pourpre, avec titres en encre d'argent ; chaque page se compose de deux colonnes renfermées dans des encadrements assez beaux, imités, semble-t-il, de manuscrits d'Angleterre ; on y retrouve bien quelques rinceaux rappelant l'ornementation antique, mais la majeure partie des motifs se compose d'entrelacs, de monstres, de dessins géométriques. Six peintures ornent le volume ; quatre d'entre elles représentent les évangélistes et leurs symboles, une cinquième le Christ dans sa gloire, la dernière enfin la source de vie. Une sorte de kiosque, grossièrement colorié, supporté par huit colonnes et surmonté d'une croix pattée, abrite la fontaine mystique, à laquelle viennent se désaltérer un cerf et des oiseaux ; d'autres animaux, paons, coqs, canards, couvrent le fond qu'occupent encore en partie des plantes d'apparence bizarre. L'aspect général est singulier et rappelle un peu l'Orient. La signification symbolique de la composition est du reste bien connue, et les artistes occidentaux ont plus d'une fois représenté la source mystique de la vie éternelle.

On retrouve cette représentation de la fontaine dans un autre Évangéliaire, analogue à celui de Charlemagne et conservé autrefois à Saint-Médard de Soissons. Les deux volumes appartiennent d'ailleurs à la même école : même système d'encadrements, même mélange des deux arts, mais ici les traces d'imitation de l'antiquité sont plus nombreuses. En tête du volume on remarque une grande page dont le fond représente la Jérusalem mystique ; le premier plan est occupé par un fronton à l'antique supporté par quatre colonnes à draperies rouges. Les canons des évangiles sont disposés sous des arcades à l'antique avec colonnes droites ou torses, munies de chapiteaux et de bases régulières. Les arcades sont ornées de grecques, de torsades ; on y voit aussi reproduits des camées et des intailles. Ces deux manuscrits appartiennent donc à la même école, et certain cadre d'ornement de l'Évangéliaire de Soissons avec lettres enclavées permet de le rapprocher de celui de Saint-Vast ; ce serait donc un produit de l'école du nord de la France, dite école franco-saxonne. De ces deux copies des Évangiles, celle de Godescalc et celle de Saint-Médard de Soissons, on peut encore rapprocher le célèbre manuscrit offert à Saint-Maximin de Trèves par la princesse Ada, sœur de Charlemagne. On a tout récemment voulu faire de ces trois volumes des produits de l'école calligraphique de Metz ; il y a peut-être un peu de témérité à préciser à ce point le lieu d'exécution de manuscrits aussi anciens. Il semble plus sage de les rattacher, comme nous le disons plus haut, à cette grande école qui a fleuri dans le nord de la Gaule, de Paris au Rhin ; ce n'est que plus tard, quand on aura affaire à des manuscrits plus faciles à dater et de provenance plus certaine, qu'on pourra préciser davantage.

Cette école dite franco-saxonne est aujourd'hui assez bien connue. M. Delisle en a étudié l'un des plus beaux spécimens connus, l'Évangéliaire de Saint-Vast, et dressé une liste de vingt-neuf manuscrits de même style conservés à Cambrai, à Laon, à Paris, en Belgique et en Hollande. Voilà donc une première école bien déterminée et facile à reconnaître à son mélange d'art antique et d'art saxon, à ses grandes lettres ornées, à ses

La Source de vie.
Peinture de l'Évangéliaire de Charlemagne.

pages d'entrelacs. Tous ces manuscrits sont des livres liturgiques, évangéliaires, sacramentaires, bibles, etc.

Une autre école non moins importante est celle de Tours. Fondée par Alcuin, elle resta longtemps florissante et on en trouve des produits un peu partout, à Tours même, à Paris, à Chartres, en Allemagne, etc. On les reconnaît à l'usage d'une demi-onciale toute particulière, avec quelques lettres bizarres, tel le *g* qui, composé de trois traits droits, rappelle la même lettre dans l'alphabet anglo-saxon. M. Delisle attribue à cette école quelques-uns des plus beaux monuments calligraphiques du ixe siècle; nous n'en citerons que quatre : la Bible du comte Vivien, à Paris; celle d'Alcuin, au Musée Britannique; le Sacramentaire d'Autun et l'Évangéliaire de l'empereur Lothaire.

La Bible offerte à Charles le Chauve par le comte Vivien est un des plus beaux spécimens de l'art calligraphique carolingien. Les lettres ornées, dont beaucoup sont sur fond de couleur, sont tout à fait anglo-saxonnes. Par contre, l'inspiration antique se fait jour dans le reste de l'ornementation; aux canons des évangiles, on remarque des animaux traités assez librement, mais copiés sur d'anciens modèles, et des mufles de lion; des chapiteaux des colonnes, les uns sont corinthiens, les autres formés d'entrelacs de couleur. Citons encore le zodiaque du folio 8. Les peintures qui ornent ce beau manuscrit sont de même visiblement imitées de peintures romaines; citons seulement celles du Psautier, où les acolytes de David dansent au son de la harpe, et celle qui représente Moïse apportant la loi au peuple de Dieu. Cette dernière surtout rappelle, avec moins de barbarie, les planches du célèbre Pentateuque mérovingien de Tours.

De cette Bible on peut rapprocher la Bible de Glanfeuil, aujourd'hui à la Bibliothèque nationale, et donnée à cette abbaye par le comte Roricon, gendre de Charlemagne, celle de Zurich, et surtout celle d'Alcuin, conservée au

Musée Britannique. L'attribution à Alcuin de la confection de ce dernier volume est fondée sur une pièce de vers dans laquelle ce célèbre écrivain se nomme et nomme Charlemagne. Les peintures et les ornements rappellent tout à fait la Bible de Charles le Chauve; même imitation de l'art antique, avec un certain mélange d'ornements anglo-saxons.

L'Évangéliaire de Lothaire, exécuté par Sigilaus aux frais de ce prince, et offert par ce dernier à Saint-Martin de Tours, est encore un magnifique exemple de ce que savaient faire les calligraphes du ixe siècle. Même mélange des deux arts, mais ici l'art antique l'emporte déjà : notons seulement au folio 110 le combat de Bellérophon et de la chimère, l'aigle qui accompagne la figure de saint Jean, les cadres de quelques peintures, le style des canons des évangiles. L'art anglo-saxon a fourni une partie des dessins d'encadrement et les lettres ornées, dont beaucoup sont cerclées de ces lignes ou de ces points rouges, tant affectionnés des scribes d'outre-Manche. C'est dans ce manuscrit que figure le célèbre portrait de l'empereur Lothaire si souvent reproduit.

Un moine de Marmoutier, Adalbaldus, qui vivait au milieu du ixe siècle, est l'auteur de plusieurs volumes également remarquables. Citons seulement le célèbre Sacramentaire d'Autun, exécuté sous l'abbatiat de Ragenarius (vers 845). On y remarque des bandes pourprées chargées d'ornements ou de lettres capitales, des encadrements à entrelacs, des bustes à l'antique, les signes du zodiaque, des camées, des médailles. M. Delisle, grâce à une comparaison attentive, a montré que les mêmes motifs ornementaux se retrouvent dans ce beau volume, dans la grande Bible du comte Vivien et dans celle de Glanfeuil.

Une école voisine de Paris, celle d'Orléans, créée et organisée par le poète-évêque Théodulphe, s'est également illustrée par des travaux de haute valeur à tous égards. C'est là, semble-t-il, qu'a été achevée la revision des Livres saints, entreprise par l'école du palais, et nous avons deux manuscrits frères sortis des ateliers de cette école. L'un est aujourd'hui à Paris, l'autre, tellement

Offrande d'une Bible à Charles le Chauve.

semblable au premier, qu'on dirait deux exemplaires d'un même ouvrage imprimé, appartient à l'évêché du Puy. Dans ces volumes, écrits soit à Orléans même, soit à Saint-Benoît-sur-Loire, on a tenu avant tout à employer une écriture élégante et d'une grande finesse; pour l'ornementation, le scribe s'est contenté de quelques feuillets de pourpre avec lettres d'or (le psautier et les évangiles sont en argent sur pourpre), de grands cadres avec colonnes pour l'*ordo librorum* et les canons des évangiles, enfin de belles initiales, fort sobres d'ailleurs. Tels qu'ils sont, ces deux volumes sont dignes d'un roi, et font le plus grand honneur à la science et au bon goût des disciples de Théodulphe.

Parmi les autres écoles françaises du IXe siècle, on doit nommer aussi celle de Lyon et celle de Saint-Oyan; de la première on conserve encore aujourd'hui beaucoup de beaux et bons volumes à Lyon même; l'école littéraire de cette ville fut d'ailleurs célèbre au temps des Carolingiens; il suffit de citer l'archevêque Agobard et le diacre Florus. Saint-Oyan, aujourd'hui Saint-Claude, possédait également une précieuse bibliothèque. Beaucoup de manuscrits avaient été réunis par le prévôt Mannon, mort, croit-on, en 880, et qui les avait légués à l'abbaye. De ces volumes aujourd'hui dispersés, les uns sont restés dans le Jura, les autres, déjà sortis du couvent au XVIe et au XVIIe siècle, sont à Besançon, à Paris, à Montpellier, à Rome même. Tous portent la mention suivante : *Voto bonæ memoriæ Mannonis liber ad sepulchrum sancti Eugendi oblatus.* Quelques-uns de ces manuscrits ont une réelle importance; citons seulement le Frédégaire de Rome et un recueil de poésies chrétiennes du plus haut intérêt.

Les écoles du nord de la France et de l'Allemagne n'ont pas été moins actives au IXe siècle. L'abbaye de Saint-Riquier, restaurée par Angilbert, possédait dès 831 une riche bibliothèque comptant 830 volumes; le catalogue, reproduit par Hariulfe, auteur du *Chronicon centulense*, cite la plupart des ouvrages des Pères, beaucoup de manuscrits liturgiques, des traités de grammaire, divers ouvrages poétiques, Virgile entre autres et un certain nombre d'œuvres de l'antiquité : Trogue-Pompée (ou

L'empereur Lothaire.

plutôt Justin), Pline le Jeune, Ethicus, Jordanes, Suétone, etc. On peut citer dans la même région les collections de Corbie; l'école de ce monastère fut des plus florissantes au ixe siècle; nommons seulement parmi ses élèves les deux Alard, Wala, conseiller de Louis le Pieux, Paschase Ratbert, Anscaire, etc. De Corbie, fondé au viie siècle par des moines de Luxeuil, sortirent plus tard les moines de Corvey en Saxe et les apôtres du nord de l'Europe. La Bibliothèque nationale, celle d'Amiens, conservent nombre de précieux volumes exécutés dans cette abbaye au ixe siècle; notons un manuscrit renfermant quelques mots en grec; d'autres attestent les relations étroites que les moines de l'abbaye française entretinrent pendant de longs siècles avec l'Italie, l'Allemagne et l'Irlande. Citons encore le fameux sacramentaire dit Missel de Saint-Éloi; ce volume montre que les calligraphes de Corbie se rattachaient à l'école franco-saxonne déjà nommée; aux initiales de style anglais se mêlent des rinceaux et des rosaces à la romaine.

On ne saurait étudier ici, même brièvement, toutes les écoles monastiques ou capitulaires des pays germaniques. Nous dirons seulement quelques mots des deux plus grandes: Metz et Saint-Gall. De Metz, nous citerons trois volumes hors ligne, un Évangéliaire en lettres d'or sur vélin pourpré, un autre moins riche, mais admirablement orné, enfin le célèbre Sacramentaire de l'évêque Drogon. Les deux premiers volumes sont d'une richesse extraordinaire; écritures d'or et d'argent, cartouches à l'antique, lettres ornées de style barbare, tous les éléments de l'ornementation carolingienne y figurent. Notons toutefois dans le manuscrit latin 9428 des initiales curieuses et le style tout particulier des grandes peintures représentant les évangélistes; ce sont bien toujours les types traditionnels, mais dans l'exécution on se sent en présence d'œuvres d'artistes étrangers à la France; les plis des vêtements sont gauches et lourds, le dessin grossier et rude; enfin dans l'ornementation, la couleur verte prédomine; ce sont là autant de traits caractéristiques de l'école allemande. Ce n'est pas que cette école n'ait eu ses qualités propres qui se font jour surtout dans le Sacramentaire exécuté pour Drogon, frère de Louis le Pieux et évêque de Metz. Les initiales se composent généralement de traits d'or et de couleur verte, et les plus importantes renferment de petites scènes fort bien réussies; le dessin est sans doute toujours défectueux, mais ces défauts apparaissent moins dans ces petites figures, et l'artiste le plus fermement attaché aux traditions de l'art antique ne parcourt pas sans plaisir ce volume somptueux, illustré par un dessinateur de premier ordre pour son temps. On peut même, à côté de traits visiblement empruntés à la tradition antique, y surprendre comme un vague souvenir, un reflet de l'art byzantin. Il y a peut-être lieu de supposer que l'artiste avait vu et étudié des manuscrits grecs; le fait n'aurait rien d'étonnant.

Quelques-uns des caractères notés à propos des manuscrits de Metz se retrouvent dans ceux de Saint-Gall. Ce grand monastère, fondé par des moines irlandais, jouit au IXe siècle d'une prospérité étonnante, qu'attestent encore aujourd'hui les beaux volumes qui nous ont été conservés. On cite les livres réunis et légués à l'abbaye par les abbés Gospert et Hartmut; mais c'est surtout sous l'abbatiat de Grimalt, chancelier de Louis le Pieux, élu en 841, que cette école jeta le plus vif éclat. Les calligraphes de Saint-Gall subissent pour l'écriture même l'influence des écoles gauloises, mais ils gardent une certaine originalité pour l'ornementation. Les deux psautiers écrits par le scribe Folchardus prouvent à quel degré d'habileté ils étaient parvenus; le premier surtout, qu'on appelle le *codex aureus*, est des plus remarquables. Écrit en or et en partie sur vélin pourpré, il renferme un grand nombre de lettres ornées curieuses, et dix-sept grandes peintures. Les initiales rappellent le style courant du IXe siècle;

mais la couleur verte y domine; les traits d'or sont fréquemment cerclés de rouge; à côté de ces particularités qui rappellent les manuscrits d'outre-Manche, certains détails appartiennent à la tradition antique; rinceaux, médaillons, etc. De même pour les peintures; le dessin des figures humaines est généralement bien défectueux, le coloris de convention (ainsi les chevaux sont peints en rouge, en vert, en violet), mais bien des détails rappellent encore l'antique. Citons seulement les danseuses qui remplacent les compagnons ordinaires du divin psalmiste, des scènes militaires, sièges de ville, etc.

L'Ascension. (Sacramentaire de Drogon.)

L'influence des écoles gauloises se fait sentir bien

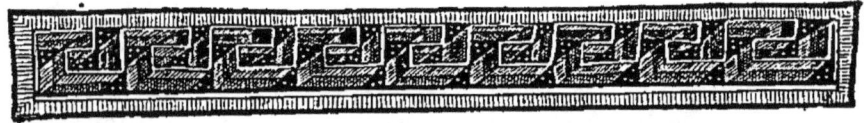

Ornement du ixe siècle. (Psautier de Charles le Chauve.)

plus loin en Allemagne. Si à Wurzbourg, l'art anglo-saxon règne encore en maître et pour longtemps, à Salzbourg et, par Salzbourg, dans la Hesse, en Saxe, les calligraphes de Corbie et de Saint-Amand exercent leur influence et trouvent des élèves.

Les manuscrits exécutés dans les écoles dont nous

venons de retracer brièvement l'histoire présentent pour la plupart ce mélange d'art du nord et d'art antique marqué plus haut. Un mot maintenant de quelques volumes qui paraissent se rattacher de plus près à l'art antique ; nous examinerons particulièrement le fameux Psautier de Charles le Chauve et le Térence de Paris. Le premier de ces deux volumes, écrit vers le milieu du IXe siècle par un certain Liuthard, qui se nomme à la fin, est tout entier écrit en onciale d'or sur vélin blanc. Les initiales et les titres sont sur bandes de pourpre, et en tête de chaque nocturne on trouve une page d'ornement ; on y remarque une foule de motifs empruntés à l'art antique, entre autres une grecque de deux teintes vue en perspective, copiée probablement sur une mosaïque. Quelques feuillets entièrement pourprés sont chargés des rinceaux les plus délicats, dignes des peintres de la Renaissance. Les peintures sont au nombre de trois. La première représente David accompagné de ses quatre compagnons accoutumés ; l'un d'eux, qui danse, paraît copié sur un modèle romain ; dans la seconde figure le roi Charles, sous un fronton à l'antique, de couleur violette ; le roi est sur un trône d'orfèvrerie, il a la couronne sur la tête et porte des sandales de pourpre. La troisième peinture, qui fait vis-à-vis à cette dernière, représente un écrivain assis et nimbé. Quelques-unes des initiales de ce précieux volume rappellent encore de fort loin les manuscrits anglo-saxons ; par contre tout le reste de l'ornementation est purement antique. C'est la copie par un artiste déjà habile de motifs romains, mais il y a plus d'inexpérience dans les figures et le dessin, très soigné pourtant, est loin d'être correct.

Tout autre est le Térence de Paris ; on connaît d'ailleurs d'autres copies carolingiennes de cet auteur avec figures. Dans celle de Paris, les illustrations sont au trait et légèrement ombrées à la plume. Il suffit d'ouvrir ce curieux volume pour reconnaître que l'artiste qui l'a exécuté s'est contenté de copier un manuscrit datant des derniers siècles de l'Empire; le médaillon de Térence qui figure au deuxième feuillet, les attitudes et les costumes des personnages, tout le prouve. Parfois même le copiste n'a pas compris son modèle; ainsi, ayant à reproduire un porche ou arcade surmontée d'un cintre en forme de coquille, il n'a tenu aucun compte de la perspective et a tracé une sorte d'éventail. Ce Térence et les manuscrits similaires n'appartiennent au IXe siècle que par l'écriture; c'est d'ailleurs un type excellent de ce que pouvaient faire les artistes de ce temps, quand ils avaient à reproduire un modèle ancien.

Un mot maintenant du caractère général des peintures carolingiennes. Si l'ornementation dans ces manuscrits mérite tous les éloges, si l'on doit y reconnaître une imagination féconde, un goût parfait,

Acteur récitant le prologue.
(Dessin d'un manuscrit de la Bibliothèque Ambrosienne à Milan.)

un sens exquis de la couleur, on ne saurait malheureusement accorder tous ces éloges aux peintures proprement dites. Ici les artistes ont été trahis par leur ignorance de la technique; leurs personnages sont mal construits, aucune proportion entre les membres (les mains notamment et les pieds sont de taille exagérée), les traits de la figure sont trop accusés, en un mot ces peintures dénotent une cruelle ignorance de l'anatomie et des règles de la perspective. Les objets inanimés, les draperies, sont plus exactement rendus; ces dernières surtout rappellent parfois les bons modèles de l'antiquité. Quant au coloris, il est généralement satisfaisant, mais pas plus que dans les peintures antiques, il n'est conforme à la nature; les figures ont reçu une teinte brique, et on a signalé plus haut les singuliers chevaux violets, bleus ou verts que peignaient les artistes de Saint-Gall.

On nous trouvera peut-être un peu sévère pour la peinture carolingienne, car elle constitue un progrès sensible sur les temps antérieurs, et elle est infiniment supérieure à celle du xe et du xie siècle; toutefois, à certains égards, les magots de l'époque proprement romane témoignent parfois d'une étude plus directe de la nature. Le rôle de l'école carolingienne aura été avant tout d'arrêter les progrès de la barbarie renaissante et de rendre impossible le retour des monstrueuses créations du viie et du viiie siècle. Pour la première fois, les deux éléments de l'art moderne, l'art du nord, plein d'imagination et de hardiesse, et l'art antique, plus pur et plus correct, se sont trouvés en présence; de ce mélange fécond sortira l'art du moyen âge. Cette considération doit rendre l'historien moins sévère pour les fautes de dessin de ces artistes primitifs.

Un mot maintenant des différentes espèces de manuscrits exécutés à l'époque carolingienne. En première ligne, les manuscrits luxueux, les livres liturgiques et les livres sacrés. La Bible, avons-nous dit, a été sous Charlemagne l'objet d'une recension attentive, mais on a peu de Bibles entières exécutées avec grand luxe. Par contre on a beaucoup de copies, soit des quatre évangiles avec les canons d'Eusèbe, soit du recueil des évangiles de l'année; ce recueil, que nous appelons évangéliaire, s'appelle *texte* dans les anciens inventaires. Ici les calligraphes de l'époque carolingienne ont mis en œuvre toutes les ressources de leur art; en général, ces volumes renferment quatre ou cinq peintures, des pages d'ornements, de riches initiales. Les canons sont disposés sous des arcades imitées de l'antique, avec colonnes de couleur ou dorées; tantôt on a reproduit exactement les chapiteaux et les bases classiques, tantôt l'artiste, ne comprenant peut-être pas le rôle de ces parties de la colonne, les a remplacées par des dessins d'ornement, de style barbare, mais exécutés avec beaucoup d'élégance.

On a aussi quelques livres de prières, ils renferment les psaumes divisés en nocturnes, des litanies et des prières particulières. Le Psautier de Charles le Chauve est un excellent exemple de ce que savaient faire en ce genre les artistes du IXe siècle. L'office divin forme le Sacramentaire; sous Charlemagne, l'Église gauloise adopte le Sacramentaire de saint Grégoire et le rite romain, mais en y ajoutant les offices propres à chaque église et des calendriers, où se trouvent nommés les saints universellement honorés par la chrétienté et les principaux saints de chaque diocèse. On trouve encore, dans certains évangéliaires, des calendriers avec des tables de Pâques; citons seulement la table de l'évangéliaire de Godescalc.

Charlemagne fit également rédiger par Alcuin et Paul Diacre un recueil d'homélies, tirées des Pères, et en recommanda l'usage au clergé de tout son empire. Citons encore les lectionnaires, recueils de passages tirés de la Bible et des homélies des Pères; c'est d'eux que dérive le bréviaire moderne; quelques-uns de ces lectionnaires sont des manuscrits de grand luxe, tel celui de Cambrai, tout entier en lettres d'or sur vélin pourpré.

On trouve encore à l'époque carolingienne un recueil appelé *Liber comitis, comes, comicum*; cette dernière appellation barbare paraît être particulière à l'Espagne. Le *Comes* est un recueil des évangiles et des épîtres de l'année, dont le moyen âge attribuait la composition à saint Jérôme. On a plusieurs copies de ce livre datant du ixe siècle, nous en citerons notamment deux venant de l'église de Chartres ; l'une est écrite en magnifique minuscule, avec initiales assez simples d'or sur fond rouge ; les premières pages sont en onciale et grande minuscule d'or. L'autre est tout entière en minuscule d'argent sur vélin pourpré ; les titres sont en écriture d'or, et les initiales rappellent celles du psautier copié par Liuthard pour Charles le Chauve. Le *Liber comitis*, dédoublé plus tard, servira à constituer l'évangéliaire et l'épistolaire.

On a aussi, datant du ixe siècle, de véritables recueils de peintures ; tels sont les Apocalypses de Cambrai et de Trèves, toutes deux semblables ; le texte de la prophétie est illustré et expliqué dans une suite de planches d'un dessin d'ailleurs assez barbare. Ces volumes appartiennent à l'école gauloise du nord. Mais si intéressants qu'on les juge, ils sont loin de l'être autant que les Apocalypses de l'école espagnole. Dans ces dernières paraît le commentaire de l'abbé Beatus ; on en parlera plus tard en détail. Remarquons seulement ici que jusqu'à la fin du moyen âge les artistes ont pris plaisir à illustrer les scènes de l'Apocalypse, qui parlaient beaucoup à leur imagination. A côté des manuscrits espagnols, on peut citer d'autres volumes exécutés en France ou en Angleterre ; au xive siècle, Nicolas Bataille exécutera sur le même thème de splendides tapisseries pour Louis d'Anjou, et au xve les premiers imprimeurs de xylographes publieront sur le même livre une série de planches.

Tous les manuscrits énoncés plus haut rentrent dans la catégorie des livres de luxe ; mais le ixe siècle a laissé d'autres preuves irrécusables de son activité littéraire. En premier lieu, d'innombrables copies des commentaires sur l'Écriture, dus aux premiers écrivains ecclésiastiques et aux auteurs carolingiens. Ajoutons-y des vies de saints, des traités historiques et liturgiques, de sciences et d'art, et enfin nombre de copies d'ouvrages de l'antiquité. Si nous possédons aujourd'hui une bonne part et peut-être la meilleure de la littérature romaine, c'est aux moines du ıxe siècle que nous la devons, bien plus qu'à leurs grossiers et ignorants prédécesseurs de l'époque barbare. Ceux-ci n'avaient guère fait que détruire, ceux-là ont copié, et pour beaucoup d'ouvrages, les plus anciens exemplaires connus datent des temps carolingiens. Alcuin pouvait bien défendre à ses religieux la lecture du profane Virgile, mais cette défense restait vaine. Grands faiseurs de vers, les littérateurs du ıxe siècle étaient bien obligés de demander aux auteurs antiques des leçons de style et de versification. Le goût des copistes n'était pas toujours des plus éclairés; ne soyons pas trop sévères, ils ont sauvé plus d'un texte précieux, qui sans eux aurait péri sans retour.

Un mot enfin de la reliure à l'époque carolingienne. La plupart des riches manuscrits décrits et indiqués plus haut, principalement les volumes liturgiques, étaient à l'origine revêtus de somptueuses reliures; beaucoup ont péri, soit enlevées par des mains profanes, soit remplacées par des enveloppes plus modernes. Généralement ces reliures consistaient en plaques de métal, argent ou or, appliquées sur une planche épaisse de bois, ou en lamelles d'ivoire ciselées et sculptées. Les textes citent les deux modes de reliure; on connaît aussi des reliures en étoffe, en soie, avec ornements d'orfèvrerie, mais rien ne prouve que ces couvertures datent bien du ıxe siècle. En effet, ces reliures précieuses ont souvent été refaites, soit fantaisie, soit nécessité; souvent aussi, dès le ıxe siècle, on a utilisé des morceaux plus anciens, principalement des ivoires; il serait donc téméraire de conclure, *a priori*, de l'âge du volume à celui de l'enveloppe qui le couvre. Cette distinction nécessaire n'a pas toujours été faite et le nombre des reliures carolingiennes existantes est en réalité assez faible.

L'un des meilleurs exemples à citer est la reliure du

Psautier de Charles le Chauve à la Bibliothèque nationale. Sur l'un des plats figure David implorant l'assistance de Dieu contre ses ennemis (Ps. 35). Le centre de

Reliure du Psautier de Charles le Chauve.

la composition est occupé par un ange assis sur un trône; dans le registre supérieur figure le Christ glorieux entouré de six saints. L'autre plat, que nous donnons ici, représente l'entrevue du prophète Nathan et de David et l'apologue du riche et du pauvre. Ces deux ivoires sont ciselés avec un grand soin et une patience exemplaire; on les a avec raison rapprochés des dessins qui ornent le Psautier d'Utrecht et ses similaires; toutefois, sans être parfait, le dessin ici est meilleur et les encadrements, garnis de feuilles et de rinceaux, sont directement imités de l'antique; le choix des sujets permet d'ailleurs d'affirmer que nous avons la reliure même exécutée pour ce beau manuscrit.

Citons encore les ivoires de Saint-Gall, ciselés par le moine Totilo; sur l'un des plats est figurée la glorification du Christ; l'autre est divisé en trois registres : en haut des rinceaux et des animaux assez joliment rendus; au centre, l'Assomption de la Vierge; dans le registre inférieur, un épisode de la vie de saint Gall, ce pieux abbé nourri par un ours. — Un autre ivoire du même temps, qui couvre les plats d'un bel évangéliaire de la Bibliothèque nationale, dit de Charles le Chauve ou de Noailles (man. lat. 323), nous offre encore une curieuse réminiscence de l'antiquité; cet ivoire représente le Christ dans une gloire ornée de perles et de fleurons; aux angles supérieurs de la plaque sont deux anges, aux angles inférieurs les apôtres Pierre et Paul; enfin au-dessous de la figure principale, un personnage à demi nu, couché sur les flots, ayant pour attributs une rame et deux serpents; cette représentation allégorique de la mer est visiblement copiée d'un motif antique. Ces quelques détails suffiront; au surplus, il est temps de montrer ce que l'art carolingien devint aux siècles postérieurs, comment, transformé à son tour, il donna naissance à l'art roman, comment enfin de ce dernier naquit l'école gothique.

CHAPITRE V

LES ÉCOLES MONASTIQUES DU Xe AU XIIIe SIÈCLE

La dissolution de l'empire de Charlemagne faisait courir aux lettres restaurées par cet illustre prince les plus grands dangers. Fort heureusement Charlemagne et ses successeurs immédiats avaient multiplié les centres de culture; de la fin du IXe au XIIIe siècle, les moines des abbayes bénédictines, les chanoines des églises cathédrales ne cessent de copier ou de faire copier des manuscrits, et presque tous les monastères, presque toutes les églises renferment des écoles florissantes et actives. Ce n'est pas, pour nous en tenir à la France, que cette activité soit égale dans toute l'étendue du territoire. Le midi presque entier, Languedoc et Provence, reste à peu près étranger à ce mouvement jusqu'au XIIIe siècle; ce pays prend, il est vrai, sa revanche, en donnant naissance à une foule de poètes lyriques, aux troubadours. Mais c'est le nord qui produit la plupart des écrivains latins illustres de cette période, c'est dans le nord que les écoles capitulaires sont le plus florissantes; celles de Reims, de Chartres, de Paris étaient célèbres dès le IXe siècle, et de cette dernière, associée aux écoles de Saint-Victor et de Sainte-Geneviève, naîtra, sous Philippe Auguste, l'Université de Paris.

Les trois siècles qui s'écoulent de l'an 900 à l'an 1200 constituent par excellence l'époque monastique. La culture des lettres est négligée par les laïques, dont la langue s'éloigne de plus en plus de l'idiome latin, conservé par l'Église. Les seigneurs féodaux sont trop occupés pour apprendre un langage qu'ils ne comprennent plus; mais l'Église tient une si grande place dans l'organisation sociale, l'influence de la religion sur les âmes rudes et naïves de tous ces chevaliers batailleurs est telle, qu'au milieu de tous les orages, les abbayes et les églises ne cessent de s'enrichir et peuvent, malgré de nombreuses alertes, se livrer à l'étude. Ces trois siècles sont l'âge d'or de l'ordre de Saint-Benoît; des nombreuses maisons fondées par les disciples du patriarche des moines d'Occident, les unes vivent isolées, les autres au contraire se rattachent à trois congrégations puissantes : Cluny; Cîteaux et Clairvaux. Mais toutes ou presque toutes, durant cette longue période, remplissent la tâche qu'elles se sont imposée. Certes le nombre des œuvres composées durant ces trois siècles est bien faible et la plupart d'entre elles nous paraissent illisibles, mais les humbles copistes qui ont écrit ces quelques milliers de volumes méritent la reconnaissance de tous les esprits lettrés. C'est alors, bien plus qu'aux temps barbares, que les moines ont fait œuvre pie, en sauvant d'un danger terrible les débris de la culture antique.

L'écriture et l'ornementation, durant cette longue suite d'années, ont bien changé; entre un manuscrit de l'an 850 et un volume écrit vers l'an 1200, on ne remarque à première vue aucun trait commun. L'un est en minuscule caroline, l'écriture de l'autre est toute différente; de même pour l'ornementation, dans le volume le plus récent on trouvera l'art roman à son déclin; l'enlumineur du IXe siècle, au contraire, a puisé les éléments de ses dessins à des sources bien différentes.

Du xe au xie siècle, la minuscule carolingienne ne subit pas de changements aussi profonds qu'on pourrait le croire. En France, de l'an 850 à l'an 1000, les formes des lettres restent à peu près stationnaires, et rien assurément de plus malaisé que de dater, à cinquante ans près, les manuscrits de cette période. Une fois le xie siècle atteint, les changements deviennent plus rapides et plus sensibles, et bientôt se forme la minuscule du xiie siècle, écriture régulière et d'une clarté parfaite. Elle est plus ou moins belle suivant les pays et les copistes, mais partout elle est aisément reconnaissable, et l'usage s'en prolongera jusqu'à la formation de l'écriture dite gothique. Toutefois peu à peu les abréviations se multiplient, les scribes cherchant à faire tenir leur texte dans le moindre espace possible. En même temps, à côté de l'écriture soignée des copistes de profession, qu'on dirait peinte, où chaque lettre est tracée avec un soin minutieux, paraît l'écriture personnelle, l'autographe. On a ainsi quelques notes de la main de l'historien Helgaud, des copies étendues du célèbre Orderic Vital, et ces deux écrivains, tout en ayant une bonne main, sont loin d'écrire comme des calligraphes de profession.

Au xiiie siècle, cette minuscule française est employée dans l'Europe entière. En Italie, elle a remplacé l'écriture lombarde et bénéventane; depuis Urbain II, les bulles pontificales sont écrites à la gauloise. Les écoles du sud de l'Italie restent plus longtemps fidèles à leurs vieilles traditions. En Espagne, l'écriture caroline avait été introduite dès le ixe siècle dans le comté de Barcelone, mais l'écriture visigothique devait persister plus longtemps dans les royaumes chrétiens du centre et de l'ouest. Toutefois une révolution se produit vers la fin du xie siècle, Grégoire VII et les moines clunisiens parviennent, après de longs efforts, à substituer à la liturgie mozarabique la liturgie romaine. Les nouveaux livres liturgiques sont tout naturellement écrits en caractères français par les moines clunisiens, presque tous originaires de cette partie de l'Europe, et l'ancienne écriture nationale perd peu à peu sa vogue. Toutefois la révolution n'est pas aussi brusque qu'on pourrait le croire; si la nouvelle écriture, la *lettra francisca*, pour parler comme un bibliothécaire du couvent de Silos, est tout de suite en grande faveur à la cour des rois de Castille et de Léon et dans les grandes églises séculières, beaucoup d'ateliers importants restent fidèles aux anciennes traditions; en Galice, au XIIIe siècle encore, on trouvera des manuscrits entiers en écriture visigothique, et même dans les textes écrits en minuscule française, la forme de certaines lettres rappelle le vieil alphabet national de l'Espagne gothique.

En Angleterre, l'écriture anglo-saxonne n'est abandonnée qu'à la fin du XIe siècle; mais dès le Xe les modes françaises avaient franchi la mer, et la conquête de 1066 fait triompher définitivement l'écriture du continent. Les actes officiels des nouveaux maîtres de la Grande-Bretagne sont écrits par des scribes normands, et les anciens calligraphes tombent en discrédit. On peut donc dire qu'au début du XIIe siècle, la minuscule caroline, devenue la minuscule capétienne, a fait le tour de l'Europe chrétienne. Seuls, quelques monastères d'Espagne et d'Italie restent fidèles aux anciens usages.

La plupart des volumes, écrits de l'an 900 à l'an 1200, ont été exécutés dans l'intérieur des congrégations régulières par des moines ou par des chanoines. Dans toutes les maisons importantes il y avait un *scriptorium*, une salle réservée aux travaux des copistes; l'entrée en était interdite à tous, sauf à quelques hauts dignitaires du couvent. Là, sous la direction de l'*armarius* ou du *bibliothecarius*, travaillaient les calligraphes les plus experts de la communauté. Tantôt un seul moine exécutait un volume entier, préparait le parchemin, le réglait, transcrivait le texte, peignait les enluminures et les lettres ornées ; tantôt au contraire, et ce dernier cas était le plus fréquent, on se partageait la besogne ; le parchemin, une fois poli et soigneusement réglé à la pointe sèche, était livré au copiste, qui, sa tâche achevée, cédait la place à l'enlumineur et au peintre.

Écrire un livre à ces époques anciennes passe pour une œuvre de piété. Le *scriptorium*, l'atelier de copie, a été solennellement béni par le supérieur de la communauté, des inscriptions pieuses invitent les calligraphes au respect des livres saints, les engagent à éviter les conversations frivoles, leur recommandent l'attention, les exhortent à copier exactement les textes sacrés. Pour les encourager à accomplir cette tâche souvent rebutante, on leur raconte de pieuses légendes ; chaque lettre transcrite rachète, dit-on, un péché du copiste, et certain moine, coupable d'une multitude de fautes, n'a dû son salut qu'au nombre des lettres d'une Bible copiée par lui, qui excédait d'une unité le chiffre des péchés qu'il avait commis.

Tout moine écrivain un peu habile pouvait travailler dans le *scriptorium*, et dans certains cas le chef de l'atelier des copistes était l'abbé lui-même. Mais en général on choisissait avec soin les copistes les plus experts ; à eux seuls était confié le soin d'exécuter les beaux manuscrits liturgiques, et de transcrire les œuvres des Pères et des théologiens. La main-d'œuvre était gratuite, mais le parchemin coûtait fort cher, et pour le payer, on encourageait les libéralités des laïques et des ecclésiastiques étrangers à la communauté. Donner un volume à la bibliothèque devenait une œuvre pie pouvant racheter bien des fautes ; presque toujours les donateurs ont tenu à faire noter leurs noms à la fin du volume copié à leurs frais, et dans une formule pieuse, de teneur variée, se rappellent au souvenir de tous ceux qui feuilletteront plus tard le manuscrit et se recommandent à leurs prières.

Écrire ou plutôt peindre un manuscrit étendu était une

tâche des plus pénibles ; aussi les copistes ne cessent-ils de se plaindre de la longueur du travail. Voici la traduction d'une de ces souscriptions prise au hasard : « Le rude marinier échappé aux ondes cruelles apporte au port un cœur réjoui ; de même le copiste harassé, déposant le calame à la fin de sa tâche, doit avoir le cœur léger ; il doit remercier Dieu qui a protégé ses jours, qui l'a conduit au repos après un long labeur. Que le Christ récompense à jamais celui qui a fait écrire ce livre ». Un autre écrivain s'adresse à saint Sébastien dont il a transcrit la vie et les miracles. « Illustre martyr, souviens-toi du moine Gondacus, qui a dans ce mince volume renfermé le récit de tes éclatants miracles. Que tes mérites me fassent pénétrer dans le royaume céleste, que tes saintes prières m'aident comme elles en ont aidé tant d'autres, qui leur doivent les jouissances ineffables du corps et de l'âme. » Ailleurs le scribe s'adresse aux futurs lecteurs : « Par ordre du seigneur Heimon, vénérable pasteur de l'église de Verdun, moi, Raoul, j'ai, dans un esprit d'obéissance, entrepris l'exécution de ce livre ; je l'ai fini l'an de l'Incarnation 1008, septième indiction, dix des calendes d'avril, Henri roi régnant dans le royaume de Lothaire. Je supplie quiconque le lira de se souvenir de moi Raoul, pécheur, moine indigne. Que ses prières m'évitent les peines dues à mes fautes, et qu'elles me fassent pénétrer dans le lieu du repos éternel. Salut, seigneur Heimon, bienheureux évêque, et dans ta bienveillance, souviens-toi de ton humble serviteur. » Dans ces souscriptions, on rappelle parfois le nom à la fois du copiste et des enlumineurs ; un Psautier glosé, venant de l'abbaye de Saint-Bertin, se termine par une souscription en vers acrostiches nommant l'écrivain Hervé, l'enlumineur Odbert et le correcteur Dodolinus.

Souvent encore le nom du donateur était inscrit à l'obituaire de la communauté et recommandé chaque année, pendant la tenue du chapitre, aux prières des religieux; cette pieuse coutume se conserva longtemps, et les nécrologes de Saint-Martin-des-Champs, de Saint-Victor et de la Sorbonne renferment de ce chef nombre de mentions utiles à relever pour l'histoire des collections littéraires de ces grandes maisons.

Au surplus, presque tous les prélats, placés à la tête des églises cathédrales ou monastiques, tiennent à honneur d'augmenter les richesses intellectuelles de la communauté. Parfois la formule exprimant le don affecte une forme particulière; un abbé de Saint-Mesmin, Pierre, dit qu'il a déposé le volume, au moment de la consécration, sur l'autel de saint Étienne.

Très souvent enfin le donateur se fait représenter dans le volume, agenouillé devant le saint, patron principal du monastère, et lui offrant son livre. On en trouvera un exemple reproduit ci-dessous, exemple d'autant plus curieux que le moine Névelon, qu'on y voit représenté, a été à la fois le copiste et l'enlumineur du manuscrit.

En somme l'entretien de ces copistes gratuits et bénévoles coûtait assez cher, et dans beaucoup de monastères, on dut prendre des mesures pour doter la bibliothèque de ressources régulières. Tantôt on lui attribua un revenu déterminé, tantôt on chargea un des dignitaires de l'abbaye de payer les frais. Mais ces ressources étaient bien aléatoires; la source du revenu pouvait se tarir, le dignitaire chargé de payer, faire des difficultés. Dans beaucoup de congrégations, à la Trinité de Vendôme par exemple, on créa une taxe spéciale due par tous les dignitaires et prieurs relevant de l'abbaye, taxe payée tantôt en argent, tantôt en nature. On retrouve le même règlement à Saint-Bénigne de Dijon, et cette fois il est marqué que l'argent ainsi perçu servira à l'achat du parchemin. A l'abbaye de Fleury, une taxe analogue fut établie au xiie siècle pour restaurer les manuscrits alors en fort mauvais état et rongés des vers.

La cherté du parchemin, tel était en effet le plus

grand obstacle à l'accroissement des bibliothèques monastiques; ainsi s'explique l'adoption d'une écriture de plus en plus fine, pleine d'abréviations, la rareté des peintures et des miniatures dans les ouvrages d'étude, l'emploi pour ces manuscrits de peaux de qualité souvent inférieure, mal préparées et pleines de défauts. Le même fait explique encore l'habitude des écrivains du moyen âge d'employer jusqu'à la plus petite place laissée blanche par le premier copiste et de charger de notes additionnelles les volumes plus anciens. On en trouve un exemple bien curieux à Saint-Martial de Limoges. L'*armarius* de cette grande abbaye, à la fin du XIIe siècle et au début du XIIIe, était Bernard Itier, bon bibliographe et annaliste expert, qui notait avec un soin méticuleux tous les événements dont il avait connaissance. Mais Bernard Itier était aussi économe que soigneux, et ses notes, facilement reconnaissables (il avait une écriture des plus personnelles), sont dispersées sur les marges de plusieurs centaines de volumes. C'est là qu'on est allé les relever dans notre siècle, et de leur réunion on a composé une excellente chronique, pleine de renseignements précieux.

Le même fait, la cherté du parchemin, justifie les recommandations minutieuses faites par beaucoup de copistes aux futurs lecteurs et souvent reproduites plus tard dans les règlements des librairies monastiques. En voici un curieux exemple, datant du VIIIe siècle, mais souvent répété : « Quant à vous, lecteurs qui lirez ce livre, soignez vos mains et ne passez pas vos doigts sur l'écriture; celui qui ne sait pas écrire estime que c'est là travail peu fatigant. » De là encore le soin qu'on prend de restaurer les anciens volumes, de recopier les parties détruites, de repasser à l'encre les caractères effacés. En 1058, un moine, Eudes, élevé à Saint-Maur-sur-Loire et transféré depuis à Saint-Maur-des-Fossés, termine la copie d'un homiliaire resté inachevé depuis de longues années, et recopie certains feuillets effacés; ailleurs l'acquéreur d'une Bible en mauvais état y ajoute la table des noms hébreux, des feuillets de garde en parchemin,

Névelon, moine de Corbie, aux pieds de saint Pierre.

fait relier le tout et le lègue au couvent de Saint-Georges-de-Hesdin. L'abbaye de Fleury-sur-Loire possédait une copie du ixe siècle des *Institutiones divinæ* de Lactance; au xiie, cette copie avait perdu quelques feuillets; le bibliothécaire, le moine Julien, résolut de la compléter: il eut beaucoup de peine à trouver un exemplaire de l'ouvrage et dut s'adresser aux moines de Plainpied, au diocèse de Bourges; dans une note curieuse, il nous fait connaître les détails de cette restauration. Bien plus, cet *armarius* savait le grec, et il a pris soin de traduire à la marge quelques-uns des mots grecs cités par Lactance. Cet usage de mettre des notes sur les marges des manuscrits était du reste universel; c'était une œuvre de piété, un service rendu aux futurs lecteurs. Un certain Conrad, archidiacre de Metz, se trouvant à l'abbaye de Saint-Avold, exécuta pareil travail sur un bel exemplaire de Prudence, aujourd'hui à la Bibliothèque nationale, et loin de s'en cacher, il s'en vante comme d'une œuvre méritoire et demande leurs prières à tous ceux qui plus tard liront ces gloses.

Ces moines copistes savaient-ils tous le latin? le fait est certain pour la plupart, mais dès le xe siècle, on trouve beaucoup de manuscrits copiés par des calligraphes qui ne connaissaient que très imparfaitement cette langue. En général, plus un manuscrit est beau d'exécution, plus il renferme de fautes, et à mesure qu'on avance dans le moyen âge, la connaissance parfaite de la langue latine devient plus rare parmi les moines, et les manuscrits exécutés dans les abbayes sont plus incorrects. De là tant de fautes qui déparent les textes de cette époque: mots oubliés, gloses marginales maladroitement introduites dans le texte, noms propres estropiés. Pour obvier à cet inconvénient, dans la plupart des grands ateliers de copistes de l'époque monastique, on avait des correcteurs qui revoyaient avec soin les transcriptions, et tâchaient de rétablir la pureté du texte. Leurs efforts restaient souvent infructueux, mais il faut leur savoir gré de cette louable intention; grâce à eux, les textes des Pères et des anciens écrivains ecclésiastiques nous sont parvenus dans un état assez satisfaisant, et rarement les manuscrits copiés au xie et au xiie siècle présentent les fautes grossières contre la grammaire et contre le bon sens qui déparent les exemplaires de l'époque mérovingienne. Souvent le nom de ces reviseurs figure dans les souscriptions finales.

C'était surtout des livres saints et des textes liturgiques qu'on s'attachait à avoir un texte aussi pur que possible. L'ordre de Cîteaux se montra particulièrement sévère à cet égard. Le texte du Psautier, partie du bréviaire récitée quotidiennement par les membres de l'ordre, fut emprunté par le chapitre à un beau manuscrit qui passait pour avoir appartenu au fondateur de l'ordre, Robert de Molesmes; on avait d'ailleurs corrigé soigneusement la leçon du volume. Les autres livres lus chaque jour dans le chapitre : martyrologe, collectaire, règle de saint Benoît, statuts de Cîteaux et *Carta caritatis*, furent de même soumis à une revision sévère; on en exécuta des copies merveilleuses de netteté et de correction, et ces copies définitives servirent pour la transcription des autres exemplaires destinés aux différents couvents. Les visiteurs de l'ordre durent tenir la main à ce que chaque maison fût pourvue de copies correctes de ces différents recueils; ces statuts furent toujours observés, et quand l'abbé Jean de Cirey fit, au xve siècle, imprimer le Psautier de Cîteaux, ce fut le manuscrit de Robert de Molesmes qui servit de copie aux compositeurs.

Beaucoup de monastères du moyen âge étaient habités par des femmes. A l'époque ancienne, ces religieuses, sans posséder toute la culture des moines, leurs confrères, n'étaient pas sans instruction; on trouve beaucoup de manuscrits exécutés dans des congrégations féminines, bien plus, des ouvrages en latin composés par des religieuses lettrées. Nous citerons seulement le fameux manuscrit d'Herrade de Landsperg, abbesse de Hohenbourg au XIIe siècle, dit l'*Hortus deliciarum*, détruit en 1870, lors du bombardement de Strasbourg ; cette volumineuse compilation renfermait une sorte d'histoire abrégée de l'ancienne et de la nouvelle loi, composée à l'aide d'extraits des livres saints et des commentaires des Pères de l'Église sur ces mêmes livres. La perte de ce texte sans originalité est en elle-même peu déplorable, mais on doit regretter la disparition des curieuses peintures qui l'illustraient, œuvre d'Herrade elle-même, et dont on reparlera bientôt. Herrade de Landsperg était évidemment plus lettrée que la plupart des religieuses de son temps, mais beaucoup de nonnes du haut moyen âge comprenaient et écrivaient la langue latine. Les obituaires des congrégations de femmes, leurs livres liturgiques, leurs registres administratifs, jusqu'au XIVe siècle, sont toujours écrits en latin. Ajoutons enfin que le seul fait de transcrire un texte en latin n'implique pas forcément la connaissance parfaite de cette langue ; il a pu y avoir des religieuses calligraphes, et elles n'ont pas dû être les moins habiles et les moins soigneuses. Plus tard, il est vrai, la décadence atteindra ces couvents comme ceux des hommes, et au XIVe siècle, la connaissance de la langue latine semble presque entièrement étrangère aux religieuses. On traduit alors en français à leur usage la règle de saint Benoît et les constitutions monastiques.

Comment étaient composées les bibliothèques monastiques à cette époque reculée ? L'étude de quelques catalogues va nous permettre de répondre à cette question. Adson, abbé de Montier-en-Der, mort en 992, au cours d'un pèlerinage à Jérusalem, possédait une collection de livres considérable pour l'époque (vingt-sept volumes) ; l'inventaire qui en fut dressé par les moines de l'abbaye, lors du départ du pieux abbé, cite quelques ouvrages de logique d'Aristote et de Porphyre, un Térence, la Rhétorique de Cicéron, plusieurs Commentaires sur Virgile, l'*Histoire universelle* de Fréculphe de Lisieux, un recueil sur la vie de saint Martin de Tours, l'exposition d'Haimon d'Auxerre sur l'épître de saint Paul aux Romains, des extraits du livre de Pompéius Festus, etc. L'antiquité, on le voit, était convenablement représentée; on sait, d'autre part, que ce même Adson possédait une copie des *Commentaires* de César.

Mais c'était là une collection de particulier, amoureux des études littéraires. Les bibliothèques proprement monastiques étaient tout autrement composées. Prenons l'une des plus importantes, celle de Corbie, dont le catalogue a été publié sous sa forme véritable par M. Delisle. Ce catalogue, qui date du début du XIIIe siècle et représente assez exactement ce que les moines d'une abbaye opulente avaient pu réunir de richesses littéraires pendant plus de 400 ans, indique trois cent trente volumes renfermant plus de huit cents ouvrages différents. De ces volumes, la majeure partie avait été exécutée à l'abbaye même, mais beaucoup aussi avaient été achetés un peu partout, en Italie (manuscrits en écriture lombardique rapportés par l'abbé Wala au IXe siècle), en Allemagne (volumes anglo-saxons envoyés par Corvey, abbaye de Saxe, fille de Corbie), en Irlande même. D'autres avaient été acquis à prix d'argent des exécuteurs testamentaires de personnes lettrées des environs, retirés des mains d'usuriers auxquels ils avaient été engagés, achetés chez des libraires de passage, etc.

Dans cette bibliothèque, les œuvres des Pères et des auteurs ecclésiastiques dominent, et le rédacteur du catalogue s'est attaché à grouper par auteur les volumes décrits. On trouve ensuite quelques ouvrages de l'époque carolingienne, Paschase Ratbert, Amalaire, un certain nombre de volumes de saint Anselme, les histoires ecclésiastiques les plus connues, d'Orose à Pierre le Mangeur, et à leur suite un Jules César, un Justin et quelques recueils de droit canon et de droit romain. Le reste est rangé sans beaucoup d'ordre ; on doit y noter les œuvres des principaux poètes chrétiens, des règles monastiques, des commentaires sur l'Écriture, des vies de saints. L'inventaire cite en finissant les principaux traités de grammaire, de logique et de rhétorique en usage avant le XIIIe siècle, des ouvrages sur les arts libéraux en général, et sur les sciences, enfin quelques auteurs de l'antiquité : Virgile, Lucain, Salluste, Ovide, Perse, Juvénal, Sénèque, Lucrèce, Macrobe, etc., et une décade de Tite-Live. La composition de cette bibliothèque de Corbie était, on le voit, peu variée ; un lettré moderne y trouverait de maigres ressources. Mais, on ne doit pas l'oublier, si les manuscrits des Pères, à Corbie comme ailleurs, étaient en grande majorité, les quelques ouvrages de l'antiquité que renfermait la collection n'étaient certainement pas les moins lus. Beaucoup de moines se contentaient sans doute de la pratique des Pères, mais dès le XIIe siècle on pourrait citer bon nombre d'écrivains, de poètes qui savaient puiser aux bonnes sources. Telle poésie du célèbre Hildebert de Lavardin a pu longtemps être attribuée à Ovide, et même dans les ouvrages en prose, on trouve des traces indéniables d'imitation de l'antiquité classique.

Par contre, l'étude du grec est à peu près complètement négligée. Au Xe siècle et jusqu'au XIIIe on trouve des copistes qui savent écrire l'alphabet grec : quelques-uns même se hasardent à composer en cette langue de longues souscriptions ; mais la tentative, on doit l'avouer, n'est pas toujours heureuse. Sur les bords de la Loire, à Vendôme, à Tours, on affectionnne l'alphabet grec, on l'emploie pour noter des souscriptions en vers latins. Il sert encore pour écrire les noms des témoins notables dans les chartes ; la même manie se retrouve à Angers. A Saint-Denis en France, peut-être par suite de la légende qui confondait le premier évêque de Paris et saint Denis l'Aréopagite, on n'oublia jamais entièrement la langue grecque, et longtemps l'office du saint patron fut célébré en partie dans cet idiome. De même à Corbie on conservait un célèbre manuscrit des épîtres de saint Paul, aujourd'hui à Saint-Pétersbourg. On trouve encore des psautiers bilingues dont le texte grec, emprunté aux Septante, est transcrit en lettres latines. Mais ce sont là d'honorables exceptions, et jusqu'au xve siècle l'étude du grec reste peu en faveur; la plupart des clercs finissent par oublier le sens des mots les plus usuels tirés de cette langue, et certains en donnent parfois des explications fantaisistes.

Ce que nous disons du grec s'applique à plus forte raison à l'hébreu. Quand saint Étienne Harding, abbé de Cîteaux, voulut au début du xiie siècle corriger le texte de la Vulgate à l'aide de la version orientale, il dut recourir à des rabbins juifs, qui lui signalèrent les principales différences existant entre le texte latin de saint Jérôme et l'Ancien Testament hébreu, variantes que le saint abbé fit noter à la marge d'une superbe copie des Livres saints, aujourd'hui conservée à Dijon.

Non moins riche que la bibliothèque de Corbie était celle de Saint-Amand-en-Peule. Le catalogue, rédigé vers le milieu du xiie siècle, indique 389 volumes conservés aujourd'hui presque tous à la Bibliothèque nationale de Paris et à Valenciennes. L'auteur de ce catalogue a pris soin de nommer le donateur de chaque article. La collection était plus riche que celle de Corbie en œuvres de l'antiquité: on y trouvait les principaux poètes latins, beaucoup d'ouvrages historiques et de rhétorique. Dans d'autres abbayes, à Fleury-sur-Loire par exemple, le goût des lettres antiques était encore plus vivant; cette maison posséda longtemps, jusqu'aux guerres civiles du xvie siècle, quelques-unes des meilleures copies connues des grands écrivains latins, et ces copies, aujourd'hui conservées à Rome, à Paris, à Orléans, sont chaque jour citées et consultées par les philologues. On peut faire la même remarque sur les grandes bibliothèques italiennes. Par contre, dans les petites collections, celle de Moissac, encore peu importante au XIIe siècle, celle de la cathédrale du Puy, etc., la théologie et la liturgie dominent, et seule l'histoire sacrée est généralement représentée par des copies de Flavius Josèphe et de l'histoire ecclésiastique d'Eusèbe. Au Puy, on ne trouve à noter qu'une copie de Virgile et une autre de Térence, rangées l'une et l'autre parmi les livres de grammaire.

On n'a que peu de renseignements sur le régime intérieur des bibliothèques monastiques durant le haut moyen âge. Il est certain que dès lors les manuscrits étaient cotés soigneusement. En général les feuillets ne sont point numérotés, on se contente de coter les cahiers par quaternions. Parfois, pour faciliter les recherches, on emploie d'autres artifices; ainsi le bibliothécaire de Chaalis fait ajouter à une copie des dix premiers livres des *Moralia* de saint Grégoire un grand nombre de fils noirs, qui servaient à indiquer la place des différents chapitres; ce sont nos signets modernes. On trouve aussi des languettes de parchemin cousues sur la marge extérieure du volume, languettes qui marquent le début de chaque traité.

Un mot maintenant du prêt des manuscrits entre congrégations religieuses. Si riches qu'elles fussent, les plus grandes bibliothèques ne pouvaient posséder tous les traités des écrivains ecclésiastiques. La correspondance des lettrés de cette période du moyen âge est pleine de renseignements à cet égard. Les plus instruits perdaient de longues années à rechercher tel ouvrage célèbre qu'ils ne connaissaient que de réputation. Aussi en pareil cas le prêt était-il de rigueur. Loup de Ferrières, Gerbert parlent souvent de manuscrits que tel ou tel de leurs correspondants doit leur communiquer. Quand le prêt était consenti d'ami à ami, il était fait à titre gratuit et bénévolement. Il n'en allait plus de même quand il s'agissait d'un livre appartenant à une bibliothèque conventuelle ; l'emprunteur devait déposer un gage, parfois un bijou, plus souvent un manuscrit de valeur égale ou jugée telle. A Corbie, par exemple, les moines de Saint-Vincent de Laon envoient un traité de Jean Scot, le *Periphision*, pour répondre d'un autre traité du même Jean Scot à eux prêté, et le bibliothécaire de Corbie prend soin de déclarer que ce livre *Periphision* lui paraît hérétique et qu'on ferait bien de le brûler. On appelait les volumes ainsi déposés à titre de gage *Memoriale*. Assez souvent le livre prêté disparaissait, n'était pas rendu ; dans ce cas le couvent qui en avait concédé l'usage devenait propriétaire du gage. Ainsi, dès le XIIe siècle, le prêt fonctionne d'une manière régulière. Quand le prêt était demandé par des personnages puissants, on mettait, bien entendu, ces formalités de côté. En 1259, les juges chargés de décider une contestation touchant la possession du corps de saint Éloi, se font envoyer par les moines de Corbie deux volumes appartenant à cette abbaye ; revinrent-ils jamais au bercail ? on ne saurait l'affirmer, mais c'étaient là légers services qu'on n'eût pu décemment refuser à un prélat aussi influent que l'archevêque de Rouen, Eudes Rigaud.

Même pratiqué avec toutes ces précautions, le prêt était dangereux, et beaucoup de manuscrits devaient disparaître. Quelques-uns revenaient plus tard à l'abbaye, étaient rendus par les héritiers de l'emprunteur, mais trop souvent aussi une main indélicate effaçait la marque de propriété sans se soucier des formules menaçantes mises sur le volume par les premiers possesseurs. Toutefois les livres étaient si rares que même dans les maisons les plus sévèrement administrées, on n'osait se soustraire à cette obligation du prêt. Parfois, pour plus de facilité, on faisait exécuter plusieurs copies des catalogues d'une librairie célèbre ; au XIIIe siècle, les écoliers de Sorbonne possédaient un inventaire de la librairie de

Saint-Germain-des-Prés, et à l'abbaye de Savigny, au diocèse d'Avranches, on avait réuni en un seul volume les inventaires de la bibliothèque du couvent et des librairies des abbayes voisines.

Certaines bibliothèques du moyen âge jouissaient d'une grande célébrité, étaient pour ainsi dire regardées comme des dépôts publics, la librairie de Saint-Denis, par exemple, qui est souvent citée dans les textes officiels et dans les ouvrages littéraires. C'était aux moines de Saint-Denis que s'adressait le roi quand il avait besoin d'un renseignement historique, d'un passage de chronique. Les religieux de cette abbaye, historiographes attitrés de la couronne depuis le XIIe siècle, gardiens des tombeaux de la plupart des princes de la lignée capétienne, méritaient à tous égards cette marque de confiance.

Les manuscrits étaient chose tellement précieuse qu'on prenait toutes les précautions possibles pour les conserver, pour les préserver des larcins et des mutilations. Presque tous les volumes anciens portent le nom de l'établissement qui en a été le premier possesseur, et cette note est accompagnée de formules pieuses appelant la malédiction divine sur quiconque osera dérober le volume, effacer la marque de possession, mutiler l'ouvrage. Ailleurs on supplie le lecteur de manier l'ouvrage avec soin, de ne point poser les doigts sur l'écriture, de tourner les feuillets avec précaution. Ces recommandations restaient le plus souvent sans effet. Le nombre est grand des volumes mutilés et salis; souvent la mutilation a pour objet de faire disparaître un mot, un passage qui paraît erroné à un lecteur; ainsi, dans les manuscrits de Saint-Martial de Limoges, à dater du XIe siècle, on a ajouté le mot *apostolus* à la suite du nom du saint patron pour affirmer la croyance à l'apostolicité de l'église de Limoges; ailleurs, dans une Bible de Saint-Germain-des-Prés, une main pieuse a enlevé un long passage du faux Esdras qui exprimait une doctrine opposée au dogme du purgatoire. Dans beaucoup de manuscrits, les peintures représentant la Crucifixion sont à demi détruites, un chrétien trop zélé ayant gratté les figures des bourreaux du Christ. Enfin, les malédictions les plus solennelles n'empêchaient pas les moines du moyen âge, possesseurs plus ou moins légitimes d'un volume dérobé à une autre congrégation, d'effacer les anciennes notes de provenance.

Après ces courts détails sur la constitution et le régime intérieur des bibliothèques monastiques, il nous faut parler de l'ornementation des manuscrits de cette époque.

Les éléments de l'ornementation à l'époque monastique sont des dessins d'écriture, des initiales à la plume ou peintes et des peintures sur vélin. Fort goûtée à l'époque carolingienne, la couleur pourpre est moins employée cent ans plus tard. On la trouve encore dans certains manuscrits luxueux, principalement en Allemagne; mais le plus souvent on s'est contenté de teindre en pourpre quelques feuillets portant le titre en lettres d'or; parfois ce sont de simples bandeaux pourprés qui décorent les premiers feuillets du volume. Plus rares encore sont les volumes tout entiers en lettres d'or. On cite un moine, Adémar, mort à Jérusalem en 1034, comme ayant fait exécuter un volume de ce genre, renfermant la vie de saint Martial, patron de la célèbre abbaye limousine. En général la chrysographie est réservée pour des manuscrits liturgiques de grand luxe. Tel est un magnifique volume renfermant les quatre évangiles, conservé aujourd'hui à la Bibliothèque nationale. Exécuté probablement pour une église des bords du Rhin, ce remarquable manuscrit appartint plus tard à Charles V et fut donné par lui à la Sainte-Chapelle. L'écriture, minuscule très régulière et assez forte, semble au premier abord dater du IXe siècle; mais le style des peintures qui ornent cet évangéliaire et plus encore la présence dans un encadrement d'une médaille d'or au nom de l'empereur Othon prouvent qu'il date au plus tôt de la seconde moitié du Xe siècle. On pourrait encore citer plus d'un manuscrit tout entier en lettres d'or, et les textes en mentionnent beaucoup qui ont aujourd'hui péri. Toutefois on peut dire qu'à mesure qu'on avance dans le moyen âge, l'emploi de la chrysographie devient plus rare; sans recourir à ce luxe coûteux et un peu barbare, les enlumineurs savent trouver dans l'art roman une source inépuisable d'ornementation. En Italie, au XIe, au XIIe siècle encore, des noms de personnes, des formules entières sont parfois écrites en lettres d'or, mais c'est là fantaisie particulière de scribe. De même l'argent paraît rarement dans les manuscrits de cette époque; presque tous les artistes ont renoncé avec raison à employer cette substance, qui perd si rapidement son éclat.

Le premier élément de l'ornementation est une écriture claire, élégante et pure. L'emploi simultané de la capitale antique et de la capitale rustique ou fleuronnée permet aux copistes de varier leurs effets. Tantôt ces capitales réservées aux titres s'enlèvent sur un fond de couleur rouge ou bleue, à damier, tantôt tracées à l'encre noire, les lettres sont rehaussées de teintes plates de couleurs variées, tantôt enfin les lettres du titre sont de couleurs alternées. Dans les titres de départ des manuscrits, dans les souscriptions, les copistes montrent une fécondité inépuisable, et composent des pages entières du plus bel effet. Lettres enclavées et conjointes, caractères grêles et de fantaisie, ils n'épargnent rien, et telle de ces pages, même sans les couleurs, vaut les plus beaux ornements de l'ancienne école anglo-saxonne.

On peut citer, à titre d'exemple de cette imagination inépuisable des calligraphes du haut moyen âge, le célèbre rouleau mortuaire du bienheureux Vital de Savigny, mort en 1122. Ce rouleau, colporté successivement dans les principaux monastères français et anglais, associés spirituels de l'abbaye de Savigny, renferme une multitude de dessins et de lettres ornées. La plupart sont sans rehauts de couleur, mais les calligraphes ont rivalisé d'ingéniosité et de recherches. Tous les paragraphes commençant par le mot *Titulus*, il fallait varier à l'infini la forme du T majuscule; tantôt ce sont des lettres fleuries, capitales ou onciales, à doubles traits, renflées, ornées de pampres ou de rinceaux; tantôt un monogramme compliqué exprime le mot *titulus*; ailleurs encore, ce sont deux hommes nus, l'un portant l'autre; enfin citons le *titulus* de Corbigny; la lettre initiale représente un démon, de la bouche duquel sortent deux êtres ridicules; sous ses pieds un monstre tricéphale rappelant le Cerbère antique. Mêmes recherches dans les chartes solennelles; la première ligne des diplômes royaux et impériaux et des grandes bulles est en général composée de caractères ornés, de hauteur excessive, parfois difficiles à lire; l'usage persistera longtemps dans les chancelleries. Par contre, au XIIIe siècle, ces pages d'ornements disparaîtront presque complètement des manuscrits; tout le luxe pour les volumes ordinaires se réfugiera dans les lettres initiales des traités et des chapitres.

Décrire toutes les espèces de lettres initiales qui ornent les manuscrits de la période monastique serait à coup sûr impossible. Chaque école conventuelle ou régionale a affectionné un genre particulier d'initiales, qui permet de marquer à peu près à coup sûr la provenance de beaucoup de volumes. Aux temps anciens, la variété est très grande, et les éléments de l'ornementation sont empruntés tantôt au règne végétal, tantôt au règne animal; d'autres fois on y ajoute des êtres monstrueux, rappelant les sculptures des chapiteaux des églises romanes. Ailleurs enfin l'artiste recourt à la figure humaine, et beaucoup de ces lettres renferment des scènes entières, des sujets compliqués empruntés au texte même de l'ouvrage.

Parlons d'abord des éléments empruntés au règne végétal; les artistes ne copient pas directement les plantes qu'ils ont sous les yeux; ils tracent généralement de longues feuilles, des rinceaux compliqués, des branches feuillues, repliées et entrelacées. Sans doute, on pourrait y noter des feuilles rappelant le chou, l'acanthe ou la vigne, mais l'artiste s'est bien gardé de copier exactement les formes que lui fournissait la nature; il les a transformées et mélangées, leur donnant un mouvement, une direction artificiels. Dès le XIe siècle, et surtout au XIIe, certains dessinateurs ont fait en ce genre des merveilles d'art et d'élégance.

A ce premier élément s'ajoutent les formes animales, mais le plus souvent l'artiste a mélangé plantes et animaux, et rarement l'animal reproduit est fidèlement copié, le plus souvent il affecte une forme monstrueuse; ce sera une gueule affreuse, de laquelle s'échapperont des pampres et des rinceaux habilement disposés; on trouve ailleurs des êtres bizarres, moitié serpents, moitié plantes, des têtes dracontines terminées en fleurs ou en fruits, des chiens de forme extraordinaire, des oiseaux affrontés, des monstres à deux têtes, à griffes, à écailles, en un mot toutes les formes rêvées par les anciens Anglo-Saxons, mais cette fois plus variées et épurées. Au lieu de dessins grossiers, nous trouvons maintenant des ensembles à peu près parfaits, de couleur brillante; les différentes parties se font équilibre et se répondent, les teintes s'opposent et se marient agréablement. Les artistes auxquels on doit ces beaux dessins sont les dignes émules de ceux qui sculptent les merveilleux chapiteaux des églises bourguignonnes et poitevines.

Initiale du XIIe siècle.

La figure humaine n'est pas absente de cette décoration ; parfois elle est isolée ; un évêque, un chevalier debout forme un I ; ailleurs deux personnages, dont les pieds sont rapprochés, représentent un grand V ; ailleurs encore un homme assis soutient un M, dont les montants sont ornés de rinceaux. Parfois ces lettres initiales renferment des personnages et des scènes entières, et servent de cadre à un petit tableau. S'agit-il d'illustrer un recueil d'homélies pour les principales fêtes de l'année, les artistes représenteront la Résurrection, la Cène, le Lavement des pieds, la Pentecôte, la lapidation de saint Étienne, le martyre de saint André, de saint Laurent ou de saint Pierre. Ailleurs, dans un Psautier, la lettre B, initiale du premier psaume, représentera David. De même pour les autres livres de la Bible ; dans telle copie du Lévitique, on trouve représenté un sacrifice ; pour Ruth, le départ de Noémi et de sa bru, pour Samuel, David chantant devant Saül, etc. Dans ces scènes, on retrouve les défauts et les qualités de la sculpture romane ; le dessin est gauche et incorrect, les attitudes bizarres ; mais dès le XIIe siècle, quelques-unes de ces peintures ne manquent pas de finesse et parfois de grandeur, et on y reconnaît toujours cette même imagination exubérante, cette

Initiale du XIIe siècle.

variété inépuisable, qui font le charme de l'art roman.

A tous les éléments énumérés plus haut, il faut ajouter les éléments linéaires, c'est-à-dire l'ornement pur. De ceux-ci les uns appartiennent à l'art antique : grecque, bandelette ; les autres à l'art dit barbare : entrelacs, têtes de clous, etc. Les enlumineurs en ont fait le meilleur usage ; dans tel manuscrit du xe siècle, on trouvera des grecques du meilleur dessin, de coloris excellent ; ailleurs, telle lettre de dimension colossale sera uniquement composée d'un lacis compliqué, de listels de couleur, d'entrelacs élégants. Enfin, au même ordre d'idées appartiennent les lettres dites torneures, composées d'un simple dessin de couleur, tracé à la plume. La lettre bicolore, bleue et rouge par exemple, forme un cadre dont tous les vides sont occupés par un lacis délicat de traits finement tracés, petits rinceaux, dessins géométriques, rosaces, etc. Au XIIIe siècle, la lettre torneure obtiendra une vogue bien méritée, mais elle perdra de sa finesse et de sa grâce et rien de plus insipide que les petites initiales bleues et rouges qui ornent les manuscrits courants de théologie et de droit.

Initiale représentant le célèbre Gilbert de la Porrée (XIIe siècle).

Les lettres monochromes étaient en grande faveur au XIIe siècle dans l'ordre de Cîteaux. Cet institut, fondé pour ramener les moines à l'observation stricte de la règle de Saint-Benoît, s'était dès le début montré extrêmement austère, proscrivant dans l'église les ornements superflus et trop brillants, réduisant au strict nécessaire les sculptures des chapiteaux. Les Cisterciens et leurs émules et élèves, les moines de Clairvaux, condamnaient toutes ces figures bizarres dont les artistes de l'ordre de Cluny surchargeaient leurs manuscrits. Saint Bernard, faisant l'éloge de la milice du Temple, tout nouvellement fondée, en prend occasion pour blâmer ses adversaires de Cluny. « A quoi sert dans le cloître, s'écrie-t-il, ces monstruosités ridicules, ces difformités? Que font ici ces guenons immondes, ces lions féroces, ces monstrueux centaures, ces demi-hommes, ces tigres tachetés, ces chevaliers combattants, ces chasseurs sonnant du cor? Ici sous une seule tête vous verrez plusieurs corps, là un corps unique à plusieurs têtes. Toutes ces formes variées et innombrables arrêtent les yeux; il est plus commode de lire sur les marbres que dans les livres; on passe des jours entiers à admirer toutes ces figures, on oublie de méditer la loi divine. Grand Dieu, si toutes ces inepties ne font point honte, qu'on regarde au moins à la dépense! » Écouter saint Bernard, c'était réduire les miniaturistes aux simples ornements calligraphiques. Le goût exquis des moines du XIIe siècle sut, sans contrevenir à la règle, tirer d'heureux effets de la combinaison et de l'alternance des couleurs, varier la forme des lettres, mais fort heureusement la réforme cistercienne ne pénétra pas partout. Au risque de s'attirer les foudres de ces austères chrétiens, les autres religieux continuèrent à donner carrière à leur féconde imagination. Le succès de la réforme cistercienne aurait eu ce singulier résultat de tuer l'art ornemental au nom de l'humilité et de la simplicité chrétiennes.

A vrai dire, ces lettres à entrelacs et à rinceaux sont ce que l'art des ornemanistes a produit de plus parfait du Xe au XIIIe siècle. Le dessin de la figure humaine, dans les grandes peintures, est le plus souvent si défectueux, qu'on ne saurait raisonnablement préférer ces créations imparfaites aux belles œuvres du xive et du xve siècle. Telle de ces figures à la pose hiératique, au geste solennel, figurerait honorablement au tympan d'un portail d'église et tiendrait sa place dans un ensemble architectural; isolée sur un feuillet de parchemin, trop près des yeux, elle choque et étonne; nous ne parlons bien entendu ici que des œuvres vraiment artistiques et soignées. Dans tel manuscrit célèbre, la Bible de saint Pierre de Rosas par exemple, les figures, dessinées au trait, sont si barbares et si incorrectes, qu'elles découragent le plus prévenu des admirateurs; mêmes défauts dans un autre manuscrit célèbre de la Bibliothèque nationale, le commentaire d'Haimon d'Auxerre sur Ézéchiel, peint et copié par le moine Heldric à Saint-Germain-des-Prés, au xe ou au xie siècle.

Cette infériorité, par rapport aux peintres des temps carolingiens et aux miniaturistes du xiiie et du xive siècle, doit être cherchée dans l'éducation artistique que recevaient les moines. La seule école pour un artiste est l'étude directe de la nature; or c'était ce dont se souciaient le moins les peintres et les sculpteurs de cette époque; ils savaient par tradition quels attributs, quel costume donner aux principaux personnages de l'ancienne et de la nouvelle loi, ils connaissaient les noms des personnes appelées à figurer dans chaque scène représentée. Mais jamais ils ne semblent s'être rendu compte, nous ne dirons pas des lois de la perspective (ces lois resteront longtemps inconnues aux meilleurs artistes des siècles suivants), mais de la proportion des figures, de la conformation même du corps humain. Les extrémités sont toujours disproportionnées, les têtes tantôt carrées, tantôt ovales, mais exagérées dans les deux sens. En général, au xe et au xie siècle, les corps sont trapus, les têtes énormes; plus tard, comme les sculpteurs, les peintres tomberont dans l'excès contraire, le corps s'allongera au détriment de la tête, qui deviendra toute petite.

Toutefois il ne faudrait pas croire que tous les manuscrits de cette période soient aussi défectueux. Dans beaucoup de monastères on sut conserver et développer les bonnes traditions de l'époque carolingienne, et les œuvres de ces peintres ne manquent point d'agrément. Sur les bords du Rhin, par exemple, on trouve des monuments assez remarquables. Citons seulement le bel Évangéliaire dit de la Sainte-Chapelle, plus haut indiqué. Ce manuscrit luxueux renferme plusieurs peintures de haut style : le Christ dans une *vesica piscis*, entouré de huit médaillons contenant les symboles et les bustes des quatre évangélistes, et quatre planches représentant ces mêmes évangélistes. Le dessin des figures est médiocre, les attitudes peu naturelles, mais l'artiste a cherché à les varier : ici il a disposé la figure sous un portique à l'antique, ailleurs il l'entoure de rideaux formant portières; les encadrements sont riches et élégants, les draperies un peu sèches, mais dessinées avec soin; en un mot, on sent que le peintre s'est inspiré des meilleurs modèles. On remarque même parfois un singulier mélange des traditions carolingiennes et d'imitation des peintures grecques.

Cette influence byzantine est bien plus sensible dans les peintures du sud de l'Italie. Prenons par exemple les manuscrits du Mont-Cassin; non seulement plusieurs d'entre eux ont été, on le sait, exécutés par des artistes grecs, mais dans ceux-là même qu'on doit, semble-t-il, attribuer à des peintres latins, le goût byzantin se fait sentir. Les initiales dans l'intérieur des chapitres sont de petites dimensions, généralement fort simples et le plus souvent monochromes. Dans les grandes lettres, on retrouve, il est vrai, quelques-uns des motifs favoris des artistes du nord, monstres et plantes, mais le nombre des couleurs employées est moindre, et l'une d'elles, un pourpre clair

Initiale d'un manuscrit du Mont-Cassin.

imitant la chair, paraît propre aux enlumineurs d'Italie.

Enfin les manuscrits du Mont-Cassin renferment une particularité assez curieuse, qui mérite d'être signalée; dans les grandes initiales figurent au milieu des rinceaux des sortes de chiens, les uns simplement dessinés en traits de couleur sur le vélin, les autres peints sur ce même fond en rose violacé. Pour la technique même, les artistes du Mont-Cassin paraissent avoir adopté les usages grecs, et dans le rendu des figures, dans les costumes, on sent l'imitation directe des œuvres de Byzance. Parfois c'est mieux qu'une imitation; tel manuscrit latin, écrit en minuscule capétienne, a certainement été confié à un artiste grec qui y a représenté à sa mode les évangélistes et les saints; ce ne sont plus des personnages hiératiques, aux allures raides et compassées, mais des philosophes méditant ou écrivant.

Cette influence byzantine se retrouve-t-elle dans les autres écoles de l'Europe? On l'a affirmé, mais il serait difficile de le prouver; si les peintres des écoles rhénanes semblent avoir parfois imité quelques peintures grecques tombées sous leurs yeux, c'est à une autre source qu'ont puisé les miniaturistes français. Les écoles du nord du royaume se développent soit isolément, soit sous l'influence anglo-normande, qui s'exerce sur les deux rives de la Manche. Plus au sud, nous trouvons à Limoges une école particulière; ici les traditions de l'époque carolingienne ont été fidèlement conservées, mais les peintures des manuscrits de Saint-Martial présentent quelques particularités curieuses : une grande Bible, par exemple, exécutée dans cette célèbre abbaye, nous offre des lettres fort simples, tracées avec trois couleurs, rouge, vert et jaune; elles sont formées de feuilles accolées; quelquefois la lettre est réservée en blanc sur un cadre de couleur. Ailleurs l'artiste adoptera ces couleurs qui font la joie des amateurs dans les émaux champlevés : vert et rouge foncés, bleu intense, et tel Christ de majesté sur parchemin rappellera les plus beaux cuivres émaillés de Limoges.

En Languedoc, en Guyenne, on a peu écrit de manuscrits durant le haut moyen âge, et les grandes bibliothèques monastiques y furent presque toutes créées par les moines clunisiens. Sur les confins de l'Espagne, en Roussillon par exemple, la tradition carolingienne s'est conservée assez pure, et telle peinture du XIIe siècle rappelle les belles œuvres du IXe. En Espagne, l'art reste plus barbare. L'Apocalypse de Saint-Sever, qui appartient à l'art espagnol, est en grande partie la copie d'une œuvre plus ancienne, et les autres livres à peintures de la péninsule prouvent chez leurs auteurs plus de bizarrerie que de goût. En somme, durant ces trois siècles, c'est en France, au nord de la Loire, dans l'ouest de l'Allemagne et en Angleterre qu'ont été exécutés les plus beaux spécimens de l'art calligraphique et les plus belles peintures de manuscrits.

Un mot maintenant de la technique. De la composition des couleurs nous ne dirons rien; le sujet a été traité plus d'une fois. Dans les peintures du nord de la France, jusqu'au XIIIe siècle, on ne trouve guère que quatre couleurs : bleu, rouge, vert et jaune. Pour appliquer ces couleurs, on les délaye dans des liquides de nature variée, que l'on appelait en Italie, au XIVe siècle, *bitumina*; on en comptait alors quatre : eau de colle (de peau ou de poisson), blanc d'œuf, eau de gomme et eau de miel. Les deux premières substances étaient, croyons-nous, les plus employées. L'artiste commençait par dessiner légèrement à la plume la lettre historiée ou simplement fleuronnée à peindre; puis il posait au pinceau les couleurs délayées dans l'un des dissolvants indiqués plus haut. Dans les anciens manuscrits, cette opération est faite grossièrement, avec une maladresse enfantine; ainsi dans le volume d'Heldric noté plus haut, le dessin, tracé d'une plume lourde et baveuse, a été recouvert de grosses taches de couleurs vives, si bien que les ombres et les plis des vêtements, déjà mal indiqués à la plume, disparaissent sous l'empâtement. Mais la plupart des miniaturistes se sont montrés plus soigneux; tantôt ils emploient les traits à l'encre pour marquer les plis, et alors ils passent en couleur l'intervalle compris entre deux traits consécutifs; tantôt au contraire ils établissent un fond de couleur uniforme, sur lequel, à l'aide d'une autre couleur, ils marqueront les ombres et les lumières, les plis des étoffes, les contours du corps, etc.

L'or s'appliquait d'ordinaire, comme les couleurs, au pinceau et sous forme d'or liquide. Mais parfois les artistes employaient ce métal sous forme solide. En effet, surtout à dater de la fin du XIIe siècle, les artistes affectionnent les fonds d'or brillants; on les remarque dans beaucoup de manuscrits sortis des ateliers parisiens. Ces fonds d'or, on les obtenait en appliquant sur le vélin une légère feuille de métal, découpée de manière à couvrir exactement la partie du fond épargnée. Mais pour faire tenir cette feuille légère, il fallait préparer le fond de parchemin, le polir, l'égaliser et y disposer une assise ou premier enduit; en Italie, au XIVe siècle, on employait d'ordinaire un mélange de plâtre fin et de bol d'Arménie, incorporé dans de l'eau de colle ou du blanc d'œuf. Une fois posée et bien adhérente, la plaquette d'or était polie soit avec une dent de loup, soit à la pierre ponce. Ce procédé était bien connu des Grecs; les artistes byzantins n'ont jamais employé l'or autrement, toujours il a pour assise un enduit rougeâtre qui, dans beaucoup de manuscrits, a seul survécu.

A vrai dire, dans la plupart des écoles monastiques du haut moyen âge, l'art de peindre est resté dans l'enfance, et les meilleures œuvres des moines artistes sont certainement leurs dessins à la plume rehaussés de teintes plates. Ces teintes sont au Xe et au XIe siècle posées parfois avec bien de la maladresse, mais un peu plus tard, au XIIe, la main de l'artiste s'assouplit, son goût s'épure, et certaines compositions des écoles du nord de la France surprennent agréablement. Le dessin est bizarre, à la fois prétentieux et maladroit, mais le peintre a su choisir ses teintes, les graduer, les varier savamment et composer un ensemble harmonieux.

C'est surtout dans les lettres historiées que les artistes

Dessin à la plume du x⁰ siècle : Jésus sur les flots.

de cette époque ont donné carrière à leur imagination; pour le choix des sujets à traiter, pour le caractère des figures principales, ils paraissent avoir suivi assez scrupuleusement les traditions anciennes. S'agit-il d'illustrer un *texte*, le recueil des quatre évangiles, l'artiste exécutera cinq peintures au plus, représentant le Christ de gloire, entouré des symboles des évangélistes, et ces évangélistes eux-mêmes sous des arcades. En général chacun de ces derniers aura l'ajustement traditionnel des apôtres, le costume antique, et l'artiste leur laissera les pieds nus; parfois cependant saint Marc sera représenté en costume d'évêque.

Un mot maintenant du symbolisme. Il fut un temps où les archéologues, dans le dessin le plus ordinaire, le plus commun voyaient une intention de l'artiste. On a réagi contre cet excès. Il paraît impossible de trouver le moindre sens caché dans ces dessins de monstres qui constituent les lettres ornées de l'époque romane; les artistes qui les ont tracées ont reproduit en les développant, en les enjolivant, d'anciens modèles qui avaient perdu toute signification. Toutefois, comme pour les peintres grecs, il existait pour les moines d'Occident des règles fixes, mais ces règles s'appliquaient plutôt aux attributs eux-mêmes des personnages, à leur apparence extérieure. Ainsi les quatre évangélistes seront presque toujours représentés avec l'apparence d'écrivains; même règle pour les pères, pour les saints, pour les personnages célestes. On trouve bien des symboles, l'agneau pour le Christ, victime sans tache, la colombe pour le Saint-Esprit, les emblèmes des évangélistes, mais tout cela n'a pas été créé par les artistes de l'époque romane; ils l'ont emprunté aux âges antérieurs. Ils semblent par contre avoir recouru souvent à l'allégorie : femmes représentant l'Église militante ou triomphante, la Synagogue, les vices et les vertus, etc. D'autres allégories sont empruntées à l'antiquité classique, telles les sirènes qui figuraient dans les miniatures du célèbre *Hortus deliciarum* d'Herrade de Landsperg. C'est dans ce manuscrit et dans les recueils analogues qu'on aura le plus de chance de trouver des traces de symbolisme, et encore ne faudrait-il pas en attribuer l'invention aux artistes mêmes; ils ne font que réduire à une forme concrète les interprétations des écrivains mystiques. Tel le Pressoir divin d'Herrade; les théologiens tantôt faisaient de l'Église même un pressoir, qui séparait les bons et les mauvais, tantôt c'était pour eux une représentation allégorique de l'Eucharistie, du sang du Christ, vin généreux qui nourrit et soutient les âmes des fidèles. De là ces compositions bizarres où le Christ joue le rôle d'un vendangeur, d'autres où il est lui-même le raisin duquel le vin coule. Mais ce sens mystique, qu'expliquent, dans l'*Hortus deliciarum*, de longues légendes en vers et en prose, ne touche en rien la représentation, et dans ces allégories subtiles on ne saurait à proprement parler trouver trace du symbolisme. C'est une traduction concrète et exacte des paroles des commentateurs. Bien plus, beaucoup de peintures où l'on a vu cette tendance sont simplement la reproduction d'œuvres plus anciennes, et en dépit de leur apparente fantaisie les artistes de l'époque romane sont en général restés fidèles aux traditions de l'époque carolingienne.

Cette fidélité touche parfois à la servilité. Certains manuscrits célèbres ont été reproduits pendant des siècles. Tel le Psautier d'Utrecht dont il a été question dans l'un des chapitres précédents. On trouve jusqu'au xiiie siècle des manuscrits dont les illustrations trahissent une imitation directe de ce curieux monument. On a cité également des manuscrits de Prudence du xie siècle directement copiés sur des exemplaires de l'époque carolingienne.

A l'époque romane, il existe des écoles de peinture; entre un manuscrit du sud de l'Italie, de la Cava ou du Mont-Cassin et un volume enluminé en Angleterre ou sur les bords de la Manche, il y a des différences sensibles. Le génie de chaque peuple a sans doute joué un rôle dans ces modifications lentes des éléments communs utilisés par les moines artistes; toutefois il semble difficile de déterminer la nature de ce rôle. Pourquoi, par exemple, les peintres d'Angleterre et des abbayes normandes ont-ils affectionné le simple dessin à l'encre rehaussé de traits de couleur? On ne saurait donner de cette préférence des raisons bien certaines. Ce qu'on peut affirmer, c'est que les écoles monastiques ont ici exercé leur influence; il est certain que les manuscrits écrits et ornés dans les monastères affiliés à l'ordre de Cluny sont plus luxueux que ceux des couvents cisterciens. De même, il faut tenir compte de l'état des monastères : dans les pays où ils ont été florissants et nombreux, dans la France du nord, par exemple, en Allemagne et en Italie, ils ont transformé l'art carolingien d'une façon profonde; dans les pays au contraire où la culture ecclésiastique fut longtemps peu florissante, dans le sud de la France et en Espagne, les vieilles traditions sont restées bien plus vivaces. En tenant compte de ces brèves indications, on peut reconnaître dans ces trois siècles plusieurs grandes écoles assez bien tranchées : l'école française du nord à laquelle se rattache l'école anglo-normande, l'école allemande, l'école espagnole, et l'école italienne du sud. Caractériser ces différentes écoles paraît difficile. Voici pourtant quelques brèves indications.

L'école allemande fut extrêmement florissante durant ces trois siècles. A Trèves, à Cologne, à Fulda, à Wurzbourg, à Saint-Gall, pour ne citer que les centres les plus importants, on ne cessa d'exécuter des manuscrits, dont beaucoup sont souvent remarquables. C'est au temps des Othons, c'est-à-dire au xe siècle, que les écoles rhénanes ont été le plus brillantes. On peut citer un magnifique sacramentaire de Worms, aujourd'hui à la bibliothèque de l'Arsenal, et dont les peintures et l'ornementation rappellent le célèbre manuscrit de Drogon de Metz; à Paris on conserve également plusieurs *textes* ou évangéliaires écrits vraisemblablement à Cologne et richement illustrés. Citons enfin le célèbre évangéliaire de l'archevêque de Trèves, Egbert, en tête duquel l'illustre prélat est figuré, et un autre manuscrit, écrit par ordre de ce même prince de l'Église. Ces manuscrits, comme le fameux Psautier de Saint-Gall, prouvent que les artistes allemands, conservant les traditions carolingiennes, sont très avant dans le moyen âge restés fidèles à la couleur pourpre et à la chrysographie. Pour le XIIe siècle, on peut citer l'*Hortus deliciarum* de Herrade de Landsperg et nombre de beaux volumes richement ornés. On a souvent accusé les miniaturistes allemands de manquer de grâce, d'affectionner certaines couleurs un peu crues, telles que le vert et le jaune. Le reproche est mérité; toutefois il ne faudrait pas exagérer. Au temps des Othons, et plus tard sous Frédéric Barberousse, l'art allemand brilla d'un vif éclat. Le manuscrit d'Herrade valait n'importe quel manuscrit français ou anglais du temps.

Les écoles du nord de la France ont été très actives durant la période romane. Il serait fastidieux d'énumérer tous les centres d'études et tous les ateliers de copistes qui existaient alors dans notre pays, au nord de la Loire, et il paraît difficile de définir exactement les caractères de l'art français à cette époque. En Flandre, en Artois, en Picardie, les artistes en général restent plus longtemps qu'ailleurs fidèles aux traditions anglo-saxonnes; plus au sud et à l'est, c'est l'art français pur qui prédominera au XIIIe siècle; les ateliers de Laon, de Prémontré, de Soissons, de Saint-Quentin sont célèbres, et les manuscrits produits par les moines de cette région, nombreux et richement illustrés. Plus à l'ouest, et au delà de la Manche, nous trouvons l'école anglaise. Dès le Xe siècle, l'écriture caroline pénètre en Grande-Bretagne et elle y prédomine à dater du XIe. Le style de ces manuscrits est curieux, très personnel. Les peintres affectionnent les couleurs claires, vert, rouge, jaune, et très souvent leurs illustrations se bornent à des dessins au trait, rehaussés de couleurs. Ce dessin est, comme toujours, assez incorrect, mais ici il affecte un style particulier; il est sec, grichu, mais précis; les physionomies ont bien plus qu'ailleurs un caractère individuel, et les traits du visage sont fortement accusés; certaines compositions de ces artistes inconnus ne laissent pas que de surprendre par leur étrangeté. On peut citer les curieux

Combat au xe siècle. (Bible de Noailles.)

dessins illustrant le Psautier que saint Étienne Harding, abbé de Cîteaux, fit entrer dans la Bible compilée et corrigée par ses ordres au début du xiie siècle; une Vie de saint Thomas Becket, en vers français; enfin la célèbre Apocalypse française de la Bibliothèque nationale dont il sera question tout à l'heure. En Normandie,

Apocalypse de Saint-Sever.

les écoles monastiques sont nombreuses, mais en général les artistes de cette partie de la France sont plus sobres d'ornements que leurs confrères de l'Artois, de l'Ile-de-France et de la Picardie. Ainsi les beaux manuscrits du Mont-Saint-Michel contiennent peu d'illustrations, et le plus souvent ce sont de simples dessins au trait, légèrement rehaussés de couleur. Mentionnons pourtant le cartulaire de cette abbaye, qui renferme une suite de scènes historiques des plus curieuses, compositions gauches et bizarres, mais de grandes dimensions. Le dessin des simples ornements a, par contre, atteint ici la perfection; on ne trouverait nulle part ailleurs rinceaux plus riches et plus variés, combinaison plus harmonieuse de la flore et de la faune romanes.

Les écoles du centre de la France, sauf une seule, n'ont produit aucune œuvre bien remarquable. Celle que nous exceptons régna en Limousin, dans la patrie de l'industrie de l'émail sur cuivre. L'ornementation est fort simple, les initiales se composent généralement de larges feuilles rappelant celles du lierre, et le nombre des couleurs est restreint. Par contre, les peintres comme les émailleurs connaissent l'art de graduer les teintes les plus riches et d'en composer des gammes de tons harmonieux. Leurs rouges, leurs bleus, leurs verts intenses font le meilleur effet. Fidèles aux traditions carolingiennes, leur dessin a gardé le caractère sec et conventionnel de cette époque. Malheureusement leurs œuvres sont en général exécutées sur du parchemin assez grossier, et les manuscrits limousins n'ont pas l'aspect élégant des beaux volumes du nord de la France.

En Espagne, l'art est resté longtemps barbare. Les dessins qui ornent la fameuse Bible de Noailles, exécutée à l'abbaye de Rosas en Catalogne, sont d'une incorrection effrayante; il faut souvent de la bonne volonté pour reconnaître les éléments d'une figure dans ces traits sommaires. Les peintures sont plus curieuses; les artistes paraissent avoir affectionné le rouge et le jaune; le bleu, presque toujours absent, est remplacé par le violet; enfin ils ont employé une gomme argentée d'un effet un peu terne. La fameuse Apocalypse de Saint-Sever prouve une grande barbarie, mais un goût tout particulier pour les formes monstrueuses, pour l'horrible. Ajoutons que les pages d'entrelacs qui ornent ce volume, avec leurs couleurs voyantes, leurs lignes compliquées, indiquent chez les artistes une véritable entente de la décoration.

En Italie, seules les écoles du sud présentent une réelle originalité. L'écriture adoptée, le style des peintures exécutées sous l'influence directe de Byzance, tout contribue à rendre remarquables les manuscrits exécutés à la Cava et au Mont-Cassin.

En général les peintures à l'époque romane sont exécutées la copie une fois achevée. Rarement les artistes se nomment. Parfois cependant on trouve leurs noms au bas de leurs œuvres. Plus souvent ils se représentent à la mode grecque, aux pieds du saint, patron de leur église, et, fidèles à la tradition antique, ils donnent à leur propre figure des dimensions exiguës. Ainsi dans un beau manuscrit exécuté en 1170 à l'abbaye de Saint-André-du-Câteau, le copiste s'est représenté deux fois, d'abord en train d'écrire, puis aux pieds des saints patrons du monastère (saint André et sainte Maxellende); il est appuyé sur un cercueil auprès duquel est écrit son nom : *frater Ranerius*. Citons encore la peinture reproduite plus haut et représentant un moine de Corbie, Névelon, aux pieds de saint Pierre. Plus rarement l'enlumineur se contente de mettre son nom; un sous-diacre du nom de Sawalo a ainsi signé plusieurs peintures et lettres initiales historiées; il travaillait à l'abbaye de Saint-Amand.

Les peintures des manuscrits, à l'époque romane comme à l'époque gothique, n'ont pas seulement pour objet d'embellir le volume; elles doivent servir à l'ensei-

Le lavement des pieds et le baiser de Judas.
(Manuscrit du Mont-Cassin; xie siècle.)

gnement par les yeux. De là, dans le choix des sujets, une certaine tradition. Dès l'époque carolingienne cette tendance est visible ; les dessins du Psautier d'Utrecht forment par le fait un commentaire mystique du livre sacré, de même les peintures des manuscrits de Prudence ont pour objet principal d'interpréter les vers du poète. Le même caractère se retrouve dans d'autres manuscrits célèbres ; on peut citer à cet égard les copies de l'Apocalypse et des prophéties de Daniel. Ces deux livres avaient

Scène d'une Apocalypse du début du xiiie siècle.

de quoi tenter les artistes ; de bonne heure, semble-t-il, ils avaient été séduits par le caractère mystique et sombre de ces écrits. Mais, tandis que les enlumineurs du nord de l'Europe se bornent à interpréter littéralement le texte biblique, ceux de l'Espagne et à leur exemple les artistes du midi de la France s'inspirent à la fois du texte même de saint Jean et du célèbre commentaire de l'abbé de Liebana, Beatus. Tous les manuscrits appartenant à cette seconde classe paraissent dériver à des degrés plus ou moins lointains d'un original commun, datant vraisemblablement du ix⁰ siècle, et dont l'auteur avait selon toute probabilité vu des peintures de la décadence romaine. En effet, à mesure que l'on avance, l'exécution devient plus grossière, et telle copie du xii⁰ siècle est beaucoup plus barbare que la célèbre Apocalypse de Saint-Sever, exécutée au milieu du xi⁰. Ce dernier, en effet, paraît être une copie, faite par une main peu exercée (le peintre s'appelait Garsias), d'un exemplaire appartenant à la belle époque carolingienne. Dans le nord au contraire, telle Apocalypse du ix⁰ siècle sera encore lourde et défectueuse, mais l'art progresse de jour en jour, et les peintres du début du xiii⁰ siècle ont produit peu d'œuvres supérieures à la fameuse Apocalypse française de la bibliothèque nationale. L'ornementation ici est presque nulle, les scènes sont renfermées dans des cadres monochromes des plus simples; les personnages sont dessinés en bistre, le vélin même servant de fond; des rehauts de couleurs claires, habilement placés, soulignent et font ressortir les contours. Le dessin des figures, précis et personnel, le bon groupement des personnages, tout se réunit pour faire de ce volume une œuvre d'art remarquable.

Dès le xii⁰ siècle, on a exécuté des bibles en images, c'est-à-dire des recueils de peintures, représentant les principaux événements des deux Testaments. De même on avait déjà l'habitude de joindre aux copies des évangiles, un certain nombre de peintures racontant l'histoire évangélique. Enfin chaque église un peu riche tenait à faire raconter en images la vie de son principal patron; citons seulement le célèbre manuscrit de Saint-Quentin, qui reproduit les principaux traits de la vie du martyr de ce nom, une vie peinte de saint Omer, etc. Parfois encore les peintres représentent des événements intéressant l'histoire du couvent. Les moines clunisiens ayant été gratifiés de l'église de Saint-Martin-des-Champs, à Paris, par Philippe I⁰ʳ, un moine enlumineur représenta l'assemblée dans laquelle le roi avait fait la donation, et de peur qu'on ne s'y trompât, il écrivit au-dessus de chaque figure le nom du personnage représenté.

Ces manuscrits à peintures devaient, comme les chapiteaux des églises, servir à l'enseignement des laïques. On sait d'autre part que beaucoup de grands personnages du xe et du xie siècle possédèrent des livres. Les rois, les reines et les princesses avaient presque tous des livres liturgiques richement enluminés; Mabillon a publié les peintures d'un beau Psautier, ayant appartenu à la reine Gerberge. On a des volumes analogues à l'usage de plusieurs rois anglo-saxons; enfin nombre de comtes et de princes avaient une petite bibliothèque composée en général de livres religieux.

Pour conserver ces épais volumes de vélin, pour mieux les mettre à l'abri des accidents, on employait généralement le bois; deux ais, deux planchettes de chêne, couvraient les cahiers assemblés et solidement cousus. Pour les volumes de moindre valeur, on se contentait de recouvrir ces ais de cuir épais : peau de truie, de veau ou de cerf, cette peau débordant parfois de manière à couvrir en partie les tranches. Voulait-on orner et consolider cette simple reliure, on y ajoutait des ornements en cuivre ou en bronze, des coins, des clous à têtes arrondies et ciselées dont la saillie épargnait à la peau les frottements et les éraillures. A ces ornements de métal joignons la longue chaîne qui servait à fixer sur les pupitres de la librairie ou du chœur les volumes les plus précieux ou les plus souvent consultés. Mais aux livres luxueux, richement enluminés, aux beaux volumes liturgiques, *textes* et sacramentaires, on donne un vêtement plus riche et plus élégant. Le plus souvent ce sera une plaque d'ivoire, soit exécutée par un artiste contemporain, soit empruntée à un manuscrit plus ancien. Au xiiie siècle, à Sens, la copie de l'office des fous est recouverte de deux plaques du iiie ou du ive siècle. Si la plaque choisie est trop étroite, on lui donne un cadre d'orfèvrerie, avec émaux, cabochons en pierres précieuses ou en verres de couleur, camées et intailles antiques, filigranes d'or et d'argent. Au xiie siècle, on emploie encore les tableaux en œuvre de Limoges, Jésus en croix ou le Christ de majesté, sur plaque de cuivre, en émail champlevé, les figures étant souvent traitées en demi-relief. Le plus souvent, des deux plats, un seul, le plat antérieur, est ainsi richement orné; car on a gardé l'habitude antique de disposer les volumes à plat sur les rayons des armoires. On cite encore à Girone, en Espagne, une curieuse reliure en bois de cèdre ciselé; l'un des plats représente le Christ en croix, dans un cadre de rinceaux, le second, le Christ de majesté entouré d'anges. De toutes ces reliures, on a des spécimens assez nombreux, mais le xe, le xie et le xiie siècle nous en ont en somme laissé beaucoup moins que l'époque carolingienne. Quant aux couvertures plus simples, en peau et en bois, il est le plus souvent à peu près impossible d'en dater l'exécution, à deux siècles près. C'est principalement dans les bibliothèques de province qu'on les trouve; dans les collections de Paris et chez les riches amateurs, elles ont depuis longtemps cédé la place à des vêtements plus luxueux, mais moins intéressants pour l'antiquaire.

CHAPITRE VI

XIIIᵉ ET XIVᵉ SIÈCLES. — LES UNIVERSITÉS ET LES LIBRAIRES LAÏQUES

Jusqu'au XIIIᵉ siècle, seuls ou presque seuls les moines et les chanoines recherchent, écrivent et enluminent des manuscrits. Mais vers le temps de Philippe Auguste, de grands changements s'opèrent; aux écoles monastiques, isolées et peu nombreuses, se substituent les universités, et tout d'abord les deux plus grandes de toutes, celles de Paris et de Bologne, et les nouvelles écoles sont bientôt fréquentées par des milliers d'étudiants. Si beaucoup de ces élèves, une fois qu'ils ont quitté l'*alma mater*, négligeront la science et la littérature, d'autres, de plus en plus nombreux, n'oublieront jamais les premières leçons reçues et garderont toute leur vie le goût des choses de l'esprit. Enfin, si la connaissance des lettres latines sacrées et profanes semble encore pour longtemps réservée aux membres du clergé, n'oublions pas qu'une littérature vulgaire s'est formée, de plus en plus vivante, de plus en plus goûtée par les laïques. Chevaliers du nord et seigneurs du midi ne rougissent plus d'imiter les jongleurs, les bourgeois enrichis trouvent plaisir à lire des œuvres d'imagination et s'essaient bientôt à leur tour à en composer.

Les ateliers monastiques n'auraient pu fournir de manuscrits cette masse énorme de lecteurs nouveaux ; de tout temps, malgré leur richesse plus apparente que réelle, les abbayes et les églises avaient eu grand'peine à former et à entretenir des bibliothèques un peu importantes. Pour beaucoup de maisons, la décadence est venue. Le zèle religieux s'est attiédi, et on pourrait compter les monastères qui ont conservé quelques traces de l'ancienne ferveur. Bien plus, les ouvrages de théologie et de sciences qui encombrent les librairies monastiques ne conviennent nullement à la majorité des étudiants et des laïques. Aux premiers il faut des manuels, des grammaires et des commentaires des ouvrages expliqués, des abrégés des sciences enseignées dans les nouvelles écoles, des livres classiques en un mot ; les autres ont besoin de copies peu coûteuses des poésies du jour, fabliaux, chansons d'amour ou pièces satiriques. Aussi dès le début du XIIIe siècle naît une industrie nouvelle, la librairie, et dans les villes, centres d'université, ce commerce devient bientôt florissant.

En se multipliant, les manuscrits changent de nature ; aux copies luxueuses, longues à exécuter et d'un grand prix, se substituent des manuscrits plus simples, à peine ornés, d'une écriture serrée et pleine d'abréviations ; le parchemin est cher, et il faut avant tout produire des volumes à bon marché. De là dans l'écriture, dans l'ornementation des changements profonds, que l'on étudiera tout à l'heure. Ces changements sont moins sensibles tout d'abord dans les manuscrits de luxe, que les laïques opulents commencent dès lors à rechercher, mais si les artistes, qui illustrent les beaux livres de prières, les bibles historiées que nous admirons encore aujourd'hui, ne ménagent ni l'or, ni les riches couleurs, si les calligraphes s'appliquent de leur mieux et peignent patiemment chaque lettre, l'art lui-même se transforme. Le style roman, qui depuis près d'un demi-siècle a cédé la place au gothique en architecture, disparaît à son tour des manuscrits; l'ornementation devient plus variée et plus naturaliste; à la flore de convention imaginée par les anciens peintres succède une flore directement copiée sur la nature; la fantaisie individuelle se donne carrière: Enfin le dessinateur apprend à regarder autour de lui; il abandonne les types consacrés, il cherche à reproduire les plantes, les animaux qui l'entourent avec leur aspect extérieur, leur attitude et leur physionomie. Pour les figures il s'attache, bien maladroitement encore, à en marquer les traits caractéristiques, l'expression. En un mot, comme les sculpteurs, les miniaturistes reviennent à la nature. A cet égard, l'art gothique est un art de transition, mais il a produit des peintures admirables, peut-être supérieures aux œuvres plus anciennes.

Les universités au moyen âge correspondaient aux deux ordres d'enseignement que nous appelons secondaire et supérieur; de bonne heure, l'Église chercha à faciliter la fréquentation des nouvelles écoles à tous les écoliers, aux plus pauvres comme aux plus riches. Des collèges se fondèrent, qui, richement dotés par des personnes pieuses, fournirent le vivre et le couvert à un certain nombre de pensionnaires suivant les cours de l'Université. Mais si la vie matérielle leur était à peu près assurée, il fallait pourvoir à leurs besoins intellectuels. Aujourd'hui chaque étudiant acquiert pour une somme modique les livres qui lui sont nécessaires; au XIIIe siècle il n'en allait pas de même; écrits sur parchemin, assez nombreux et pour la plupart fort étendus, les ouvrages les plus usuels, les plus consultés coûtaient fort cher. Un étudiant en droit canon et civil devait posséder le décret de Gratien avec quelques-uns des principaux commentaires et le *Corpus juris civilis* complet. Ces deux ouvrages qui, aujourd'hui, à eux deux ne coûteraient pas 25 francs, en valaient plus de 1000. L'étudiant en grammaire avait besoin du Donat, du Priscien et de divers ouvrages de rhétorique et de littérature; celui qui suivait les cours des maîtres ès arts devait connaître les ouvrages d'Aristote, de Boèce et de Porphyre; enfin au futur licencié en théologie il fallait une Bible complète, les principaux commentaires sur les Livres saints, les *Sentences* de Pierre Lombard, etc. De là pour les chefs des Universités l'obligation, d'une part de créer des bibliothèques de référence et de prêt, de l'autre d'encourager le commerce de la librairie, de multiplier le nombre des copies existantes de tous ces traités classiques.

Au XIIIe siècle, l'usage du papier est encore à peine connu dans l'Europe occidentale; dans les pays du sud on commence, il est vrai, à utiliser le papier oriental. Mais le parchemin jusqu'à l'époque des Valois sera seul employé pour l'exécution des manuscrits de luxe et d'étude. Aussi l'Université de Paris, par de nombreux statuts, chercha-t-elle à régulariser et à surveiller la vente du parchemin; les ouvriers chargés de le fabriquer, d'abord au nombre de 14, puis de 4 à dater de la fin du XVe siècle, prêtent serment entre les mains du recteur et lui payent une redevance de 10 sous parisis par botte ou liasse de parchemin. Ils sont chargés de surveiller la préparation de la précieuse matière, examinent les peaux apportées par des commerçants étrangers, et l'Université se réserve à elle-même et accorde à ses parcheminiers jurés un droit de préemption sur les marchandises vendues chaque année à la foire du Lendit. Malgré ou peut-être à cause de ce monopole, le prix du parchemin reste toujours assez élevé, et la matière première d'un volume de grande dimension sera longtemps aussi chère que la copie même. En 1377, Charles V paye 50 francs d'or le vélin nécessaire à l'exécution d'une Bible. Fort heureusement, au XIVe siècle, le papier fera une concurrence efficace à la peau de vélin, et le prix des manuscrits d'étude en sera d'autant diminué. Au XIIIe siècle, la préparation du parchemin se perfectionne; si beaucoup d'industriels continuent, pour dissimuler les défauts de la peau, à l'enduire de blanc d'œuf et de céruse, pratique désastreuse qui empêche l'encre et la couleur de mordre sur le parchemin, d'autres, mieux avisés, se bornent à polir le cuir à l'aide de la pierre ponce, et obtiennent des feuilles de grande dimension parfaitement blanches et d'un bel effet. On trouve cités dans les textes le parchemin de Paris, celui de Coblentz, de Florence, etc., dès le XIIIe siècle, le parchemin italien se distingue par sa blancheur et par sa finesse, et il conservera ces qualités jusqu'à la fin du moyen âge.

Au surplus, peu à peu la fabrication du parchemin s'établit partout où il y a des universités, des centres d'études ; on en vend en France, à Paris, à Montpellier, à Toulouse.

La protection et la surveillance des universités s'exerçait à la fois sur les parcheminiers et sur les marchands de livres; ceux-ci s'appelaient *librarii* ou *stationarii*. Un statut de 1275 les astreint à un serment solennel prêté, tous les deux ans au moins, entre les mains du représentant de l'Université. Par ce serment ils s'engagent à mettre loyalement en vente et au prix convenu les manuscrits dont la vente leur aura été confiée, à écrire sur le volume le nom du vendeur et le prix arrêté ; ils s'engagent encore à ne prendre pour leur courtage que 4 deniers pour livre, enfin ils doivent s'efforcer d'avoir toujours des exemplaires corrects des différents ouvrages classiques et à ne rien faire pour obtenir un prix supérieur à celui taxé par l'Université. En cas d'infraction à ce serment, celle-ci leur retire sa faveur et interdit à tous maîtres et écoliers de faire aucune affaire avec le délinquant, sous peine d'être exclus de la corporation.

On voit par ce court détail que le *stationarius* est un dépositaire de livres, et qu'il reçoit les volumes, soit anciens, soit récents qui sont à vendre, mais en fait il est aussi entrepreneur de copies et il a pour scribes tous les étudiants pauvres, qui cherchent dans l'exécution de manuscrits un moyen d'existence. De là tant de manuscrits assez négligés d'exécution. On n'est plus au temps où des moines assurés du vivre et du couvert peignaient lettre à lettre d'énormes volumes. Pour beaucoup de copistes, il s'agit avant tout de vivre : l'Université prend soin de vérifier la correction des textes mis ainsi en circulation, mais elle ne saurait en vouloir au scribe qui multiplie les abréviations, qui s'attache par des moyens licites et honnêtes à diminuer l'étendue de sa tâche. Au surplus l'acheteur ne pourra qu'y gagner : si le copiste arrive à économiser un ou deux cahiers de parchemin, de *peciæ* comme on dit, le prix du volume sera d'autant moins élevé.

Hâtons-nous d'ajouter que ce système ne fut pas toujours appliqué. Il y avait dès lors des bibliophiles sachant apprécier un beau manuscrit soigneusement écrit et bien enluminé; si tel riche docteur se contente pour des livres usuels d'un exemplaire d'aspect abrupt et sans élégance, il aimera à lire les livres saints dans un volume élégant et bien écrit, enrichi de vignettes éclatantes, d'initiales à personnages; pour ses auteurs de prédilection, il recherchera les copies soignées et correctes, exécutées sur beau parchemin. En un mot la clientèle nouvelle créée par l'enseignement universitaire n'a pas moins de goût que les moines du xiie siècle pour le luxe des livres.

Le prix des volumes, même des plus simples, n'en restait pas moins assez élevé, et faible était le nombre des étudiants qui pouvaient acquérir pour leur usage personnel les ouvrages nécessaires à leurs études. De là l'obligation de créer de nombreuses bibliothèques de prêt et de référence. Chacun des collèges fondés pour subvenir à l'entretien des écoliers pauvres se trouva ainsi doté de collections littéraires; non contents d'ouvrir les portes de leurs librairies aux membres de la communauté, les administrateurs de ces collèges pratiquèrent largement le prêt. Ces collections, surtout dans les corporations riches, telles que la Sorbonne ou le collège de Navarre, devinrent rapidement importantes, plus nombreuses et mieux composées que la plupart des anciennes bibliothèques monastiques. Les dons, en effet, étaient multiples et variés; rarement un ancien élève de l'université de Paris ou de Bologne oubliait ses années d'étude; devenu riche, parvenu aux plus hautes dignités de l'Église, grâce à l'instruction qu'il devait à l'*alma mater*, il léguait à son ancien collège, soit sa bibliothèque personnelle, soit de l'argent pour acheter les ouvrages les plus utiles à ses successeurs. Les légataires, du reste, avaient d'ordinaire toute latitude pour disposer de ces précieux legs au mieux des intérêts de la communauté; ils échangeaient ou vendaient les ouvrages inutiles, les copies défectueuses, s'attachant à ne conserver que des exemplaires irréprochables.

Aux livres possédés par les différentes communautés et dont les étudiants et les maîtres obtenaient la communication et le prêt, il faut ajouter ceux que détenaient les libraires. L'Université, en effet, astreignait ceux-ci à prêter aux étudiants les livres qu'ils avaient en magasin, moyennant sans doute le dépôt d'un gage et une petite somme pour la location. Voici comment on procédait : on calculait le nombre de *peciæ* que pouvait renfermer tel ouvrage connu, la *pecia* contenant seize colonnes d'écriture courante; ce travail d'appréciation et l'examen des manuscrits étaient faits à Bologne par des suppôts de l'université, appelés *peciarii*; une fois déterminé le nombre de *peciæ* de chaque ouvrage, on calculait sur cette base le prix de location. Ce prix à Paris variait de un à deux deniers par *pecia*, sans que nous puissions nous rendre compte des raisons de cette diversité.

Des bibliothèques universitaires, la plus célèbre et la mieux organisée fut sans contredit celle de la Sorbonne. Fondée au temps même de Robert de Sorbon, elle comptait, en 1338, 1720 volumes. La plupart provenaient de legs faits par les anciens maîtres; citons seulement Guéroult d'Abbeville, qui donna plus de cent dix-huit manuscrits de théologie. D'autres avaient été copiés aux frais de la communauté; d'autres encore acquis sur l'argent légué à la maison par d'anciens écoliers, ou payés sur le prix de vente de livres mutilés ou doubles. A dater de 1289, cette riche collection forma deux dépôts distincts : la grande librairie dans laquelle on enchaîna sur des pupitres les ouvrages les plus consultés et les meilleurs exemplaires des traités dont la maison possédait plusieurs copies (les livres de cette série n'étaient que rarement prêtés), et la petite librairie, comprenant les doubles et les ouvrages moins consultés; seuls les volumes de cette dernière catégorie pouvaient être prêtés; en 1338, elle formait les deux tiers de la collection, soit 1100 volumes.

Tout étudiant, tout maître en théologie habitant Paris pouvait consulter et emporter les livres de la Sorbonne, sauf ceux dont les donateurs avaient réservé l'usage à certaines catégories de lecteurs. Le prêt pouvait être fait pour un temps illimité; l'emprunteur déposait un gage, et on prenait la liste des ouvrages qui lui avaient été remis. De plus, pour faciliter l'opération, la valeur de chaque volume était indiquée dans le catalogue, et le gage déposé devait être d'une valeur sensiblement égale. Ainsi, grande bibliothèque de consultation et dépôt pour le prêt, la Sorbonne possédait tout ce qui était nécessaire aux étudiants et aux maîtres du XIIIe siècle.

La composition de cette riche librairie ne présenterait rien de bien attrayant pour des lecteurs modernes, même pour les plus sérieux; les ouvrages de théologie y forment la majorité; on peut y noter beaucoup d'ouvrages de sciences, un petit nombre d'auteurs classiques, et quelques ouvrages de droit romain, canonique et barbare. C'est avant tout une bibliothèque de théologiens.

A vrai dire, le catalogue de la Sorbonne ne donne pas une idée absolument exacte des goûts des gens instruits du XIIIe siècle; si l'on veut savoir quels livres lisaient à cette époque les lettrés non théologiens, il faut consulter de préférence la *Biblionomia* du célèbre Richard de Fournival. Que la collection ait existé ou qu'elle soit seulement imaginée par l'auteur, peu importe pour nous; on y trouve indiqués les ouvrages les plus usuels au XIIIe siècle, et, chose curieuse, la théologie n'y occupe pas la première place. Des quatre divisions, la première est consacrée à la philosophie (sciences et arts), la deuxième aux sciences lucratives (droit et médecine), la troisième à la théologie (livres saints et commentaires), la dernière aux ouvrages des Pères et des grands théologiens du moyen âge. L'auteur ne décrit longuement que la première classe, et on retrouve dans ses descriptions les ouvrages de grammaire, de science et de rhétorique légués par l'antiquité, traduits des langues orientales ou composés au moyen âge; on y remarque également les principales œuvres de la littérature latine. C'est en somme le catalogue d'une collection fort complète, propre à charmer les loisirs d'un savant ou d'un lettré, en même temps qu'une bibliothèque de travail.

Dans la *Biblionomia* de Richard de Fournival, il existe un chapitre consacré aux *livres secrets*; l'auteur n'a pas expliqué ce qu'il entend par là; c'étaient sans doute des livres dont l'orthodoxie paraissait douteuse. En effet, dès cette époque, on exerçait une surveillance sévère sur les livres au point de vue des doctrines; on peut citer la condamnation par l'autorité religieuse de certains ouvrages dangereux pour la foi, l'Évangile éternel de Joachim de Fiore, par exemple, et les livres des Cathares; bien plus, on examinait soigneusement les ouvrages célèbres, les *Sentences* de Pierre Lombard par exemple, livre classique dès le XIIe siècle, et on en extrayait les propositions qui paraissaient condamnables. Cette censure semble du reste s'être bornée aux ouvrages de théologie et d'enseignement; jamais, à notre connaissance, l'Église ne condamna expressément les

œuvres de littérature vulgaire, parfois peu révérencieuses
pour les membres du clergé; elle se contentait d'en inter-
dire la lecture aux clercs et de leur recommander l'étude
des livres saints et des auteurs théologiques. Cette préoc-
cupation de sauvegarder la pureté de la foi se montre
également dans le soin avec lequel on revisait le texte
des livres les plus usuels; tout manuscrit mis en vente
par les *stationarii* de Paris était lu d'un bout à l'autre.
On revisait avec la même attention les simples livres
liturgiques, et certains missels du xive siècle portent la
note suivante : *inutile quia incorrectum*; d'autres inscriptions indiquent les lacunes, les principales omis-
sions des copistes. Enfin c'est à l'Université de Paris
qu'il faut attribuer, semble-t-il, la revision la plus complète dont les textes saints aient été l'objet, des temps
carolingiens à la Renaissance; cette revision, effectuée vers
1230 au rapport de Roger Bacon, ne tarda pas à préva-
loir; ce grand savant, il est vrai, la déclarait insignifiante
et reprochait aux *librarii* de Paris d'avoir mis en circulation des exemplaires de tous points fautifs. L'ordre des
Prêcheurs, à deux reprises différentes, entreprit une nouvelle recension; la première, due aux frères du couvent
de Sens, est appelée œuvre du *correctio Senonensis*;
elle fut rejetée par le chapitre général de l'ordre en 1256;
l'autre, du célèbre cardinal Hugues de Saint-Cher,
paraît n'avoir jamais été terminée.

La renaissance des études ecclésiastiques, provoquée
par la création des universités, eut pour effet de multiplier les sommes et les abrégés à l'usage des maîtres et
des étudiants. Aux anciennes gloses de la Bible, encore
copiées fréquemment au début du xiiie siècle, se substituent de nouveaux commentaires, œuvres des plus grands
esprits du temps : saint Thomas d'Aquin, Albert le Grand,
Hugues de Saint-Cher, etc. En même temps paraissent
nombre de livres de référence : dictionnaires, abrégés
chronologiques de l'histoire sainte et profane, enfin con-

cordance de la Bible. Ce dernier travail, qui encore aujourd'hui est repris de temps à autre, fut commencé au XIIIe siècle par les dominicains du couvent de Saint-Jacques à Paris, et ne tarda pas à faire oublier les essais antérieurs incomplets et inexacts.

Tous ces ouvrages sont destinés aux clercs, mais l'Église, qui voit déjà son autorité mise en doute par quelques laïques, éprouve le besoin de songer à l'instruction des masses. De là une foule de traités abrégés de la foi chrétienne, explication du symbole, de l'oraison dominicale, du Décalogue et des sacrements, etc. Beaucoup de ces manuels sont en latin, mais déjà certains auteurs écrivent en français, et leurs œuvres, qui obtiennent une vogue extraordinaire, prouvent que le nombre des lecteurs s'est grandement accru. Des laïques même se livrent à la confection de ces petits livrets de dévotion ; encore un effort et la science va se laïciser.

Les manuscrits deviennent donc de plus en plus nombreux au XIIIe siècle ; en effet la culture s'est répandue dans les hautes classes. Si beaucoup de nobles restent encore hostiles aux belles-lettres, le plus grand nombre apprend tout au moins à goûter les productions de l'esprit en langue vulgaire. La littérature profane, après avoir brillé d'un éclat étonnant dans le sud de la France et dans le nord de l'Espagne, prend également un grand essor dans le nord du royaume. Les plus illustres seigneurs ne dédaignent pas de composer des poésies d'amour ; on lit avec plus de passion que jamais les œuvres des trouvères de profession, et des traductions nombreuses mettent à la portée des personnes peu versées dans la langue latine les œuvres les plus goûtées des clercs, vies des saints et des pères du désert, Dialogues de Grégoire le Grand, Institutes de Justinien et Décrétales de Grégoire IX, etc.

La cour de Champagne au XIIe siècle avait joui à cet gard d'une réputation méritée. Au XIIIe celle de France partage ces goûts élevés; Philippe Auguste, saint Louis, Philippe le Bel, sont des princes lettrés, ayant le goût de la lecture. C'est à saint Louis qu'il faut rapporter l'honneur d'avoir le premier imaginé une librairie royale ouverte aux clercs et aux savants. Au rapport de Geoffroi de Beaulieu, ce projet daterait du séjour du saint roi en Syrie; le saint roi, ayant entendu dire qu'un prince des Sarrasins avait formé une grande bibliothèque à l'usage des savants de sa langue, aurait résolu d'imiter ce sage exemple. Rentré en France, il fit rassembler dans une chambre de son palais à Paris un certain nombre de livres de théologie. Lui-même venait y lire, et il y admettait volontiers les religieux et les laïques désireux de s'instruire. Vincent de Beauvais, dit-on, travailla souvent dans ce petit dépôt, et y trouva une partie des éléments de ses *Miroirs*. Cette bibliothèque, sur la composition de laquelle nous n'avons du reste aucun détail précis, fut léguée par saint Louis aux Dominicains de Compiègne et de Paris, aux Cordeliers de Paris et à l'abbaye de Royaumont; on possède encore aujourd'hui quelques volumes en ayant fait partie. Nous avons d'autre part plusieurs volumes à l'usage de ce grand roi; tel est le célèbre Psautier conservé à la Bibliothèque nationale et dont nous donnons plus loin une peinture, remarquable monument de la calligraphie et de l'art des enlumineurs du XIIIe siècle. On conserve également à Leyde un beau Psautier, jadis déposé à la librairie du Louvre et dans lequel ce prince apprit à lire; ce manuscrit, écrit en Angleterre à la fin du XIIe siècle pour Geoffroi Plantagenet, archevêque d'York, avait sans doute été rapporté en France par Louis VIII et donné par ce prince à sa femme Blanche de Castille. Enfin plusieurs autres volumes existent, qui au moyen âge passaient pour avoir appartenu à saint Louis et étaient conservés pieusement à titre de reliques; tels une Bible que posséda plus tard Jean de Berry et un nouveau Testament grec offert au roi de France par Michel Paléologue, empereur de Constantinople.

On ne connaît pas les noms des copistes et des enlumineurs employés par saint Louis et par sa mère; seul un compte de la reine Blanche nomme un scribe d'Orléans chargé par cette reine de copier des Psautiers en 1241; il s'appelait Gui Le Coq. La mère et les frères de saint Louis, Alfonse de Poitiers et Charles d'Anjou, aimaient les livres; on possède une chronique française, composée par un anonyme qui se dit ménestrel du premier de ces princes. La reine Blanche fit don de plusieurs volumes à Saint-Victor de Paris, et on connaît un manuscrit offert par l'auteur au comte d'Anjou, roi de Sicile. Le fils et le petit-fils de saint Louis possédèrent également des collections littéraires. Philippe le Hardi était peu lettré, mais il encourageait les auteurs : frère Laurent lui dédie sa somme des vertus et des vices, dite *la Somme le roi*; la seconde femme de ce prince fait composer un ouvrage intitulé : *le Calendrier de la reine* et reçoit de Adenès le Roi une copie des *Enfances d'Ogier*. Philippe le Bel montre encore plus de goût pour les recherches de l'esprit; Gilles de Rome, Guillaume de Mondeville, Jean de Meung, Guillaume Guiart et bien d'autres lui offrent leurs ouvrages; ce prince s'intéresse aux recherches d'histoire, de philosophie et de sciences, enfin c'est de son règne que date la première rédaction des grandes chroniques de France dites de Saint-Denis. Mêmes goûts élevés chez les autres princes de la famille royale; Jeanne de Navarre, reine de France, engage le sire de Joinville à composer son histoire de saint Louis; Louis X et sa femme Clémence de Hongrie se forment une petite bibliothèque bien composée où abondent les ouvrages en langue vulgaire; Blanche de France, religieuse à Longchamps, fille de Philippe le Long, a mis son nom sur deux volumes, dont la célèbre traduction française du Livre des Rois; Jeanne d'Évreux, femme de Charles IV, avait formé une petite collection remarquable par le choix des ouvrages, et dont Charles V recueillit plus tard les débris; enfin les comptes ont fourni beaucoup de détails fort intéressants, que nous aurons à utiliser tout à l'heure, sur la librairie de la célèbre comtesse d'Artois, Mahaut, petite-nièce de saint Louis.

On pourrait multiplier ces détails; il n'est point pour ainsi dire de testament du xiii° siècle qui ne mentionne des livres en latin ou en français; tout grand seigneur, tout bourgeois riche tient à honneur d'avoir quelques manuscrits de piété ou de littérature. La mode est aux beaux livres, et les textes du temps incriminent parfois ce luxe ruineux; tel jurisconsulte cite l'exemple désastreux d'un étudiant italien qui, envoyé par son père à Paris pour y suivre les cours de l'Université, se ruina dans cette ville en achats de livres historiés, *embabouinés*, dit le texte. En effet, c'est à Paris, au rapport des contemporains, que fleurit la miniature; dans deux vers célèbres du *Purgatoire*, Dante fait de l'art de l'enluminure un art tout parisien, et longtemps les ateliers de cette ville conserveront leur vieille réputation.

Au xiii° siècle, comme aux temps plus anciens, les scribes gardent l'habitude de mettre leurs noms à la fin des manuscrits; la forme de ces souscriptions, il est vrai, change; le plus souvent on se contente d'une formule pieuse très courte; les souscriptions en vers obscurs et énigmatiques sont de plus en plus rares, et on ne les retrouve plus guère que dans les cloîtres. Les écrivains laïques deviennent de plus en plus nombreux; dès le xiii° siècle, les constitutions de Saint-Victor de Paris parlent de scribes qui travaillent moyennant salaire à l'abbaye, auxquels le bibliothécaire doit répartir leur tâche et dont il doit surveiller le travail. D'autre part, le nombre des religieux capables de copier correctement un texte ancien diminue de jour en jour, surtout dans les vieilles abbayes; mais cette décadence n'est pas universelle. Si dans beaucoup de maisons, dès le xiv⁰ siècle, on a peine à trouver un moine capable d'écrire correctement en latin, dans d'autres on n'oublie jamais les bonnes lettres; Saint-Denis, Saint-Germain-des-Prés, Corbie sont de nobles exceptions. A Saint-Denis, jusqu'au xvi⁰ siècle on composera des ouvrages historiques en latin et en français; à Corbie au xiv⁰, on rédige des œuvres importantes, et surtout on accroît et on conserve avec soin

Peinture du Psautier de saint Louis.

l'ancienne bibliothèque; l'un des dignitaires du couvent, Étienne de Conty, s'attache à combler certaines lacunes de la collection, fait copier à ses frais de volumineux ouvrages, maintient en un mot la vieille réputation littéraire de cette illustre maison.

Bien plus que les moines bénédictins, les ordres mendiants cultivent les lettres; immense est le nombre des volumes copiés par des frères mineurs, prêcheurs, augustins et carmes. En général ces manuscrits ont un aspect assez sévère; peu d'ornements, mais une écriture nette et lisible, une grande pureté de texte, telles sont les qualités qui les distinguent. Aussi s'adresse-t-on souvent à ces moines pour des copies à faire; un frère prêcheur du couvent de Paris se charge en 1324 d'écrire les livres de chœur des dominicaines de la Thieulloye; la dépense est payée par la comtesse d'Artois; c'était faire doublement l'aumône, gratifier de livres liturgiques un couvent de religieuses et verser une somme importante dans l'escarcelle des Prêcheurs de Paris. Mais le plus souvent les noms des scribes que les manuscrits nous fournissent appartiennent, semble-t-il, à des laïques ou à des clercs séculiers; on trouve même des femmes, Maroie l'Escrivainne par exemple, dans les comptes de Mahaut d'Artois.

Le scribe, en préparant son manuscrit, laissait en blanc la place des lettres peintes, des miniatures et des grandes peintures; souvent il avait soin, pour guider l'enlumineur illettré, de marquer en noir la lettre à peindre, d'indiquer par quelques mots le sujet à exécuter. Le plus souvent ces indications ont disparu; là où elles existent, elles prouvent que le peintre n'était pas, comme les dessinateurs de nos jours, obligé de lire attentivement le texte à illustrer; de là en partie la banalité désespérante de la plupart des peintures du XIIIe siècle, peintures qui ne se distinguent les unes des autres que par l'habileté plus ou moins grande de l'exécution. Cette banalité disparaîtra le jour où les peintres seront de vrais artistes, s'inspirant directement de la nature et sachant l'observer.

Si, au XIIIe siècle, on trouve beaucoup de noms de copistes, il est plus rare de rencontrer des noms d'enlumineurs. On peut croire que ces artistes n'étaient point en général autorisés à signer leurs œuvres, et dans les comptes on omet très souvent de donner leurs noms. Parfois cependant ils se nomment après le scribe; par exemple dans un beau missel de Saint-Jean d'Amiens, aujourd'hui conservé à La Haye, illustré par Pierre de Raimbaucourt en 1323. Mais voici un fait qui prouve bien que c'est là une exception. Une magnifique Bible, écrite en France en 1327, porte le nom du copiste, Robert de Bylling; dans les interlignes de la souscription de ce copiste, les artistes enlumineurs, Jehan Pucelle, Anciau de Sens et Jaquet Maci ont mis leurs noms, mais en employant des caractères déformés à dessein, si bien qu'à première vue cette inscription, tracée en vermillon, peut passer pour un ornement de plume.

Du prix d'exécution des livres, nous ne dirons rien; on a si peu de renseignements à ce sujet pour le XIIIe et le XIVe siècle, on connaît si mal les bases du calcul qu'on risquerait de se tromper du tout au tout. Voici pourtant un texte du XIVe siècle : Étienne de Conty paya 62 livres 11 sous parisis pour deux volumes in-folio, de 370 et de 388 feuillets. De cette somme il faut défalquer 4 livres, prix de la location d'un exemplaire appartenant aux Carmes de Paris; l'écrivain reçut 31 livres 5 sous, soit environ 412 francs de notre monnaie; le parchemin coûta 18 livres 18 sous; les lettres ornées et les miniatures, au nombre de six, 4 livres 16 sous. L'ouvrage entier revint à 825 francs, monnaie de nos jours. Évidemment les enlumineurs dont le talent n'était pas supérieur devaient toujours rester assez pauvres; c'étaient de simples artisans.

Après ces détails sur les bibliothèques, parlons un peu des manuscrits eux-mêmes.

D'abord l'écriture. Au XIIIe siècle, sauf quelques pays isolés, l'écriture française a envahi l'Europe entière, mais elle va à son tour se déformer et se modifier. Les textes du moyen âge citent des centaines d'écritures différentes, mais il est à peu près impossible d'en déterminer la nature. Toutefois, dès la fin du XIIIe siècle, il y a trois grandes écoles d'écriture dans l'Europe chrétienne : la française, la boulonnaise et l'anglaise. La première se distingue par la netteté du caractère, la noirceur de l'encre employée, la régularité des abréviations. La seconde, ainsi nommée de Bologne en Italie, est une écriture arrondie; l'encre des manuscrits méridionaux est d'ordinaire plus pâle, et les abréviations sont moins régulières et d'une interprétation plus laborieuse. Enfin l'anglaise est pointue, très serrée; elle se reconnaît à la forme de la lettre *r*, qui ressemble un peu à un *gamma*, auquel on aurait ajouté un crochet sur la droite. L'écriture anglaise est fort employée dans le sud-ouest de la France, principalement pour les documents administratifs et judiciaires; l'écriture boulonnaise est usitée dans le sud-est, à Avignon, en Provence, en Languedoc, et pénétrera plus tard dans certains ateliers parisiens. Enfin n'oublions pas que la gothique paraît au XIIIe siècle; ce n'est pas une écriture particulière, elle a conservé les formes de l'écriture caroline, mais elle modifie peu à peu ces formes traditionnelles, remplace par des traits anguleux les parties cintrées des lettres, et ajoute aux lettres des traits superflus; dès le XIVe siècle, on peut prévoir qu'elle deviendra une horrible écriture, inégale et peu lisible. Au surplus le XIIIe siècle n'a point connu ces bizarreries et ces exagérations, et la gothique du temps de saint Louis conserve toujours une clarté parfaite et une élégance admirable.

La forme la plus usuelle des manuscrits est toujours celle de *codex*, de livre carré ou oblong; mais on n'a pas encore renoncé à employer les rouleaux et les tablettes. Les premiers servent principalement pour les documents administratifs, comptes, enquêtes, inventaires, etc.; on transcrit même parfois sur du parchemin ayant cette forme des traités entiers, des tableaux généalogiques, des recueils de prières; les comptes de l'hôtel de Mahaut, comtesse d'Artois, citent un rôle de prières exécuté pour cette princesse. Enfin au XIIIe siècle les tablettes de cire continuent si bien à être en usage, qu'à Paris il y a une corporation de fabricants de tablettes à écrire. Employées journellement par les élégants du temps, elles étaient souvent en matière riche, ivoire ou argent. A Namur, on conserve des feuillets d'ivoire datant du milieu du xiiie siècle; six d'entre eux, enduits de cire rouge, servaient à écrire; sur les deux autres, qui formaient la couverture, sont représentés des sujets d'amour; le tout, réuni par des lanières de cuir, est renfermé dans un élégant étui de cuir gravé. Les tablettes employées par les banquiers, les comptables, étaient naturellement moins luxueuses; celles de Jean Sarrasin, chambellan de saint Louis, aujourd'hui aux Archives nationales, sont simplement en bois garni de cire noire.

Parlons maintenant de l'ornementation des manuscrits au xiiie siècle. L'écriture d'or n'est plus guère en usage; on la réserve pour les manuscrits de grand luxe; le psautier de Peterborough, par exemple, est tout entier tracé en or, bleu et vermillon; on a également renoncé à celle d'argent, et les couleurs métalliques ne sont d'ordinaire employées que pour garnir le fond des lettres et des peintures. Les ornements d'écriture prennent dès les premières années du siècle un grand développement. Aux initiales à la plume, rouge et bleu, les calligraphes rattachent de longs traits hardiment jetés sur les marges, et occupant l'intervalle ménagé entre les colonnes d'écriture; ce sont des rinceaux fort simples, très élégants dans leur simplicité; parfois ils se terminent en tête de monstre ou de grotesque. Ailleurs les premiers mots du texte, tracés en capitales de fantaisie blanches et rouges, se détachent sur un fond de couleur unie, et forment comme un cadre d'ornement. Dans les manuscrits méridionaux, ce fond se compose souvent de figures géométriques tracées en jaune, et cette même couleur sert à rehausser les grandes lettres du texte. En France au contraire on préfère opposer le rouge au bleu et le bleu au rouge. De ces ornements, il faut rapprocher les initiales torneures, bleues et rouges, qui sont le plus souvent tracées à la plume; c'est l'ornement unique de quantité de manuscrits du xiiie siècle.

Pour aller plus vite, on paraît même avoir imaginé de graver la lettre en creux, probablement sur bois, et de l'imprimer sur le manuscrit; ce procédé était employé dans le nord de la France dès le début du siècle. Ainsi s'expliquent la monotonie, la régularité désespérante des lettres torneures qui ornent tant de manuscrits de théologie et de philosophie.

Par contre, si beaucoup des peintres qui ont exécuté les initiales à sujets et les grandes miniatures des manuscrits du temps ne sont que des artisans, quelques-uns s'élèvent au-dessus de la moyenne et ont créé des œuvres souvent bien imparfaites au point de vue du dessin, mais brillantes, parfois spirituelles, et dans lesquelles on sent déjà un effort sérieux pour rendre la nature. Cette tendance s'explique d'autant mieux que, sauf un certain nombre de personnages, pour lesquels ils reproduisent un type convenu (Jésus, apôtres, Vierge, etc.), les artistes de tout le moyen âge donnent à tous leurs personnages la figure et le costume de leur temps. De là l'intérêt tout particulier des miniatures pour l'archéologue; beaucoup plus variées comme sujets que les sculptures des églises, elles fournissent mille renseignements précieux sur les usages journaliers de nos ancêtres. S'agit-il de peindre un guerrier antique ou un héros de la Bible? l'artiste de 1250 l'habillera de mailles, celui de 1350 substituera en partie aux mailles l'armure de plate. Les saintes peintes au temps de saint Louis ont la double robe à grands plis que portait Blanche de Castille; à celles qu'on dessinera cent ans plus tard, on donnera le costume de cour des Valois. Même variété dans les fonds d'architecture; suivant le temps, les monuments représentés appartiendront au gothique rayonnant ou au gothique flamboyant.

Ces tendances naturalistes se marquent également dans l'ornementation empruntée au règne végétal. Au XIIe siècle les enlumineurs de manuscrits, comme leurs confrères les tailleurs d'images, dessinent des feuillages purement imaginaires, ne rappelant que de bien loin la nature; ce sont des dérivés lointains, des modifications souvent heureuses de la vieille flore ornementale de l'antiquité. Les sculpteurs gothiques au contraire, et à leur exemple les miniaturistes, copient fidèlement la nature; peignent-ils une branche de rose, ils cherchent à lui donner l'aspect, le mouvement, la couleur de l'original. Cette tendance, de plus en plus marquée, engendrera des chefs-d'œuvre de délicatesse et de grâce, et on trouvera encore cette attention à copier exactement la nature au xvie siècle, après le retour à l'imitation antique.

Innombrables sont les formes empruntées au règne végétal par les peintres de manuscrits; non moins nombreux sont leurs emprunts à la faune réelle ou mythologique. Il ne faut pas leur demander une exactitude absolue dans la reproduction des formes animales. Toutefois dans les innombrables dessins, dont ils ont chargé les marges de leurs manuscrits, les peintres du xiiie siècle ont montré qu'ils savaient observer les animaux domestiques et sauvages; leurs lions, leurs singes ne sont pas bien réels : il est vrai qu'ils avaient rarement l'occasion d'étudier les allures de ces animaux exotiques; mais quand ils représentent des scènes de chasse, des chiens poursuivant des lièvres, des renards combattant entre eux, des oiseaux et des volatiles domestiques, ils savent caractériser si bien chaque espèce qu'on la reconnaît au premier coup d'œil. A ces animaux réels joignons les êtres fantastiques empruntés aux bestiaires. On sait combien le moyen âge aimait ces écrits bizarres dans lesquels étaient soigneusement décrites les mœurs de mille animaux fantastiques; beaucoup de ces fables dataient de l'antiquité ou de l'époque romane. Les artistes puisaient fréquemment à cette source féconde pour l'illustration des manuscrits et la sculpture des chapiteaux. Beaucoup de ces figures avaient un sens symbolique que quelques-unes encore aujourd'hui n'ont pas absolument perdu, mais cette signification, semble-t-il, n'a pas toujours été exactement rendue par les anciens miniaturistes.

Toutefois, dans bien des cas, ces peintures ont un sens des plus clairs; elles sont satiriques. Tantôt les peintres, s'inspirant du *Roman du renard*, retracent quelques-uns des sujets les plus célèbres de cette œuvre admirable : le renard prêchant des poules, qu'il fascine de son œil terne, Reineke et Isengrin combattant en champ clos, etc. Tantôt, se laissant aller à leur humeur médisante, ils flagellent sans pitié les différentes classes de la société; un âne en robe de moine adresse un sermon à une compagnie d'oies, deux loups en armures de chevaliers se livrent un combat singulier. En un mot, le cycle du Renard et les recueils de fables constituent deux des principales sources utilisées par les enlumineurs du XIIIe siècle.

Nul doute également que les miniaturistes de cette époque, en peignant la figure humaine, n'aient essayé de donner un caractère personnel à certaines figures; quelques critiques, allant plus loin, ont même prétendu caractériser l'art nouveau en disant que c'était par excellence un art de portraits. Malheureusement l'artiste n'était pas assez habile pour saisir et reproduire le caractère propre d'une physionomie. Louis IX, par exemple, paraît fréquemment dans les miniatures de la fin du XIIIe et du début du XIVe siècle, et pourtant nous ne saurions prétendre posséder un seul portrait du saint roi, au sens moderne du mot. On peut même affirmer, sans crainte de se tromper, que la plupart des figures dues aux peintres français du XIIIe siècle ont moins de caractère que les dessins antérieurs; on aurait peine, par exemple, à retrouver dans les meilleurs manuscrits de cette époque des physionomies aussi énergiques et aussi vivantes que celles de la célèbre Apocalypse française citée plus haut.

Au XIIIe siècle, les peintres montrent beaucoup de goût pour les fonds d'architecture ; toutes les fois que la chose est possible, ils placent leurs personnages sous une arcade dans une église. Bien plus rarement, ils emploient le paysage et il faut attendre le XIVe siècle, pour trouver des paysages au sens propre du mot ; certaines scènes se passent sur la mer, sous les murs d'une forteresse, mais l'artiste, bien évidemment, ne s'est pas préoccupé de rendre exactement le site. Le plus souvent d'ailleurs les peintres emploient des fonds monochromes soit d'or, posé en petites plaques ou au pinceau, soit de couleurs variées. Ce sont alors des fonds bleu tendre, diaprés de fleurettes blanches, rouges, roses, violettes. Pour varier l'aspect, tantôt sur ce fond uni de légères lignes bien régulières traceront un damier ou un échiquier, tantôt les carreaux ou les losanges ainsi délimités seront de deux couleurs, alternativement or et rouge, bleu et rouge. Ce genre d'ornementation, très goûté encore au XIVe siècle, finit par remplacer presque entièrement les fonds d'or, plus brillants, mais d'un travail plus grossier. On n'eut pas à regretter ce changement ; ces dessous de couleurs donnent aux figures un éclat incomparable, et l'artiste a pu graduer et marier agréablement les tons.

Mais ces changements ne se sont pas effectués en un jour ; encore à la fin du XIIIe siècle, beaucoup de peintures se détachent sur un fond d'or brillant, cette couleur indiquant le ciel. Quelques traits de bleu et de rouge servent à marquer le sol sur lequel reposent les personnages. Ce sont là conventions qu'il faut accepter ; par contre on ne saurait trop louer l'éclat et l'heureuse combinaison des couleurs, l'ingéniosité des artistes, leur goût exquis en un mot, qui rachète en partie leur inhabileté en fait de dessin.

Beaucoup de ces peintures n'ont qu'un objet, amuser le lecteur et reposer ses yeux et son esprit ; il est évident, par exemple, que c'est par goût qu'un juriste préfère à une bonne copie ordinaire du Décret de Gratien, un exemplaire richement enluminé. Mais assez souvent le peintre s'est proposé un objet plus élevé, ses compositions non seulement doivent flatter l'œil, mais encore instruire l'esprit. Un chrétien, au XIIIe siècle, est tenu de connaître les principaux dogmes, l'histoire sainte et la morale enseignée par l'Église. Les peintures des églises, les vitraux sont pour les illettrés comme un livre toujours ouvert; ils connaissent par elles la Trinité, les vertus théologales, les rapports mystiques entre les deux Testaments. Dans beaucoup de monuments, des inscriptions qu'ils peuvent se faire lire et expliquer énoncent en quelques vers concis le sujet de chaque tableau. La même idée a inspiré les miniaturistes, et de là toute une série de livres à images dont il nous faut dire un mot.

Fragment d'une lettre ornée.
(Bible de Pontigny.)

En premier lieu les psautiers et les livres de prières. Au XIIIe siècle, on ne trouve pas de livres d'heures à proprement parler; les laïques emploient des psautiers, plus ou moins bien enluminés, dans lesquels le texte saint est accompagné de prières à quelques saints, le plus souvent choisis par les acheteurs, d'oraisons à la Vierge, à la Trinité, à la Croix. Parfois ces prières sont en langue vulgaire, et cela dès le milieu du XIIIe siècle. Presque toujours ces livres sont ornés d'un grand nombre de peintures représentant les principaux faits de l'Ancien et du Nouveau Testament, et souvent ces peintures sont disposées, quatre par page, dans un cadre commun, de manière à montrer la liaison mystique existant, d'après l'Église, entre l'ancienne et la nouvelle loi. Ainsi dans le célèbre Psautier de l'abbaye de Peterborough, la première page illustrée met en regard l'Annonciation, le Buisson ardent et la Visitation, l'ancienne et la nouvelle Loi, la Paix et la Justice. Dans ce manuscrit chaque sujet est expliqué dans une légende en vers latins, transcrite sur la marge en vermillon et azur. Ainsi composés, ces manuscrits servaient à la fois de livres de prières et de manuels de la foi chrétienne. Souvent la composition, l'ornementation de semblables volumes devaient être arrêtées par le premier propriétaire, par celui qui en faisait la commande à l'artiste, et dans le choix des saints nommés au calendrier initial,

Scène empruntée à une Bible du xiiiᵉ siècle. (Biblioth. nation.)

dans celui des prières, on reconnaît l'effet d'une volonté particulière. Bien plus le calendrier servira à inscrire des notes pieuses; on y mentionnera la mort des parents, des amis du possesseur. Tel le fameux Psautier de la reine Ingeburge, où cette infortunée princesse a fait noter la mort de ses père et mère. Enfin dès le xiiiᵉ siècle, les premiers possesseurs font figurer leurs armes dans les lettres ornées, sont représentés à genoux devant la Vierge ou devant un saint particulier. Autant d'indications qu'il faut relever avec soin et qui permettent de dater d'une manière précise, d'attribuer à un atelier bien déterminé ces vénérables monuments. Les ateliers de copistes et d'enlumineurs de Paris ont produit une foule de livres de cette espèce, qui se distinguent par une grande élégance et une extrême finesse ; plus tard, quand la moindre bourgeoise voudra avoir ses heures enluminées, l'exécution de ces livres de prières deviendra plus hâtive, moins soignée et les enlumineurs fabriqueront par milliers des volumes de pacotille.

Le même système d'illustration a été appliqué à la Bible et aux vies de saints. On possède de somptueux manuscrits renfermant des milliers de médaillons, et racontant aux fidèles les principaux faits de l'histoire sainte. Tantôt le peintre a rapproché les faits semblables ou réputés tels de l'ancienne et de la nouvelle Loi, tantôt au contraire il a séparé les deux Testaments et illustré successivement, d'une part le Pentateuque et les livres historiques, d'autre part les Évangiles et l'Apocalypse. De pareils manuscrits devaient forcément coûter assez cher ; pour mettre à la portée des fortunes moyennes ces livres d'enseignement, on en composa des sortes d'abrégé, ne renfermant que les scènes les plus importantes, les faits de l'histoire sainte, que l'enseignement de l'Église appliquait plus particulièrement au Christ. On y joignit les figures de quelques saints spécialement honorés dans le pays, et des tableaux analogues à ceux que l'on trouve partout, le Triomphe du Christ, le Jugement dernier, etc.

De leur côté, les abbayes riches aimaient à faire illustrer la vie du saint, leur patron. L'usage est ancien et a été noté plus haut ; pour le XIIIe siècle, on peut indiquer un remarquable volume exécuté à Saint-Denis en 1250 et renfermant, outre une légende en français du premier évêque de Paris et de ses compagnons Rustique et Éleuthère, trente pages peintes racontant la vie, le martyre et les miracles des trois saints. L'artiste n'a employé qu'un des côtés des feuillets de parchemin, et les peintures se font face deux à deux, chacune d'elles renfermant deux ou trois sujets, expliqués dans de courtes légendes en vers latins. Ces peintures étaient probablement montrées par les moines de Saint-Denis aux étrangers, et les vers étaient destinés à faciliter l'explication du sujet représenté. Le noble visiteur y voyait comment saint Denis, qu'on identifiait alors avec saint Denis l'aréopagite, converti et baptisé par saint Paul à Athènes, fut ensuite envoyé en Gaule par le pape saint Clément pour évangéliser la cité de Lutèce ; dénoncé au préfet Sisinius, il est torturé de mille manières, puis décapité avec ses compagnons. Les corps saints sont recueillis par une pieuse matrone, Catulla, et opèrent de nombreux miracles. Plus tard, Clovis est baptisé par saint Remi. Un des descendants de ce prince, Dagobert, se réfugie dans la basilique du saint pour fuir la colère de son père, Clotaire ; celui-ci s'apaise enfin grâce à saint Denis et fait couronner et sacrer Dagobert, qui dans sa reconnaissance procède à la translation des corps saints et fonde une abbaye ; le dernier tableau représente les miracles qui avaient, disait-on, signalé la cérémonie de la translation, et les deux premiers historiographes du monastère, Ansoldus et Audoenus. Cette légende du patron du royaume capétien obtint un tel succès, que de cinquante en cinquante ans, les miniaturistes durent la raconter à nouveau ; on possède plusieurs de ces manuscrits pour le XIVe et le XVe siècle.

L'histoire et la légende sont mêlées dans cette histoire de saint Denis ; d'autres fois les moines faisaient raconter de la même façon la fondation de leur église. Dès le XIe siècle, les moines cluniciens, installés dans l'église de Saint-Martin-des-Champs, à Paris, par les soins des rois Henri Ier et Philippe Ier, avaient fait exécuter un petit livret aujourd'hui conservé au Musée Britannique, orné de peintures représentant cet heureux événement. Deux cents ans plus tard, ils éprouvèrent le besoin de faire recopier ce petit recueil et le firent illustrer de nouvelles peintures; on y voit le roi Philippe concédant l'église de Saint-Martin à l'ordre de Cluny, les moines prenant possession du nouveau prieuré, etc. C'est, en un mot, un curieux document historique; les peintures, ici comme dans le manuscrit de Saint-Denis, sont accompagnées d'un récit de l'événement en vers latins.

Ces manuscrits sont à la fois des livres d'édification et des recueils historiques. Dans d'autres volumes, l'écrivain ne se propose qu'un seul but, enseigner aux simples laïques les dogmes de la foi catholique, et pour mieux les faire pénétrer dans ces esprits rebelles il recourt à la peinture. On peut citer pour le XIIIe siècle *la Somme le roi* de frère Laurent, dédiée par ce religieux de l'ordre des Dominicains à Philippe III, et le fameux *Credo* de Joinville. Beaucoup d'exemplaires du premier de ces deux ouvrages sont enrichis de miniatures, représentant les principaux faits de l'histoire évangélique, le jugement dernier, le sermon sur la montagne, les vertus et les vices et quelques traits de l'Ancien Testament à l'appui; dans la planche ci-dessous, empruntée à un bon exemplaire daté de 1295, on voit figurer la Chasteté et la Luxure et, pour mieux frapper l'esprit du lecteur, d'une part Judith et Holopherne, de l'autre Joseph et la femme de Putiphar. Cette liaison entre les peintures et le texte est encore plus sensible dans le fameux *Credo* de Joinville; on appelle ainsi un petit traité de dévotion composé par le célèbre historien en Syrie vers 1250, puis remanié et complété par lui vers 1287. Dès le début, l'auteur annonce l'intention d'expliquer par des images les mystères de la religion chrétienne; après quelques mots de préambule, il entame le commentaire du *Credo*, en rapprochant des phrases du symbole les faits de l'ancienne loi qui en sont aux yeux des docteurs la figure et l'annonce; ainsi Isaïe paraît, dans la représentation de l'Annonciation, comme ayant prédit l'avènement du Christ ; Jonas conservé trois jours dans le ventre de la baleine symbolise la descente du Christ aux enfers ; à côté de la Crucifixion on verra Jacob recevant la robe de Joseph et le jugement de Salomon. D'autres peintures représentent les sacrements, les vierges sages et folles, enfin la discussion entre Joinville, ses compagnons captifs en Égypte et un docteur sarrasin. Ces peintures sont assez médiocres, mais il fallait les signaler ; c'est un excellent exemple d'une alliance intime entre le peintre et l'écrivain.

C'est dans les livres de prières, dans les volumes liturgiques qu'on trouve au XIIIᵉ siècle les plus belles miniatures. Dès lors l'usage s'est introduit d'accompagner de peintures des ouvrages profanes, des recueils historiques, des chansons de geste, et même des ouvrages scientifiques. Mais de toutes les peintures, au XIIIᵉ siècle, ce sont certainement les plus banales. Les meilleures sont encore celles qui accompagnent fréquemment deux des livres les plus usuels, le Décret de Gratien et les Décrétales de Grégoire IX. Le plus souvent, dans ce dernier ouvrage, on trouve une peinture, plus ou moins riche, en tête de chacun des cinq livres ; dans le Décret, les miniatures peuvent être plus nombreuses et sont pour nous plus intéressantes ; on y voit représentés tous les actes de la vie publique et privée, mariage, baptême, extrême-onction, chapitre de moines, etc., sans compter la peinture obligée représentant un pape en consistoire, promulguant de nouvelles décrétales. Beaucoup des exemplaires du Décret ainsi illustrés sont des volumes de librairie, sans beaucoup d'originalité, mais quelques-uns, commandés par des étudiants ou des maîtres opulents, sont des plus remarquables.

Dans toutes ces compositions, l'artiste ne s'attache bien entendu nullement à rechercher la couleur locale ; les personnages de l'antiquité, ceux de l'histoire juive sont habillés de mailles, comme de simples chevaliers de saint Louis; la femme de Putiphar porte, dans le Psautier de ce prince, le costume des grandes dames du XIIIe siècle. Seules quelques figures symboliques échappent à la règle; l'Église, la Synagogue, les Vertus, qui portent le costume antique, et ce même costume est attribué aux apôtres et aux prophètes de l'ancienne Loi. C'est dire combien la plupart de ces petits tableaux sont utiles pour l'étude du costume et de l'ameublement au temps de saint Louis; si les dimensions exiguës de la peinture n'ont pas permis à l'artiste de marquer tous les détails, en revanche il a reproduit exactement la couleur des objets eux-mêmes, et nous pouvons ainsi mieux comprendre maint passage des anciens auteurs. A côté de ces sujets religieux, historiques, moraux ou symboliques prennent place des sujets de genre. Le plus courant est la présentation du livre par l'auteur à Dieu, à un saint, à la Vierge (l'usage à cet égard est ancien), ou encore à un prince, à un personnage puissant. Encore de petites dimensions au XIIIe siècle, ces miniatures prendront une grande importance aux siècles suivants, et le plus souvent c'est à ces peintures que l'artiste apportera tous ses soins. Vers le même temps, les calendriers accompagnant les livres de prières sont souvent enrichis de petits tableaux reproduisant les travaux de chaque mois et renfermant le signe du zodiaque de ce même mois; déjà connu au XIIe siècle, cet usage s'établit définitivement au XIIIe, et plus tard tout livre d'heures un peu somptueux s'ouvrira ainsi par douze tableaux des plus intéressants pour l'archéologue.

Beaucoup des remarques que nous venons de faire s'appliquent aussi bien aux écoles étrangères qu'à l'école française; toutefois, si les enlumineurs de Paris sont dès le temps de saint Louis les plus habiles et les plus réputés, les autres nations possèdent déjà des artistes experts, qui ont leur manière et leur style, et qui savent créer des œuvres importantes. De l'école allemande nous ne dirons rien, elle est à ce moment visiblement inférieure à celle de France, et les manuscrits les plus célèbres exécutés à cette époque dans les pays de langue ger-

Les Vices et les Vertus. (Manuscrit de la Bibliothèque Mazarine.)

manique paraissent plus curieux que beaux. Tel par exemple le célèbre recueil des poésies des Minnesingers de Rodolphe Manesse. Les enluminures de ce volume, on ne saurait dire les peintures, sont lourdes et de couleurs criardes et heurtées, et le dessin paraît d'autant plus défectueux que la dimension des figures est plus grande. Mais il est une autre école fort importante, dont il nous faut dire un mot, c'est l'école italienne ou pour mieux dire méridionale. Elle se caractérise par l'emploi exclusif de l'écriture ronde dite boulonnaise, et par une ornementation riche et abondante, parfois un peu lourde, mais ayant toujours grand air. Peu de lettres à fond d'or; presque toujours elles sont remplacées par des initiales à larges feuilles de couleurs éclatantes, bleu de roi, amaranthe, pourpre, violet; parfois dans ces lettres initiales on trouve des bustes grotesques, des personnages entiers d'un dessin un peu lourd, mais d'un aspect saisissant. Ces manuscrits, exécutés presque toujours par des libraires italiens ou de nationalité italienne, étaient d'ailleurs extrêmement recherchés en France à cause de leur aspect décoratif. Citons la Bible conservée aujourd'hui à Girone et qui fut vendue par l'abbaye de Saint-Lucien de Beauvais au roi Charles V. Écrite par un certain maître Bernardin de Modène, elle renferme une multitude de lettres à sujets, ainsi disposées : chaque lettre renferme un tableau et dans la marge elle est accompagnée de deux autres médaillons analogues. L'artiste a employé comme fonds soit l'or, soit l'argent; parfois l'or est gravé au fer. Dans les nus, les lumières sont indiquées par un reflet verdâtre, les parties saillantes sont en blanc, les ombres sont marquées en terre de Sienne. Ces deux couleurs, le vert et la terre de Sienne, sont d'un usage constant dans les manuscrits de cette école.

Cette écriture boulonnaise et ce genre d'ornementation furent en grande faveur dans le midi de la France, dans le Languedoc notamment. Le plus ancien manuscrit connu des coutumes de Toulouse est écrit à l'italienne et un dessinateur naïf en a chargé les marges de dessins grossiers, mais fort intéressants, représentant les différents supplices en usage dans le pays. L'exemple ci-dessous suffira pour en donner une idée. Cette école italienne marque les débuts de la renaissance de la peinture dans le sud de l'Europe; la Bible de Girone et nombre de manuscrits analogues offrent déjà les qualités de science dans le dessin, de goût dans le choix des couleurs qui se manifesteront dans les admirables produits des ateliers italiens du XIVe et du XVe siècle.

Tout différents sont les procédés affectionnés par les peintres de l'école française. Voici, semble-t-il, comment ils travaillent; le dessin une fois exécuté à la plume sur le fond de vélin, ils établissent les nus, mains, tête et corps, en marquant les plis de la peau, les saillies des muscles à l'aide de quelques traits légers de couleur noire ou bleuâtre. Les vêtements sont ensuite passés en couleur, à la teinte plate, et, ces teintes plates une fois établies, l'artiste marque les plis par des traits noirs, les lumières par des traits blancs. Le procédé, on le voit, est rudimentaire; il est le plus fréquemment employé. Toutefois, dès le XIIIe siècle, quelques artistes plus habiles, pour marquer les ombres, renforcent la teinte; là où le pli d'un manteau bleu s'enfonce et marque une ombre, ils passeront deux couches. Ce procédé sera universellement suivi au XIVe siècle par tous les peintres dignes de ce nom. Les fonds sont le plus souvent exécutés après l'achèvement des figures, soit que l'artiste y applique de l'or en feuilles ou dissous dans de l'eau gommée, soit qu'il remplisse ce fond avec des quadrillés ou des losangés.

La reliure des volumes de luxe n'est pas moins riche au XIIIe siècle qu'aux époques précédentes. Pour couvrir les évangéliaires, et les missels offerts par un prince à telle église célèbre, on n'épargne ni les métaux de prix, ni les pierreries. On possède un certain nombre de reliures datant du XIIIe siècle, et plusieurs sont des morceaux admirables d'orfèvrerie et de ciselure. Les beaux livres d'église donnés à la Sainte-Chapelle par saint Louis furent dès l'origine garnis de riches couvertures, qui sont longuement décrites dans les anciens inventaires. En voici une encore aujourd'hui subsistante, et qui paraît bien dater du temps de saint Louis : c'est une plaque d'or, sur laquelle se relève une croix enrichie de cabochons et de pierres précieuses ; dans les deux cantons inférieurs, la Vierge et saint Jean délicatement modelés ; dans les cantons supérieurs, deux anges vus à mi-corps, et portant deux globes (le soleil et la lune?). Le cadre était autrefois garni de perles et de gemmes. A la bibliothèque de Sens on conserve une autre reliure assez curieuse ; ici, par exception, les deux ais sont garnis de plaques de cuivre doré et ciselé. Le cadre du premier se compose d'un losangé, chaque losange renfermant une fleur de lis ; aux quatre angles des émaux en taille d'épargne représentant quatre épisodes de l'ancienne Loi ; le centre du plat est occupé par une mince plaque d'argent sur laquelle sont gravées les figures de saint Pierre et de saint Paul. Au revers, même disposition, mais la plaque centrale renferme une grossière Crucifixion en argent, addition du xve siècle ; aux quatre angles du cadre, quatre bustes d'apôtres d'émail en taille d'épargne. Ailleurs, à l'or ou à l'argent on associera les plaques d'émail champlevé à la mode de Limoges, et aux pierres précieuses en cabochons ou aux perles on substituera des intailles antiques souvent fort belles.

Quand on voulait moins de luxe, on employait le cuir plus ou moins travaillé et orné, tantôt bruni, tantôt coloré en rouge ou en vert avec boutons de bronze ou de cuivre. Enfin, dès le xiiie siècle, on trouve mentionnées des couvertures de livres en étoffes plus ou moins précieuses, en soie, en velours de couleur. Dans les grandes bibliothèques de couvents ou de collèges, beaucoup de manuscrits étaient fixés à un pupitre à l'aide de longues chaînes de fer, et certains manuscrits tels que bréviaires ou psautiers sont encore munis d'un crochet en métal permettant au possesseur de le porter agrafé à la ceinture. Enfin on savait dès le XIIIe siècle faire des reliures plus légères permettant de plier facilement et de rouler le volume; l'album de Villard de Honnecourt est ainsi habillé d'une peau mince et résistante et muni d'une courroie d'attache; le célèbre architecte pouvait sans trop de peine rouler le volume et le mettre dans un étui.

Supplice du pilori. (Manuscrit des Coutumes de Toulouse.)

Au XIIIe siècle, le métier de relieur de livres, comme celui de libraire et d'enlumineur, est exercé par des laïques, qui forment des corporations industrielles; à Paris, en 1293, on en comptait dix-sept. Mais certains couvents devaient continuer à faire relier leurs volumes par des moines ouvriers; on a de ce chef nombre de couvertures fort simples, mais solides, qui depuis des siècles protègent et garantissent contre tous les accidents de volumineux manuscrits.

CHAPITRE VII

XIVe ET XVe SIÈCLES : CHARLES V ET JEAN DE BERRY

Au xive siècle paraissent en France les premiers princes vraiment bibliophiles. Les derniers Capétiens de la branche directe possédaient déjà des librairies nombreuses pour le temps, mais qu'étaient ces petites collections, formées au hasard, comparées aux librairies du Louvre, de Jean de Berry, de Louis d'Orléans ou des ducs de Bourgogne? Dans ces dernières, réunies à grands frais et avec méthode, on n'a admis que des volumes de belle apparence ou offrant quelque intérêt. Tous ces princes sont dévots, mais ils aiment à lire leurs prières de chaque jour dans des livres illustrés par les premiers artistes du temps. Ils recherchent avec ardeur les meilleures copies de l'Écriture sainte et des Pères, mais ils ne montrent pas moins de goût pour les grands écrits de l'antiquité, et encouragent les clercs érudits qui mettent à la portée de tous les ouvrages d'Aristote ou de Tite-Live, en les traduisant en langue vulgaire. Non contents de protéger les peintres et les orfèvres de leur temps, ils recueillent pieusement les œuvres plus anciennes, les beaux manuscrits enluminés, les camées, les intailles, les vieilles pièces d'orfèvrerie. Ce sont à la fois des lettrés délicats et de passionnés amateurs.

Cette protection éclairée que trouvent en France les savants et les artistes ne leur fait pas défaut dans les autres pays de l'Europe occidentale; en Flandre, les derniers comtes de la maison de Dampierre et leurs successeurs, les Valois-Bourgogne, en Italie les Visconti et les Sforza, les Carrara et les Scala, les rois de Sicile de la maison d'Aragon, ceux de Naples de la maison d'Anjou, enfin les papes d'Avignon comme ceux de Rome prodiguent leurs encouragements à tous ceux qui s'occupent des choses de l'esprit. Ces goûts délicats sont partagés par les nobles de tous les pays d'Europe, par les bourgeois de Paris comme par ceux de Florence, de Bruges et de Gand, et cette fleur délicate des arts et des lettres arrive à s'épanouir au milieu des guerres les plus cruelles, des luttes civiles les plus atroces. Plusieurs écoles se développent et se constituent : française, flamande, rhénane, enfin italienne; cette dernière, plus robuste, rayonnera plus tard sur l'Europe entière. Au XIVe siècle, c'est la France qui paraît la plus avancée dans cette voie nouvelle, c'est d'elle que nous allons d'abord parler.

Le roi Jean, de funeste mémoire, rachetait en partie son incapacité politique par ses goûts littéraires. Sa mère, Jeanne de Bourgogne, avait encouragé les savants et les lettrés; à sa requête, Jean de Vignay avait traduit le *Miroir historial* de Vincent de Beauvais, les évangiles et les épîtres de l'année. Les livres recueillis par cette princesse trouvèrent plus tard asile dans la librairie du Louvre. Elle transmit ces goûts délicats à son fils; avant même de monter sur le trône, Jean possédait déjà quelques volumes richement illustrés. Devenu roi, il décide Pierre Bersuire à traduire les Décades de Tite-Live et fait commencer par maître Jean de Sy une version française de la Bible, travail considérable qui, interrompu par le désastre de Poitiers, devait plus tard être repris par les écrivains de Louis et de Charles d'Orléans et rester toujours inachevé. Le roi Jean entretenait des copistes et des enlumineurs; on connaît deux de ces derniers, Jean de Montmartre et Jean Suzanne; celui-ci recevait par jour 2 sous parisis de gages, et 100 sous par an pour ses robes. Certains volumes précieux suivaient le roi partout; à Poitiers, les Anglais trouvèrent dans les bagages du vaincu une belle Bible historiale que le comte de Salisbury racheta aux pillards, elle est aujourd'hui au Musée Britannique, et un magnifique exemplaire des Miracles de la Vierge, de Gautier de Coincy, qui, racheté par Charles V, fut plus tard donné par Charles VI à son oncle de Berry; il appartient aujourd'hui au séminaire de Soissons. Prisonnier des Anglais, le roi Jean se console en lisant et en achetant des livres; il fait relier des manuscrits par des ouvriers anglais, et commande le livre des *Déduits de la chasse* à Gace de la Bigne. Ses livres et ceux de sa femme, Bonne de Luxembourg, entreront bientôt à la librairie du Louvre.

Cette librairie ne fut pas la plus considérable de l'Europe au XIVe siècle, comme on l'a trop souvent répété, — les collections de la Sorbonne et d'Avignon comptaient un bien plus grand nombre de volumes, — mais par contre elle fut la mieux composée, la plus soigneusement constituée. Charles V était fin lettré et grand clerc; par goût personnel il aimait les beaux manuscrits à peintures, élégamment écrits, et il recueillait volontiers les anciens livres, soit à titre de souvenirs de famille, soit pour la beauté de la main ou la richesse de l'illustration. Mais, plus sage que certains bibliophiles de nos jours, sans dédaigner la décoration extérieure, il préférait le contenu au contenant. Ce prince voulut, semble-t-il, former une bibliothèque encyclopédique et rassembler les principaux ouvrages tant du moyen âge que de l'antiquité. Mais beaucoup de ces ouvrages, écrits en latin, n'étaient pas accessibles à tous les lecteurs; Charles V, suivant l'exemple de sa grand'mère et de son père, fit traduire en français les traités les plus usuels. On connaît les noms de plusieurs des traducteurs employés par lui, et quelques-uns sont encore célèbres : tels Nicole Orësme, doyen du chapitre de Rouen, qui mit en français plusieurs ouvrages d'Aristote, et Raoul de Presles, traducteur de la *Cité de Dieu.* D'autres, moins connus, méritent cependant qu'on cite leur nom : Jean Golein, traducteur d'une foule d'ouvrages dont l'*Information des princes*, le *Rational* de Guillaume Durand, les *Collations* de Cassien, les *Chroniques* de Guillaume, évêque de Burgos, et plusieurs ouvrages de Bernard Gui; Jean Corbichon, auteur d'une version du livre des *Propriétés des choses*, de Barthélemi de Glanville; Simon de Hesdin, qui le premier mit en français l'ouvrage de Valère-Maxime; Denis Foulechat, traducteur du *Polycraticon* de Jean de Salisbury, etc.

Charles V connaissait fort bien la langue latine; en commandant ces traductions richement payées (Nicole Oresme toucha 200 francs d'or pour celle des *Politiques* et des *Économiques* d'Aristote), ce prince voulait mettre à la portée de tous des ouvrages dont il connaissait la valeur et dont parfois il s'inspirait dans ses actes politiques. Il aimait les livres et les réunissait à grands frais, mais il n'était pas avare de ses trésors. Les notes mises à l'inventaire de la librairie du Louvre montrent avec quelle libéralité il prêtait ses manuscrits, et beaucoup d'emprunteurs peu scrupuleux ne rendirent jamais ceux qu'on leur avait communiqués. Souvent même c'était plus qu'un simple prêt, c'était un don; le collège de maître Gervais à Paris, les Dominicains de Troyes reçurent ainsi plus d'un manuscrit de valeur; d'autres furent offerts par le roi aux membres de la famille royale, à de nobles étrangers, à des officiers de sa maison, à des savants.

La librairie du Louvre occupait trois étages de l'une des

tours de cette résidence royale, reconstruite par Raimond du Temple. Les murailles étaient lambrissées de bois d'Irlande (on appelait ainsi au moyen âge les essences résineuses du nord), et la voûte revêtue de bois de cyprès. Les portes, solides et massives, avaient trois pouces d'épaisseur; des treillages, en fils d'archal, placés aux fenêtres, défendaient les livres des insectes et des oiseaux. Enfin des roues ou bibliothèques tournantes, des lutrins en bois précieux, des sièges permettaient aux visiteurs de consulter les volumes sur place. Ces volumes, au surplus, étaient pour la plupart de format maniable; si certains ouvrages à peintures ont encore de grandes dimensions, beaucoup d'autres sont déjà de taille moins exagérée. On a par exemple deux copies différentes des traductions d'Aristote par Nicole Oresme : l'une, de grand format, en deux énormes volumes, l'autre commandée à Raoulet d'Orléans en 1376, de taille beaucoup plus exiguë et bien moins encombrante. Le fait vaut la peine d'être noté; seul il suffirait à prouver que pour Charles V les livres n'étaient pas un objet de vaine curiosité, qu'il aimait à les feuilleter et à les lire.

Un mot maintenant de la composition de la librairie du Louvre. En fait de théologie, peu de scolastiques ou de sermonnaires, mais par contre beaucoup de livres de dévotion et de liturgie et plusieurs copies de la Bible plus ou moins ornées. Le droit est assez mal représenté; à noter seulement quelques coutumiers, des traductions du Décret et des Décrétales, du *Corpus juris* et de divers commentateurs célèbres, Tancrède de Bologne, Guillaume Durand, etc. — La section des sciences et arts est plus importante; on y remarque plusieurs grandes compilations encyclopédiques, le *Timée* de Platon, divers ouvrages d'Aristote, de Sénèque, de Boèce, de Jean de Salisbury, de Gilles de Rome, etc., nombre de traités de sciences exactes (géométrie et astronomie), de médecine, de sciences naturelles, d'astrologie et de divination.

En fait d'histoire, beaucoup de textes français; des traductions des grandes compilations du moyen âge, de Josèphe, de la Légende dorée, de quelques vies de saints, de Tite-Live, des chroniques en vers, les Vies de saint Louis par Joinville et par le confesseur de la reine Marguerite; plusieurs ouvrages sur les croisades et quelques livres de voyages, dont un Marco Polo. La littérature était représentée par une foule de chansons de geste et de romans d'aventures, des chansons satiriques, les œuvres de Rutebeuf, de Watriquet, etc.

Tous ces livres, en somme, sont en langue latine ou française; aucun n'est en langue grecque. Charles V possédait d'autre part une riche collection de manuscrits hébraïques. Jusqu'en 1372, ces volumes, confisqués probablement sur les Juifs au XIIIe siècle ou au début du XIVe, restèrent déposés au Trésor des chartes, à la Sainte-Chapelle; à cette date le roi les fit apporter au Louvre; les moins beaux furent prêtés aux juifs de Paris; le roi garda les meilleurs pour sa librairie, et en fit remettre quelques autres à son astronome, Thomas de Bologne, père de Christine de Pisan.

La librairie du Louvre, au temps de sa plus grande splendeur, comptait environ 1200 volumes, sans y comprendre ni les manuscrits existant dans différentes résidences royales : Vincennes, Beauté-sur-Marne, etc., ni les volumes liturgiques des chapelles du prince, dont beaucoup étaient de vrais joyaux. Bon nombre des manuscrits réunis par Charles V étaient plus anciens que lui, et avaient été exécutés pour différents princes et princesses de la famille royale; d'autres appartenaient déjà à ce souverain avant son avènement à la couronne; beaucoup enfin lui avaient été offerts par des seigneurs, des prélats ou des littérateurs du temps. Enfin les armoiries et les noms, relevés sur les volumes mêmes par les rédacteurs des anciens inventaires, prouvent que Charles V n'avait négligé aucune occasion d'accroître sa bibliothèque, soit par achat, soit par confiscation ; il fit par exemple porter au Louvre les livres du comte de Saint-Pol, tombé en disgrâce, ceux du médecin Jean de Marigny, exécuté en 1377, enfin ceux de Jacques de Rue, ministre de Charles le Mauvais, roi de Navarre.

Mais beaucoup des manuscrits du Louvre avaient une provenance plus légitime ; quelques-uns avaient été acquis à prix d'argent (une Bible de Saint-Lucien de Beauvais par exemple et trois volumes de vies de saints, cédés par les Dominicains de Venise), beaucoup aussi avaient été exécutés aux frais du roi par divers copistes. On connaît les noms de plusieurs de ces écrivains ; les deux plus célèbres sont Henri de Trévou et Raoulet d'Orléans. Au premier on doit plusieurs travaux considérables exécutés de 1373 à 1394 ; son écriture, ferme et élégante, est facilement reconnaissable. Plus élégante encore est celle de Raoul ou Raoulet d'Orléans. M. Delisle a noté treize volumes transcrits par ce copiste émérite, de 1367 à 1396, et ce ne sont probablement pas les seuls qu'il ait exécutés durant ces trente années. Parmi ces volumes on doit mentionner une Bible offerte à Charles V par Jean Vaudetar (1372), aujourd'hui chez le baron de Westreenen ; dans la souscription de ce manuscrit, qui compte plus de 2 300 colonnes, Raoulet déclare avoir déjà copié trois bibles et demie. Cet écrivain travaillait surtout pour des princes, Charles V et Louis d'Orléans, mais de simples particuliers réclamaient parfois ses services, par exemple un émailleur, Jean de Langres, qui lui commanda en 1372 une belle copie du *de Consolatione* de Boèce en français.

On a moins de renseignements sur les enlumineurs employés par Charles V ; on connaît un certain Jean le Noir et sa fille Bourget, qui quittèrent en 1358 l'hôtel de la comtesse de Bar pour entrer au service du dauphin, duc de Normandie. D'autre part Jean de Bruges, peintre du roi, a signé en 1372 une belle peinture, en tête de la

Bible de Jean Vaudetar citée plus haut. Cette peinture, reproduite par Labarte, dans l'*Inventaire du mobilier de Charles V*, représente ce prince, assis sous un dais fleurdelisé et recevant le volume que lui présente Jean Vaudetar, à genoux. Comme fond, une tenture bleue aux armes de France; sur le sol, un tapis ou une mosaïque, noir, blanc et vert. Les personnages sont vêtus d'étoffe blanche, les chairs sont marquées en bistre avec légers rehauts de teinte rose. La facture de cette peinture est lourde, le dessin peu correct, mais on y sent un grand effort pour rendre la nature, et le portrait du roi, avec son nez démesuré et ses grosses lèvres, paraît assez exact et est très vivant. On a d'autres portraits peints de Charles V; parfois ce sont des œuvres insignifiantes et sans caractère, mais souvent aussi l'artiste a rendu avec bonheur les principaux traits de cette physionomie, un peu lourde, mais très accentuée.

Les miniaturistes de Charles V sont en somme mal connus; mais l'examen de quelques-uns des volumes de ce prince prouve qu'il employait surtout des peintres de l'école française. Le plus souvent, en tête du volume figure une grande peinture, religieuse ou profane, avec vignette élégante et cadre de couleur; au bas, deux lions ou deux anges, servant de tenants à l'écu de France. Le corps du volume est abondamment illustré de miniatures grandes ou petites dont les sujets sont empruntés au texte de l'ouvrage : saints et martyrs dans la Légende dorée, scènes de l'histoire romaine dans le Tite-Live de Bersuire, allégories politiques dans les œuvres d'Aristote. Dans l'exemplaire de la *Politique* possédé aujourd'hui par le comte de Wasiers, la peinture du livre V, par exemple, nous raconte l'histoire d'une conspiration; dans le premier tableau, le roi légitime est à table avec la reine : on vient l'avertir des trames qu'ourdissent ses sujets; plus loin ceux-ci s'entretiennent mystérieusement; c'est, dit la légende, *Sédicion ou conspiration occulte.*

Bientôt, le complot a réussi; le roi légitime est en prison et discute avec un des révoltés; cependant le démagogue, armé de toutes pièces, l'épée au poing, *prêche au peuple contre le prince*. On reviendra plus tard sur la valeur et le mode d'exécution de ces peintures; beaucoup sont de simples grisailles ou camaïeux, et nombre de volumes, commandés par Charles V, renferment la fameuse bande tricolore, bleu, blanc et orange, dont on a fait longtemps la *livrée* de ce prince. On croit aujourd'hui que c'était un ornement favori des enlumineurs parisiens; il paraît dans des manuscrits antérieurs à Charles V et se retrouve dans des volumes écrits après la mort de ce prince.

Le sort de cette librairie du Louvre formée avec tant d'amour fut en somme lamentable. Charles VI aimait les livres et le diligent bibliothécaire du défunt roi, Gilles Malet, fut par lui confirmé dans sa charge et la garda jusqu'en 1411. Dans l'inventaire dressé à cette dernière date, sont même notés 210 volumes, ajoutés depuis trente ans au fonds primitif. Mais dès lors les princes du sang, oncles, frère et cousins du roi, et la reine Isabeau pillaient à discrétion ce précieux dépôt et, une fois sortis, les volumes ne rentraient plus. Bien plus, le roi lui-même puisait dans la librairie les cadeaux destinés à des princes étrangers et à des serviteurs; en un mot, comme le trésor public, elle est mise au pillage durant le long règne de ce prince insensé. Une fois Charles VI mort, la situation s'empire encore; en 1424, on dresse l'inventaire et la prisée des 800 volumes subsistants; l'estimation monte à 2 300 livres, et le duc de Bedford, régent de France et d'Angleterre, prend possession du tout, l'année suivante, pour le prix de 800 livres. Transportés plus tard en Angleterre ou à Rouen, les débris de cette admirable collection seront définitivement dispersés après 1435, date de la mort du dernier possesseur. Des recherches prolongées ont permis à M. Delisle de retrouver environ 70 volumes ayant appartenu à Charles V ; les autres ou bien ont péri en Angleterre durant la guerre des Deux-Roses, ou gisent encore aujourd'hui ignorés dans des bibliothèques mal connues.

La collection formée par l'un des frères de Charles V, Jean de Berry († 1416), n'eut pas un meilleur sort. Ce prince a laissé un assez mauvais renom ; avide et peu cou-

L'enlèvement des Sabines.
(Manuscrit de Charles V, à la bibliothèque Sainte-Geneviève.)

rageux, il fut toujours impopulaire. Sans tenter son apologie, on doit reconnaître que plus encore que Charles V, Louis d'Anjou ou Louis d'Orléans, il se montra le protecteur des lettres et des arts. Des princes de la maison de Valois, les uns aimaient surtout les livres, d'autres préféraient les objets d'art, les constructions pompeuses, les fêtes brillantes, Jean de Berry fut plus éclectique, il aima tout ce qui était beau : livres, objets d'art de toute espèce, somptueux monuments, curiosités. Il est resté le type le plus parfait du collectionneur ; quand on lit ses comptes ou les inventaires de son trésor, quand on feuillette ses manuscrits, on devine sans peine pourquoi il eut de grands besoins d'argent, pourquoi il mourut insolvable.

La librairie du duc de Berry, dont l'inventaire a été publié en dernier lieu par M. Delisle, n'était pas aussi considérable que celle de Charles V, mais elle était bien supérieure à cette dernière pour le choix des auteurs et la beauté des exemplaires. Beaucoup des livres qu'elle renfermait avaient été donnés au duc par des princes ou seigneurs du temps, ou bien lui avaient été offerts par ses familiers, qui connaissaient le meilleur moyen de capter ses bonnes grâces, mais beaucoup aussi avaient été commandés par lui aux meilleurs artistes du temps. En effet, au rapport de Christine de Pisan, Jean de Berry aimait à s'entourer de gens instruits et de clercs ; comme les princes italiens du XIVe et du XVe siècle, il retenait à sa cour de Bourges ou à son château de Bicêtre les artistes étrangers ; ses familiers, quand ils voyageaient à l'étranger, s'informaient des ouvriers experts en telle ou telle branche de l'art et cherchaient à les attirer en France pour le compte de leur maître. Les livres exécutés pour le duc Jean se reconnaissent à plusieurs marques ; le plus souvent les encadrements portent les armes du prince : *de France à la bordure engrêlée de gueules*, son chiffre : V et E entrelacés ; sa devise : *Le temps venra* ; ses animaux symboliques : le cygne et l'ours. Sur ceux qui lui étaient offerts ou qu'il prenait dans la bibliothèque de son neveu, Charles VI, il mettait sa signature : *Jehan*, ou confiait à son secrétaire, Jean Flamel, le soin d'écrire une note d'origine.

Tout ce luxe, dont s'entourait le noble prince, coûtait

fort cher. De là une impopularité qui fut fatale aux collections du duc de Berry. Durant la révolte cabochienne, le palais de Bicêtre fut pillé et détruit par la plèbe parisienne, et en 1416 il fallut, pour solder les dettes du duc, vendre la bibliothèque à l'encan ; c'est ainsi que se dispersa la plus belle collection de manuscrits qu'on eût vue jusque-là. Le temps, il est vrai, l'a moins maltraitée que celle du Louvre. La plupart de ces volumes étaient tellement riches, si bien écrits et si brillamment illustrés qu'ils ont été soigneusement recueillis par les plus grands princes du temps ; aujourd'hui encore beaucoup font l'ornement des plus belles bibliothèques publiques ou privées de l'Europe.

On ne connaît pas les noms de tous les artistes employés par Jean de Berry ; en fait d'enlumineurs, trois sont mentionnés par l'inventaire de la librairie : André Beauneveu, auteur d'une partie du Psautier de la Bibliothèque nationale, dont on reparlera tout à l'heure ; Pol de Limbourg et Jacquemart de Hesdin, auxquels on a attribué avec quelque vraisemblance une partie des Grandes Heures (lat. 919 de la Bibliothèque nationale) et du livre d'heures de Chantilly. Ces artistes, le nom l'indique pour deux d'entre eux, se rattachent à l'école flamande, mais deux manuscrits offerts à Jean de Berry par son trésorier général, Martin Gouge, et par l'évêque de Chalon, appartiennent certainement à l'école italienne. Nous voulons parler des deux admirables Térence de la Bibliothèque nationale et de l'Arsenal. L'écriture de ces deux volumes est française, les anciens inventaires l'appellent *lettre de forme*, mais les peintures qui les accompagnent, dues peut-être à la même main, sont certainement italiennes. L'artiste sait déjà créer des types ; les personnages de Térence, tels qu'il les représente, sont des élégants, des bourgeois, des paysans, des dames nobles du XIVe siècle, mais dans chaque pièce, chacun des personnages conserve dans toutes les peintures, le costume, la physionomie, le caractère qu'il a reçus une première fois; bien plus, le miniaturiste s'est fait expliquer le sujet des comédies et a traduit avec assez de bonheur les principales situations exposées par le poète latin. Il y aurait encore bien des remarques à faire sur les anciens inventaires du duc de Berry, elles viendront plus loin, quand il sera question de l'illustration et de la reliure des volumes au xiv⁰ siècle.

Les autres princes de la maison de France, Louis d'Anjou, Louis d'Orléans et Charles VI, fils de Charles V, enfin Philippe le Hardi, duc de Bourgogne, aimèrent tous plus ou moins les livres. Louis d'Orléans fut le premier créateur de la librairie de Blois, noyau primitif de notre Bibliothèque nationale; Philippe le Hardi rassembla beaucoup de volumes, son fils et surtout son petit-fils devaient en accroître fort le nombre, enfin les goûts délicats de la famille d'Anjou sont bien connus; cette branche de la maison de France ne devait-elle pas produire plus tard le célèbre roi René?

Au surplus, les princes français ne sont pas les seuls en Europe à aimer les lettres et les arts. En Angleterre, Édouard III, l'infortuné Richard II, Henri IV, le duc de Bedford protègent et encouragent les peintres et les écrivains. En Italie, se fondent ces petites principautés qui, si fatales à l'avenir du pays, devaient rendre des services signalés à la civilisation. L'Allemagne et l'Espagne restent un peu en retard, déchirées qu'elles sont par les guerres civiles et l'anarchie; toutefois, en Allemagne naît et se développe l'école de Cologne, dont l'influence s'exercera sur les miniaturistes, et en Espagne, si l'art national reste languissant, on recherche les œuvres venant de France, de Flandre et d'Italie. Enfin les chefs nominaux de la chrétienté, les papes, se font dès lors gloire de protéger les bonnes lettres.

Boniface VIII avait, à la fin du xiii⁰ siècle, formé une remarquable collection de manuscrits d'histoire, de droit et de théologie; elle fut pillée à Anagni en 1303, et les débris, déposés à Assise, en ont entièrement disparu. Les papes d'Avignon s'évertuèrent à réparer cette perte, et parvinrent à composer une librairie de premier ordre, qui sous le pontificat d'Urbain V comptait plus de 2 000 volumes. La composition de la librairie d'Avignon convenait au caractère sacré des fondateurs; c'était avant tout une bibliothèque ecclésiastique; on y trouvait surtout des ouvrages de théologie, de droit et de sciences; la littérature latine y tenait peu de place, et les ouvrages frivoles en langues vulgaires y faisaient entièrement défaut. Aussi ne saurait-on mettre cette volumineuse collection de pair avec les librairies de Charles V et du duc de Berry; elle n'en était pas moins de premier ordre, et les débris qui en subsistent encore aujourd'hui rendent chaque jour des services aux érudits. Ces débris sont à la Bibliothèque nationale; emportée par Benoît XIII dans sa retraite de Peniscola, la librairie d'Avignon y resta jusqu'en 1429; elle fut remise alors aux commissaires du pape de Rome, en même temps que les archives du saint-siège; ces dernières furent portées à Rome, mais les livres restèrent aux mains du cardinal de Foix, qui en dota quelque vingt ans plus tard le collège de ce nom à Toulouse. C'est là que Colbert trouva et acquit pour un prix dérisoire environ 320 volumes, dernier reste de l'ancienne bibliothèque pontificale.

Ces goûts élevés sont partagés par le haut clergé, la noblesse et la bourgeoisie riche. Beaucoup des prélats, dotés d'opulents bénéfices par les papes ou les rois, sont des pasteurs plus ou moins diligents, mais la plupart s'occupent autant de littérature que d'intrigues politiques. Si nombre de capitaines et de chefs de guerre sont des gens grossiers et ignorants, beaucoup aussi ne dédaignent pas les choses de l'esprit et lisent volontiers des chroniques françaises, des poésies d'amour, des traités de dévotion et surtout des romans de chevalerie et d'aventures. Enfin magistrats, avocats en parlement, praticiens, riches marchands, presque tous aiment à lire les livres profanes et sacrés, rivalisent de luxe avec les princes et emploient les meilleurs miniaturistes pour leurs manuscrits comme les meilleurs sculpteurs pour leurs tombeaux.

Le *Philobiblon* de Richard de Bury, évêque de Durham, chancelier d'Angleterre au temps d'Édouard III, est un curieux monument de ces préoccupations littéraires. L'ouvrage, écrit en latin, est d'un style affecté, mais l'auteur s'y montre ami passionné des livres et ennemi également passionné des ignorants et des mauvais clercs. Pour lui les livres sont des êtres vivants, qui souffrent quand on les maltraite, quand un écolier négligent, malpropre ou indiscret, les tache avec ses doigts, les remplit de fleurs ou de fétus de paille ou charge leurs marges d'annotations impertinentes. Pour le savant évêque, tous ceux qui négligent et méprisent les livres sont des ennemis personnels; il faut en éloigner les femmes qui leur préfèrent les objets de toilette, les enfants dont les doigts humides saliraient les précieuses enluminures. Il raconte, non sans naïveté, comment il se faisait offrir des livres par les plaideurs; c'était à ses yeux le meilleur moyen de sauver de précieux manuscrits de la crasse et de la poussière où ils gisaient dans les couvents en décadence. Les moines, en effet, bénédictins et mendiants, sont devenus les grands ennemis de la science; Richard de Bury ne tarit pas en invectives contre les représentants dégénérés des vieux instituts de Saint-Benoît, de Saint-François et de Saint-Dominique; aux livres écrits avec tant d'amour par leurs pieux prédécesseurs, ceux d'aujourd'hui, dit-il, préfèrent de grossiers plaisirs; ils passent leur temps dans la bonne chère et dans des plaisirs encore plus répréhensibles; attachés à leurs intérêts temporels, ils négligent le soin de leur âme et la culture de leur esprit.

Ces reproches passionnés semblent malheureusement avoir été mérités. Le XIVe siècle est une époque de décadence générale pour les études ecclésiastiques. Cette décadence a déjà frappé au XIII siècle les anciennes abbayes bénédictines ; cent ans plus tard elle atteint les ordres mendiants, et les universités elles-mêmes n'y échappent pas ; l'enseignement languit, devient de plus en plus routinier et aride, la vie commence à se retirer de ces grands corps jadis si florissants. Toutefois il ne faudrait pas trop généraliser. Les anciennes abbayes sont en pleine décadence, les études ont faibli dans les universités, mais, d'une part, beaucoup de maisons renommées échappent à la règle générale, conservent pieusement leurs collections littéraires, et, d'autre part, si le niveau général des études dans les grands centres d'instruction a baissé, beaucoup de bons esprits savent travailler isolément et s'élever au-dessus du médiocre.

En un mot, au XIVe siècle, l'effort individuel triomphe déjà de la routine et de l'esprit d'imitation. Ce mouvement remarquable n'est pas moins sensible dans l'art que dans la science. Au XIIIe siècle, les peintures des manuscrits, malgré un effort pour rendre la nature, sont encore des plus banales, et reproduisent des types reçus, figures insignifiantes, attitudes convenues, etc. Au XIVe, le progrès est grand et se marque surtout vers 1350 ; les manuscrits exécutés pour le roi Jean sont encore ornés à la mode du temps de saint Louis ; le dessin est meilleur, l'ornementation plus riche, mais les procédés sont restés à peu près les mêmes. Trente ans plus tard, les artistes ont fait des progrès étonnants, et on ne saurait comparer aux miniatures du bréviaire de Belleville, si fines qu'elles soient, les admirables peintures d'André Beauneveu ou de Pol de Limbourg.

Les livres de luxe sont toujours composés de feuillets de parchemin et affectent toujours la forme de *codex* ; le rouleau sert encore pour certains documents administratifs : enquêtes, comptes, etc., mais rarement pour des manuscrits proprement dits. On connaît pourtant quel ques rôles renfermant soit des recueils de prières, avec petits dessins, soit des tableaux chronologiques et des traités de sciences. La bibliothèque de Sens possède un rouleau liturgique de ce genre, et celle de l'Arsenal à Paris conserve des tableaux théologiques et chronologiques transcrits sur une longue bande de parchemin et illustrés de grossiers dessins. Beaucoup de manuscrits du xiv° siècle sont sur papier encarté de parchemin, mais cette matière, jugée peu durable, n'est jamais employée pour les ouvrages de luxe, richement illustrés ; à vrai dire ce papier solide, mais rugueux et inégal, ne se prêtait guère à la gouache ; on s'en sert pour les ouvrages scolaires, les cahiers de classes, les recueils d'un usage journalier. Il en sera de même jusqu'au xvii° siècle. Le parchemin, généralement bien préparé, garde presque toujours sa couleur naturelle. Les inventaires mentionnent parfois du parchemin *azuré*; faut-il y voir de la peau teinte en bleu, ou cette épithète vient-elle de la réglure de couleur bleuâtre? On ne saurait rien décider à cet égard. Notons toutefois à titre exceptionnel l'emploi de parchemin teint en noir, sur lequel on a écrit en lettres d'argent; le Louvre possède un feuillet provenant d'un office des morts, écrit de la sorte sur parchemin mortuaire. A mesure qu'on approche du xv° siècle, le parchemin des ouvrages de luxe devient plus blanc et plus égal, et dans les livres du duc de Berry, on n'a admis que des feuillets absolument irréprochables : la réglure dans ces mêmes manuscrits est souvent indiquée par des traits de couleur à l'encre bleue ou rougeâtre; l'usage sera constant au siècle suivant.

Les deux écoles d'écriture, dont nous avons constaté l'existence au xiii° siècle, continuent à fleurir; d'une part l'ancienne minuscule française, qui dégénère de plus en plus en gothique, et l'écriture du midi de l'Europe ou boulonnaise. Si la gothique affecte parfois des formes trop maniérées et trop aiguës, si les ornements accessoires s'y multiplient d'une façon inquiétante, les bons copistes conservent dans cet excès une certaine mesure, et parfois ils savent, notamment dans les chartes, créer avec de simples traits de plume de véritables chefs-d'œuvre de grâce et d'élégance. Il y a loin au surplus de cette gothique soignée à l'affreuse écriture cursive ou diplomatique qu'emploient les scribes administratifs; dès le xive siècle, la lecture de certains docu-

Chevaliers se rendant au tournoi.
(D'après une miniature d'environ 1320.)

ments devient difficile, et cent ans plus tard ces mêmes documents seront parfois indéchiffrables : traits à peine formés, abréviations multiples et arbitraires, tout se réunira pour fatiguer et arrêter l'œil. L'écriture boulonnaise, en apparence plus nette, n'est pas en réalité d'une lecture plus aisée; les lettres s'y pressent, s'y enchevêtrent, les abréviations sont souvent mal placées et trop uniformes. En un mot, la plupart des copistes méritent les reproches que Pétrarque leur adresse quelque part.

En même temps, les manuscrits deviennent moins corrects : les textes en langue vulgaire, que les copistes comprennent à peu près, sont encore passables. Mais pour ceux en latin, il n'en va plus de même. Les scribes sont ignorants ; pressés d'ailleurs d'achever leur tâche, ils ne se donnent pas la peine de comprendre le sens exact des abréviations qu'ils reproduisent. Ce désordre ira en augmentant jusqu'au milieu du xve siècle. De plus, non seulement les copistes transcrivent mal le latin, mais beaucoup ne traitent pas mieux les textes français. Tel ce Breton, Raoul Tainguy, qui exerçait la profession d'écrivain à Paris sous le règne de Charles VI ; c'était un zélé partisan de la faction d'Orléans, un ennemi acharné du populaire, enfin un Breton bretonnant. Copie-t-il Froissart, il interpole audacieusement le texte ; éloges des Bretons cités par le choniqueur, listes de noms de chevaliers originaires de sa province, injures pour les manants qui osent secouer le joug de la noblesse, il se permet toute sorte d'additions qui, fort amusantes à relever, diminuent grandement la valeur des copies exécutées par lui. Étant données les habitudes de ce scribe infidèle, on a pu se demander s'il n'avait pas eu l'audace de mettre sous le nom d'Eustache Deschamps des pièces de son cru. Le cas serait d'autant plus grave que des œuvres du célèbre poète, nous ne possédons plus que la copie exécutée par ce même Tainguy.

Les copistes du xive siècle sont donc moins diligents que leurs prédécesseurs. Par contre leurs confrères, les enlumineurs, ont plus de savoir-faire et un goût plus pur que ceux des temps plus anciens. L'ornement consiste toujours en lettres ornées, à dessins ou à peintures, en vignettes marginales, enfin en peintures de grandes dimensions. La lettre historiée prend de jour en jour plus d'importance ; autrefois elle était de dimensions exiguës et renfermait un petit tableau, aujourd'hui ce sont de vraies peintures, occupant une étendue notable du feuillet. Dans certains cas, l'enlumineur revient aux traditions anciennes, les différentes parties de la lettre initiale sont formées de personnages élégamment dessinés et coloriés; dans une charte de Charles V, la première lettre, un K, sera composée ainsi que suit : le roi debout, le bras levé, remet une croix à un personnage agenouillé devant lui. Ailleurs, la première lettre du contrat de mariage de Jean de Berry et de la comtesse de Boulogne (1389), un A, représente les deux conjoints se donnant la main ; auprès d'eux sont leurs armes peintes.

Souvent aussi l'initiale se compose uniquement de rinceaux de couleur, et l'effet en est alors bien supérieur à celui des vieilles lettres torneures. En voici un type très courant au XIVe siècle : fond d'or encadré de filets de couleurs claires, sur lequel serpentent des rinceaux de vigne, bleus, roses et blancs. Le tout est fort élégant et convient aussi bien aux manuscrits de grand luxe qu'aux volumes plus ordinaires; ces lettres se retrouvent dans des manuscrits courants de théologie et dans le fameux bréviaire de Bedford. Enfin on emploie encore, en France et en Allemagne, la lettre polychrome sans or ; en Allemagne, le jaune et le vert dominent, en France le bleu et le rouge. En Italie, on préfère la lettre initiale à larges feuilles de couleurs éclatantes : pourpre, bleu intense, rouge clair; à chaque lettre est associé un ornement marginal du même genre, formant rinceau. Cette lettre sera d'un grand usage dans les pays du sud de l'Europe jusqu'au XVIe siècle. Souvent aussi, dans ces larges volutes, on loge des bustes, tantôt imités de la nature, tantôt grotesques. Ces médaillons sont parfois imités de l'art antique; ce sont alors, comme à l'époque carolingienne, des copies fidèles de monnaies, de camées ou d'intailles. Bien exécutées, ces lettres sont d'un bel effet, et peuvent soutenir la comparaison avec les meilleures initiales de l'école française.

En France, on trouve également des lettres en grisaille, c'est-à-dire à la plume, avec quelques rehauts de couleurs claires. Telles sont les initiales qui ornent une fort belle Bible historiale écrite par Raoulet d'Orléans pour Charles V et aujourd'hui à la bibliothèque de l'Arsenal. La plupart sont composées de personnages fantastiques ou grotesques, dont le corps forme la panse ou la haste de la lettre; cette opposition de teintes grises plus ou moins foncées produit un excellent effet, qu'accentuent encore de légères taches de couleurs plus brillantes, posées çà et là avec discrétion.

Le dessin en grisaille est aussi employé pour l'ornementation des marges. Mais ici il se combine avec des éléments très variés. En général, dans les manuscrits luxueux, chaque grande initiale du texte sert d'appui à un ornement posé dans la marge. De plus, parfois à chaque page, plus souvent au premier feuillet du manuscrit, ou en tête de chaque livre de l'ouvrage, on trouve de larges bandes d'ornements composées de rinceaux et de fleurs, or, bleu, rouge et vert. Ici c'est une vigne qui court capricieusement sur le vélin; dans les rinceaux se perchent des oiseaux aux couleurs éclatantes, nichent des animaux fantastiques ou réels, des êtres monstrueux, sorte de centaures ou d'hydres. Ailleurs ce sera toute une floraison aux tons éclatants, des hampes élancées, portant des rameaux chargés de fruits et de fleurs. Les artistes qui ont imaginé ce ravissant décor en ont varié encore l'effet à l'infini, en mêlant à cette végétation, réelle de forme, fantastique de teinte, les armoiries, le chiffre, l'emblème ou la devise du premier possesseur du manuscrit. Parfois encore ces rameaux supportent des médaillons, renfermant des bustes ou des sujets traités avec finesse, des anges jouant de la musique, portant des palmes, etc. C'est surtout pour accompagner les grandes compositions, qui ouvrent les manuscrits somptueux, que les décorateurs déploient toute leur ingéniosité; la partie inférieure du feuillet, toujours la plus ornée, reçoit soit des ornements végétaux plus abondants, soit des scènes complètes empruntées à l'histoire antique (telle la légende de Cacus, dont nous donnons ici un fragment), à l'histoire sacrée ou encore à la comédie animale, dont le poème du *Renard* est l'expression la plus complète. C'est surtout ici qu'ils emploient la grisaille, pour le dessin soit des tenants de l'écu qui occupe le milieu de l'écu, soit des personnages imaginaires semés sur le vélin.

La peinture, au XIVe siècle, est de plus en plus réaliste. Le mouvement qui, dès le XIIIe siècle, entraînait les

Légende de Cacus.

artistes vers l'étude de la nature, est devenu irrésistible, et les miniaturistes, connus ou inconnus, appartiennent tous à la grande école qui a produit les admirables sculptures de Dijon. Sans doute les simples praticiens se montrent encore inhabiles à rendre la physionomie humaine, ils ne savent pas en noter exactement les traits et l'expression, et leur goût pour la réalité se marque surtout dans la reproduction servile des costumes et des objets usuels qu'ils ont sous les yeux. Mais qu'on ait affaire à de vrais artistes tels que le célèbre André Beauneveu, et aussitôt tout change. Le nu est encore traité avec une certaine maladresse, mais l'artiste sait déjà rendre avec une énergie peu commune les traits de ses personnages, choisir ses types, les varier, donner l'illusion de la vie, rendre le mouvement des draperies et indiquer les ombres et les lumières. A cet égard, le xiv.ᵉ siècle marque un progrès immense sur les temps plus anciens.

C'est alors en effet que le portrait paraît. Tout le monde connaît celui du roi Jean; mais cette œuvre dure et maladroite est bien inférieure à quelques miniatures représentant des princes de la maison de Valois. Grâce à elles, on connaît exactement la physionomie de Charles V : figure pleine, menton en galoche, nez démesuré. Une belle peinture d'André Beauneveu (Heures de Bruxelles) fait revivre avec une intensité extraordinaire le célèbre Jean de Berry : joues glabres, lèvres saillantes et serrées, gros nez, front et tempes dénudés; la figure n'est pas belle et l'artiste n'a point flatté son modèle, mais elle est vivante et certainement exacte. C'est déjà l'œuvre d'un peintre. Plus heureux que les grands hommes des temps anciens du moyen âge, dont nous avons peine à nous représenter la figure, ceux du xivᵉ siècle ont donc trouvé des artistes capables de retracer leurs traits. Mieux que la célèbre fresque de Pavie, un dessin anonyme dans un manuscrit contemporain nous a conservé la physionomie de Pétrarque.

Par contre, le nu est moins bien traité; soit négligence, soit préjugé, les peintres miniaturistes ne devaient pas étudier le modèle; de là de choquantes incorrections dans les proportions du corps, dans les attaches des membres; il est vrai qu'ils n'ont pas eu souvent occasion de figurer des personnages sans aucun vêtement. Même incorrection dans le rendu du paysage, mais c'est là un défaut commun à tous les artistes du temps; les règles de la perspective sont encore presque entièrement inconnues, on ignore l'art de poser les plans, et l'artiste donne sans scrupule la même taille à un homme et à un chêne.

L'incorrection, il est vrai, n'est pas toujours très cho-

Figure du Psautier de Jean de Berry. (École d'André Beauneveu.)

quante; néanmoins elle est parfois si forte, qu'aux fonds de paysage nous préférons soit les simples fonds d'or ou de couleur, diaprés, échiquetés ou moirés, soit encore les fonds d'architecture : intérieur de chambre, cour de palais, nef d'église, etc. Les bâtiments sont, il est vrai, représentés de façon assez gauche, les lignes ne fuient point, et le manque de proportion est sensible à chaque instant; mais les figures du premier plan se détachent si gracieusement sur ces fonds de couleurs claires, qu'on oublie de remarquer des fautes grossières, qui choqueraient aujourd'hui dans un dessin d'écolier. A vrai dire, a-t-on le droit d'être bien sévère pour ces modestes miniaturistes? N'a-t-il pas fallu attendre la fin du XVe siècle, pour trouver des peintres sachant faire circuler l'air dans leurs compositions et marquer exactement la succession des différents plans?

Dès la fin du XIVe, les écoles de peinture destinées à briller au siècle suivant sont constituées et elles exercent les unes sur les autres une influence féconde, d'où sortira ce qu'on a nommé la Renaissance. Ces écoles sont au nombre de quatre principales : française, italienne, allemande et flamande. L'école française a été la première constituée, et elle est encore dans tout son éclat vers 1350 : c'est à Paris qu'on vient acheter les beaux manuscrits, qu'on fait exécuter les volumes de prix; Anglais, Italiens, Flamands s'accordent pour louer sans réserve les miniaturistes parisiens; les beaux livres de prières exécutés vers cette époque sortent presque tous de leurs ateliers. Beaucoup de délicatesse dans le choix et l'agencement des couleurs, une grande inexpérience pour le dessin, telle est la caractéristique de cette école, que le patriote le plus exalté ne saurait préférer aux écoles italienne ou flamande. Disciples de Giotto et de l'école de Sienne, les peintres italiens se distinguent de bonne heure par une certaine recherche de l'idéal; ils tombent souvent dans la banalité, mais s'inspirant plus directement de l'antique, ils ont plus de science que leurs rivaux et dessinent d'une manière plus correcte. Par contre leur coloris est inférieur à celui des peintres du nord; il est lourd et leurs meilleures œuvres sont encore des grisailles avec rehauts de bistre et de vert. De l'école allemande il serait difficile de faire l'éloge; les érudits d'outre-Rhin s'efforcent vainement de lui rattacher les grands peintres de l'école flamande; les miniaturistes allemands restent hiératiques et convenus, et leurs œuvres sont encore d'un dessin incorrect et prouvent peu d'expérience dans l'art d'employer et de combiner les couleurs.

Autrement grande, autrement féconde est l'école flamande. C'est dans les bassins de l'Escaut et de la Meuse que les tendances réalistes du nouvel art se montrent le plus fortement. Les peintres de ces pays n'ayant point pour se guider les monuments antiques qui abondaient en Italie, se tournent vers l'observation de la nature; ils regardent autour d'eux et de là une multitude d'œuvres parfois un peu vulgaires, mais fortes et saines, dont les auteurs sont les dignes ancêtres de Van Eyck. Cette supériorité est reconnue par les contemporains, et l'influence des artistes de Flandre et de Hainaut s'exerce de plus en plus grande en France et en Allemagne durant deux siècles. Elle pénètre même dans le nord de l'Italie et en Espagne, et c'est à cette influence heureuse que beaucoup d'historiens attribuent en partie le merveilleux essor de l'art lombard, vénitien et ferrarais, au XVe siècle. En France, cette influence est prépondérante dès le milieu du XIVe siècle; les manuscrits exécutés pour le roi Jean sont encore dus à des Français; dès le règne de Charles V, quelques artistes du nord travaillent à Paris; tel Jean de Bruges, peintre du roi, auteur de la miniature de la Bible de Jean Vaudetar citée plus haut. Si Jean de Berry fait venir des artistes de toute espèce d'Italie, s'il reçoit avec plaisir en cadeau des manuscrits, œuvres d'artistes italiens, c'est à des peintres des Pays-Bas, à André Beauneveu, à Pol de Limbourg, à Jacquemart de Hesdin qu'il confie le soin d'illustrer les plus belles de ses Heures.

De ces trois artistes, un seul est réellement célèbre, c'est le premier. André Beauneveu était de Valenciennes; il n'a longtemps été connu que par un passage fort curieux de Froissart, dans lequel ce chroniqueur mentionne le séjour du sculpteur, son compatriote, à Mehun-sur-Yèvre, chez le duc de Berry. Des textes publiés par MM. Delisle et l'abbé Deshaines mentionnent quelques-uns des travaux de ce grand artiste, émule du célèbre Sluter, de l'auteur du Puits de Moïse. On sait qu'il fut chargé par Charles V d'exécuter les tombeaux de Philippe VI et de Jean le Bon à Saint-Denis, et celui du prince lui-même et de sa femme, Jeanne de Bourbon. Ces statues existent encore aujourd'hui, et leur faire justifie le renom de l'auteur. Beauneveu était aussi peintre; il avait travaillé à Valenciennes et pour Louis de Male, comte de Flandre. En 1390, il était au service du duc de Berry et surveillait à Mehun-sur-Yèvre les travaux du splendide palais de ce prince, qui le chargea probablement vers le même temps d'illustrer en partie deux manuscrits. L'un, aujourd'hui conservé à Bruxelles, renferme deux peintures de Beauneveu; d'une part la Vierge allaitant l'Enfant Jésus, de l'autre le duc de Berry à genoux, assisté de saint André et de saint Jean. L'autre, aujourd'hui, à la Bibliothèque nationale, est un magnifique psautier richement illustré; un ancien inventaire dit que les premières peintures de ce volume sont de la main de maître André Beauneveu, et il est aisé de reconnaître le point où cesse l'œuvre de ce grand artiste. Vierges et saints, apôtres ou confesseurs, sont bien de la même main; exécutées en grisaille sur fond diapré, ces figures offrent tous les caractères de l'école flamande, et rappellent les meilleures productions des sculpteurs du temps. L'auteur a copié fidèlement la nature, ses types sont plus accentués que nobles, mais le tout ne présente rien de banal, et le dessin encore incorrect, principalement pour les extrémités, ne manque ni de force, ni de grâce. Ce sont des œuvres vigoureuses et saines.

A Jacquemart de Odin ou de Hesdin on doit attribuer dix-huit peintures du manuscrit de Bruxelles, et peut-être une partie des Grandes Heures de Berry, à la Bibliothèque nationale. Ce sont des peintures faciles et élégantes soigneusement exécutées, mais bien inférieures aux peintures de Beauneveu ; c'est plutôt, comme le dit M. Deshaines, « l'œuvre d'un habile praticien ».

Énumérer tous les enlumineurs cités par les textes serait bien inutile, rien ne permettant d'attribuer à ces artistes inconnus telle ou telle œuvre existante. Voici pourtant une curieuse peinture italienne, œuvre de Simone de Sienne. Elle forme le frontispice d'un Virgile, conservé aujourd'hui à la Bibliothèque Ambrosienne, et a été publiée dans la *Gazette archéologique* (année 1887) ; l'artiste, ami de Pétrarque, a cherché à copier l'antique : ses efforts sont restés sans doute bien infructueux, mais il y a là une tendance visible qui mérite d'être notée. Mêmes tendances dans les peintures anonymes accompagnant deux copies du *De Viris illustribus* de Pétrarque, conservées à la Bibliothèque nationale. Ces peintures représentent la Gloire sur un char, planant dans l'air et distribuant des couronnes aux grands hommes de l'antiquité groupés au-dessous d'elle. Les costumes sont ceux de l'Italie au xive siècle, les physionomies sont fines et variées, le dessin suffisamment correct, et dans l'une comme dans l'autre composition on reconnaît la main d'un artiste excellent. Ces grisailles avec leurs rehauts de bistre, d'or et de couleurs claires, sont dignes de l'école de Sienne ; antérieures toutes deux à l'an 1380, elles font oublier les hideuses peintures d'un autre manuscrit italien bien célèbre, les Statuts de l'ordre du Saint-Esprit, manuscrit daté de l'an 1354 et exécuté probablement dans le royaume de Naples. Voilà un manuscrit bien vanté, jugé digne d'une reproduction intégrale; on aurait peine à trouver en France vers le même temps peintures plus lourdes, plus disgracieuses, et, disons le mot, plus barbares.

On a dit plus haut que la plupart des manuscrits de Charles V et de Jean de Berry étaient de dimensions moyennes; il ne faudrait pas trop généraliser cette remarque. Le goût des grands exemplaires de luxe (souvent à 3 colonnes d'écriture), très répandu en France dans la première moitié du XIVe siècle, se perpétua toujours. On peut citer un Miroir historial, exécuté pour le roi Jean (auj. à l'Arsenal), le grand Tite-Live de Charles V (à la Sainte-Geneviève), une Bible moralisée (Biblioth. nationale), renfermant plusieurs milliers de peintures soit en grisaille, soit coloriées, dont quelques-unes datent seulement du XVe siècle, enfin une copie des *Métamorphoses* d'Ovide, moralisées par Chrestien Legouais. La plupart de ces grands volumes sont forcément d'exécution très inégale; pour aller plus vite, on employait à la fois plusieurs artistes, n'ayant pas tous du talent. La mode de ces volumes de taille démesurée reparaîtra au XVe siècle.

Pour les livres d'un usage journalier, ceux de dévotion par exemple, les amateurs préfèrent des dimensions moins exagérées. Ce sont des Heures, — la composition en est désormais fixée, — des bréviaires, des psautiers. Jean de Berry paraît avoir eu pour ces livres de dévotion une véritable passion. On a dressé la liste des manuscrits de ce genre commandés par lui, et quelques-uns comptent parmi les plus beaux monuments de l'art, de 1380 à 1416. En premier lieu il possédait le fameux Bréviaire de Belleville, exécuté probablement pour Jeanne de Clisson, mère du connétable, avant 1340; c'est un excellent spécimen de l'art français vers ce temps. Jean de Berry le tenait d'Henri IV d'Angleterre; il avait été envoyé à Richard II par Charles VI; quelques-unes des miniatures qui l'ornent sont, croit-on, de Jean Pucelle, de Mahiet et d'Ancelet, artistes connus d'ailleurs et qui travaillaient en 1327. Le duc de Berry possédait encore le Bréviaire de Charles V; les Heures dites de Savoie, aujourd'hui à la Bibliothèque royale de Turin; les *Belles Heures* appartenant à M. A. de Rothschild; un psautier latin-français, avec peintures d'André Beauneveu; les *Belles Grandes Heures* : ce manuscrit, aujourd'hui mutilé, renfermait des peintures attribuées à Jacquemart de Odin ou de Hesdin par les anciens inventaires. Citons encore les *Très Belles Heures*, que M. Delisle reconnaît dans le manuscrit latin 18014 de la Bibliothèque nationale, jadis attribué à Louis II d'Anjou; les *Belles Heures très bien et richement illustrées* (à M. E. de Rothschild), les *Très Belles Heures* de Bruxelles, illustrées par André Beauneveu et Jacquemart de Hesdin; enfin les *Très riches Heures*, ou Heures de Chantilly. Ces dernières étaient encore inachevées à la mort de Jean de Berry, et les quelques cahiers exécutés furent prisés 500 livres, somme relativement énorme; elles furent plus tard terminées par différents artistes, mais la partie primitive, due à Pol de Limbourg et à ses frères, artistes aux gages du duc dès 1410, l'emporte beaucoup en perfection sur les peintures ajoutées plus tard. Nous donnons une des planches du calendrier, dont le fond est occupé par le château de Vincennes; on aurait peine à trouver meilleur spécimen de l'art franco-flamand au XVe siècle.

Tous ces livres d'heures de grand luxe sont conçus sur un plan uniforme; les peintures sont plus ou moins nombreuses, plus ou moins soignées, plus ou moins grandes suivant la fortune du premier possesseur; en voici en tout cas l'économie. Au calendrier, tableaux symboliques représentant les signes du zodiaque et les occupations de chaque mois. Dans les Heures de Chantilly, l'artiste a donné comme fond à ses peintures des vues des principales

Une chasse au bois de Vincennes.
(Miniature des *Très riches Heures* de Chantilly.)

résidences royales; ailleurs ce seront les scènes rustiques ou familières. Viennent ensuite des miniatures représentant les évangélistes, puis racontant l'histoire évangélique : Annonciation, Nativité de Jésus, Adoration des bergers, Circoncision, Adoration des mages, enfin la Passion ; le nombre de ces peintures peut varier à l'infini, et chaque événement, petit ou grand, de cette même histoire évangélique, peut faire l'objet d'une planche séparée. Viennent ensuite une peinture consacrée à David, en tête des psaumes de la pénitence, une autre représentant une messe funèbre, enfin des miniatures moins importantes d'ordinaire, où sont figurés divers saints choisis au gré de celui qui a commandé le livre. Dans tel livre d'heures ordinaire, on comptera une dizaine de peintures ; ailleurs, dans les Heures de M. E. de Rothschild, par exemple, 172 ; ce volume renferme notamment les légendes en images de sainte Catherine, de saint Jérôme, des saints Paul et Antoine, ermites, ajoutées au volume par le caprice du premier possesseur.

Les noces de Cana.
(*Grandes Heures* de Jean de Berry.)

L'exécution de pareils volumes devait, on le devine, demander de longues années ; aussi, tantôt les dernières peintures du manuscrit, demandées à un artiste moins exigeant, mais moins habile, sont-elles de qualité bien inférieure, tantôt aussi le manuscrit est resté inachevé. Ce dernier cas est celui du manuscrit de Chantilly, terminé longtemps après la mort de Jean de Berry, et d'un livre presque aussi célèbre, le Bréviaire du duc de Bedford. Ce volume, exécuté vers 1430, devait renfermer plus de 8 000 petits tableaux, mais l'ornementation d'un certain nombre de cahiers est restée incomplète. Outre quarante-cinq grandes peintures, la plupart excellentes, chaque page porte quatre petits tableaux, disposés dans l'encadrement, lequel se compose de rinceaux délicats et très variés, et de cadres d'ornements du meilleur goût; ajoutons-y des initiales charmantes, offrant souvent des bustes et des figures parfaitement dessinées. Ce manuscrit luxueux est justement célèbre et beaucoup d'historiens de l'art, Waagen, de Laborde, et à leur suite Labarte, en ont attribué l'exécution aux Van Eyck, c'est-à-dire à Hubert, à Jean et à leur sœur Marguerite. On nous trouvera peut-être bien audacieux de contester cette opinion, mais elle nous semble aussi téméraire que la plupart des attributions du critique allemand. L'illustration de ce volume est riche, brillante et variée, mais en tout état de cause il y aurait injustice à attribuer aux illustres auteurs de l'*Agneau mystique* la plupart des petits tableaux des marges, qui sont dessinés sans soin et coloriés sans goût. La thèse de Waagen ne pourrait être sérieusement discutée que pour les grandes peintures dont quelques-unes, l'Adoration des bergers, celle des Mages, la Trinité, l'Ascension, sont vraiment délicieuses. On alléguera les paysages très soignés qui servent de fond à quelques-unes de ces peintures, mais nous renverrons les contradicteurs à la Vierge du chancelier Rollin, conservée au Musée du Louvre, ils y verront comment Van Eyck savait interpréter la nature. Pour conclure, ce manuscrit nous paraît avoir été exécuté à Paris ou en Flandre, en tout cas par plusieurs artistes appartenant à l'école franco-flamande. Il est remarquable à tous égards, mais bien inférieur, à notre sens, au livre d'Heures de Chantilly.

La tendance réaliste, à laquelle les artistes du XIVe siècle cèdent de plus en plus, exclut par le fait tout symbolisme.

L'Annonciation. (Manuscrit de la Bibliothèque Mazarine.)

Reproduisant fidèlement la nature, ils ne peuvent plus avoir la prétention d'exprimer des idées mystiques; leurs vierges, leurs saints, leurs martyrs sont des hommes et des femmes de leur temps. Toutefois certains artistes n'ont pas su résister à la tentation de donner à ces peintures, dont nous goûtons surtout la scrupuleuse fidélité, un sens caché. On a publié, des peintures accompagnant le Bréviaire de Belleville, une curieuse explication dont l'auteur anonyme justifie par des textes de la Bible la présence de telle ou telle figure dans un livre liturgique. Ainsi les douze apôtres peuvent être peints avec la phrase du *Credo*, que la tradition attribuait à chacun d'eux, c'est le cas dans le Psautier de Beauneveu, et des douze apôtres on rapproche les douze prophètes qui en sont la figure et l'annonce. La Vierge représente la porte du Paradis ouverte par l'Incarnation. Après les figures isolées des apôtres vient la Pentecôte, qui les montre réunis et recevant le Saint-Esprit. Le Paradis terrestre et la Crucifixion se répondent; à Jésus sur la croix s'oppose Ève cueillant le fruit fatal. Les quatre évangélistes, avec leurs emblèmes et les instruments de la Passion, sont les quatre tabellions du Nouveau Testament. Le fleuve de sang qui jaillit du flanc du Christ se divise en sept ruisseaux, répondant aux sept sacrements, aux sept vertus et aux sept parties du Psautier. Aux vêpres, l'artiste place le Jugement dernier, allusion aux premiers versets chantés à cet office. On connaît quelques manuscrits dont les peintures se suivent dans l'ordre indiqué par cette curieuse notice, mais beaucoup aussi s'en écartent sensiblement et les artistes paraissent le plus souvent s'être affranchis de toute règle; si quelques miniatures se suivent dans l'ordre consacré, le plus souvent la fantaisie individuelle a réglé leur succession et leur nombre.

Des procédés de la peinture au xive siècle nous ne dirons presque rien. En France, en Italie, en Flandre, on a renoncé à la teinte plate, et on emploie le dégradé, qui permet de rendre mieux le modelé des corps et les plis des vêtements. Une fois esquissées sur le vélin, à la plume ou au crayon, les figures sont reprises au pinceau, au moyen duquel on indique les ombres et les lumières. Il y a loin de ces peintures déjà savantes aux coloriages du xiiie siècle, où les ombres, les plis des vêtements étaient marqués par de lourds traits de plume. Enfin les artistes de cette époque affectionnent le camaïeu et la grisaille, où les figures sont dessinées à la plume et ombrées, avec rehauts de bistre; afin d'égayer cet ensemble un peu terne, les peintres emploient l'or pour les ornements d'orfèvrerie, le bleu ou le rouge pour certains détails de costumes, le rose pour les chairs. En général, les fonds sont exécutés après les figures; toutefois dans certains manuscrits italiens, celui de l'ordre du Saint-Esprit notamment, l'artiste paraît avoir commencé par établir un fond uniforme, sur lequel il a ensuite disposé ses personnages; les peintures ainsi exécutées sont moins solides, plus lourdes et d'aspect disgracieux.

Pour terminer, quelques mots de la reliure. Connaissant les goûts luxueux des grands amateurs du xive siècle, on devine d'avance que pour couvrir ces beaux volumes richement illustrés, ils n'ont épargné aucune dépense. L'inventaire du duc de Berry décrit longuement les couvertures des livres appartenant à ce prince. Beaucoup étaient revêtus de velours de couleur, tantôt uni, tantôt ouvré; la couleur favorite était le vermeil, c'est-à-dire le cramoisi; plus rarement on trouve le velours noir ou violet. En fait d'étoffes, on trouve encore le drap d'or et le drap de damas bleu; les plats sont doublés à l'intérieur de tiercelet ou de soie de couleur. La soie de couleur, azurée, ouvrée de feuillages ou verte, sert également pour le dehors. Enfin les ais de quelques volumes sont couverts d'argent ou d'or, *ouvrez à images de haute taille*, représentant la Crucifixion, le Couronnement de la Vierge, etc. Pour les reliures plus ordinaires, on trouve le cuir *empraint*, c'est-à-dire gaufré, rouge, vermeil, blanc. Presque toujours l'étoffe ou le cuir sont appliqués sur une planche de chêne ou d'autre bois qualifiée d'*ais*. Souvent on y ajoute des clous d'argent ou de cuivre, formant étoile; l'inventaire les appelle des *boulons*. Sur la reliure d'une Bible, on trouvait même d'un côté un cadran d'argent doré avec les signes du zodiaque, de l'autre un astrolabe.

Les fermoirs sont parfois simples, en laiton et en forme de crochets, mais plus souvent ils sont en argent doré et émaillé, aux armes du possesseur ancien ou actuel, ou encore en argent niellé. Parfois ces reliures portent le titre du livre ou les emblèmes de Berry, un ours, un cygne, ou encore une Notre-Dame émaillée.

Pour couvrir les reliures dépourvues de boulons et par conséquent exposées aux frottements, on leur donne des chemises de toile, de drap, de velours, de satin, de drap d'or. Toute reliure luxueuse est également garnie de pipes et de signeaulx. La pipe est une tige de métal placée au haut du volume, et servant de support aux rubans qui remplacent nos signets. Ces pipes sont souvent de métal précieux, or ou argent, émaillées des armes du prince et garnies de perles et de rubis; enfin les signets sont de soie de couleur.

On possède peu de belles reliures du XIVe siècle. En voici pourtant une couvrant le livre des quatre évangiles de la Sainte-Chapelle dit l'*Apocalice*; ce manuscrit, écrit au XIe siècle en Allemagne, fut donné à cette église en 1379 par Charles V. Sur un fond composé de losangés avec semis de fleurs de lis, on a ciselé en taille d'épargne les symboles des évangélistes, et saint Jean assis et écrivant; au-dessus est un ange tenant une banderole sur laquelle sont écrits les premiers mots du quatrième évangile. Le tout est disposé sous une arcade soutenue par des colonnes. La reliure date certainement du XIVe siècle, mais l'artiste a copié assez exactement une des peintures du manuscrit; de là le style un peu archaïque des figures.

Dans une autre reliure couvrant un évangéliaire de Metz, on s'est contenté au XIVe siècle de refaire la partie d'orfèvrerie, en conservant l'ivoire du centre, lequel représente une Crucifixion. Les reliures d'orfèvrerie sont encore souvent accompagnées de pierres précieuses et de morceaux de cristal de roche, soit taillés, soit en cabochons.

Les volumes moins précieux sont, au XIVᵉ siècle comme plus anciennement, couverts en cuir fauve ou en peau blanche. Parfois on y ajoute quelques boulons de laiton et très souvent, dès lors, le plat antérieur porte le titre du volume, écrit sur une languette de parchemin placée sous une plaque de corne transparente encadrée de cuivre. Cet usage persistera jusqu'à la fin du XVᵉ siècle, les manuscrits étant toujours posés à plat sur les tablettes et présentant aux yeux une de leurs faces et non leur dos. Les cuirs gaufrés et richement ornés ne deviendront communs qu'aux approches de la Renaissance.

CHAPITRE VIII

LA RENAISSANCE

Trois grands faits dominent l'histoire des manuscrits au xve siècle : l'éclosion définitive de la Renaissance, la réforme de l'écriture par les copistes italiens, enfin l'invention de l'imprimerie. De ces trois événements, le dernier est le plus important; au moment précis où, grâce aux progrès des arts et des lettres, les manuscrits deviennent à la fois plus luxueux et plus corrects, l'art d'imprimer tue la calligraphie et amène une profonde révolution dans le commerce des livres.

Cette expression, Renaissance, est à la fois bonne et mauvaise; le plus souvent on appelle ainsi le mouvement, déjà sensible avant le xve siècle, mais dès lors irrésistible, qui ramena le monde des lettrés et des artistes à l'étude de plus en plus exclusive de l'antiquité. Mais dans la vraie Renaissance, il faut distinguer deux tendances bien différentes : d'une part le retour aux modèles admirables légués par la Grèce et par Rome, de l'autre une observation plus directe de la nature. Si l'union de ces deux éléments donne des résultats admirables dans les écoles italiennes du xve siècle, sur un point les autres pays de l'Europe avaient peut-être devancé ceux du Midi.

Dès le xiv⁰ siècle, des peintres tels qu'André Beauneveu, Pol de Limbourg et bien d'autres avaient su étudier et rendre la nature, et leurs successeurs, dont les plus illustres seront Jean Foucquet et Bourdichon, produiront des œuvres ne le cédant en rien à celles de leurs rivaux. A vrai dire, il paraît difficile de préférer l'une ou l'autre des trois grandes écoles qui vont briller pendant cent ans; si l'école flamande excelle à reproduire les physionomies caractéristiques des princes et des seigneurs de la cour de Bourgogne, l'école française, non moins réaliste dans le choix des types, sait déjà leur donner dans une certaine mesure un caractère idéal et se montre particulièrement heureuse dans l'exécution des parties ornementales. Mais, d'autre part, l'école italienne est bien attrayante; elle sait mélanger heureusement l'observation de la nature et l'imitation de l'antique; rien de plus riche, de plus beau que les grandes compositions du célèbre Attavante, rien de plus gracieux que les innombrables tableaux dont les enlumineurs de Sienne et de Florence ont enrichi les grands livres de chœur commandés par des églises opulentes. On ne saurait vraiment choisir entre toutes les merveilles créées dans ce siècle, véritable âge d'or de l'art, temps béni qui n'est plus revenu.

En même temps que les arts, les lettres renaissent; longtemps les humanistes, moins originaux que les peintres et les sculpteurs, se contenteront de copier servilement l'antiquité; mais au point de vue de nos recherches, leurs travaux ont eu pour résultat de multiplier les manuscrits et de créer des ateliers de scribes à la fois habiles et soigneux. Chaque littérateur éprouve le besoin de posséder des principales œuvres de l'antiquité, des copies à la fois exactes et élégantes. Le mouvement est général et emporte le monde entier. Au xiv⁰ siècle encore, beaucoup de princes et de grands se soucient peu des manuscrits qu'ils rassemblent par esprit d'imitation, pour obéir à la mode; maintenant tous se piquent de littérature. Le plus petit tyran italien dispute à ses voisins les poètes, les orateurs qui doivent célébrer en prose ou en vers les mérites de leur patron; la plupart sont assez instruits pour prendre part aux discussions des savants, et s'intéressent personnellement aux travaux des artistes et des lettrés dont ils s'entourent. En France, même zèle. Si Louis XI, tout occupé du soin de reconstituer la France royale, démembrée par ses prédécesseurs, reste en somme assez étranger à ce beau mouvement, les autres princes de la famille des Valois, le poète Charles d'Orléans, Charles VIII lui-même, cet esprit borné, Jean d'Angoulême, les ducs de Bourbon, se montrent les zélés Mécènes des savants et des artistes, préparant ainsi le jour peu éloigné où François Ier méritera le beau nom de *Père des lettres*.

La Renaissance accroît donc le nombre des manuscrits, et les plus grands artistes ne dédaignent pas de travailler à l'embellissement de ces précieux volumes. A l'Italie nous devons une autre réforme, celle de l'écriture. On a dit plus haut que deux grandes écoles de calligraphie se partageaient l'Europe au XIVe siècle : l'école française et l'école boulonnaise, toutes deux défectueuses. De plus les copistes manquaient et étaient inexpérimentés; Pétrarque se plaint souvent de leur incurie et de leur ineptie, il les représente comme des manœuvres sans instruction et sans soin, d'autant plus négligents que, peu nombreux, ils ne craignaient point la concurrence. Le remède au mal ne pouvait venir des anciennes abbayes bénédictines, en pleine décadence, — on sait dans quel état était vers ce temps la célèbre bibliothèque du Mont-Cassini, — ni des couvents réguliers, occupés de querelles intérieures et dont les habitants n'avaient jamais montré grand goût pour les manuscrits somptueux. A leur défaut, semble-t-il, les humanistes de Florence se chargèrent de multiplier les belles copies des auteurs antiques et d'en reviser soigneusement le texte. Veillant à la correction de leurs propres écrits, — Garin de Vérone et Laurent Valla relisaient eux-mêmes les copies de leurs traductions du grec, — ils ne pouvaient se montrer moins scrupuleux pour les auteurs dont ils faisaient leurs délices. Mais au début du xve siècle, les bons copistes étaient encore rares, même à Florence; comme Pétrarque, Lionardo Bruni d'Arezzo se plaint amèrement de cette pénurie. Parmi les érudits dont les efforts modifièrent ce fâcheux état de choses, il faut citer le célèbre Niccolo de' Niccoli, sa bibliothèque est aujourd'hui à la Laurentienne, et un camaldule du couvent de Florence, Ambrogio Traversari. Ce dernier avait créé une école de jeunes écrivains, trop lents encore et trop peu soigneux au gré de leur fougueux maître. Tous ces travaux donnèrent leurs fruits, et bientôt la moindre école de grammaire, les études de notaires les plus infimes fournissent les lettres renaissantes de copies élégantes et en général fidèles des principales productions de l'antiquité classique, texte original des œuvres latines et traductions un peu hâtives des œuvres grecques.

C'est, semble-t-il, dans ces écoles de copistes que naquit la nouvelle écriture qui, sous le nom d'écriture ronde ou de lettre italienne, devait s'imposer à la majeure partie de l'Europe. Mais, à vrai dire, cette écriture n'était point nouvelle; instinctivement pour ainsi dire et par réaction contre les caractères confus et compliqués du xive siècle, les scribes du xve revenaient aux bons modèles d'autrefois, à la vieille minuscule caroline, à la capitale antique. Certaines pages en capitales des volumes écrits pour les Visconti ou pour les rois aragonais de Naples, valent les plus beaux manuscrits du ve ou du vi^e siècle, et depuis le xe siècle, on n'avait pas connu de minuscule plus élégante que celle des copistes de Niccolo, de Traversari et de leurs émules. L'imprimerie pouvait naître, elle allait trouver tout constitués les deux alphabets qu'utiliseront les plus grands imprimeurs du xve siècle : l'écriture ronde et l'écriture gothique; un siècle encore, et la gothique aura perdu tous ses anciens domaines, moins l'Allemagne et l'Angleterre.

Vers le temps, en effet, où les copistes italiens s'évertuent à multiplier les exemplaires des œuvres littéraires, anciennes et nouvelles, l'imprimerie naît, qui va rendre tout leur travail inutile. Sans doute, de longues années s'écouleront encore avant que le nouvel art soit apprécié à sa valeur. A l'origine, on l'a remarqué plus d'une fois, il se présente comme une simple contrefaçon de l'art d'écrire, et les premiers imprimeurs font passer leurs produits pour des copies manuscrites. Mais bientôt la concurrence les oblige à baisser leurs prix, et l'industrie du livre se transforme. Toutefois cette transformation n'est pas aussi rapide qu'on eût pu croire. Le livre imprimé, qui nous paraît à tous égards si commode et que l'on savait déjà faire si élégant, semblait sans doute une chose bien terne et bien fade à côté des beaux manuscrits enluminés en usage depuis tant de siècles. A dater de la découverte de l'imprimerie, si l'on cesse de transcrire des ouvrages étendus, et par suite coûteux, Bible, Décret, Digeste, les amateurs continuent à demander aux écrivains en renom des copies de traités historiques et littéraires de moindre longueur, et les grandes bibliothèques restent longtemps fermées aux produits de la nouvelle industrie. Les libraires cherchent au surplus à ménager les goûts du public; aux livres imprimés ils joignent bientôt la gravure sur bois, et emploient tous les moyens possibles pour les faire ressemblants aux livres manuscrits. Les enlumineurs y peignent les lettres initiales laissées en blanc par la presse, et ajoutent de place en place de petits ornements de couleur marquant le commencement de chaque paragraphe. Aux ouvrages de luxe, tirés sur beau vélin, on joint des peintures à la main, semblables à celles des manuscrits et dont beaucoup sont l'œuvre d'artistes habiles. L'acheteur de chaque exemplaire peut donc le faire illustrer à sa fantaisie; on a ainsi des grandes impressions d'Antoine Vérard, pour ne citer que lui, des exemplaires offerts à Charles VIII et à la reine Anne de Bretagne, qui valent des manuscrits luxueux, et les rois aragonais de Naples ont fait peindre leurs armes et d'élégants frontispices sur beaucoup de volumes imprimés de leur bibliothèque.

Au surplus, la découverte de l'imprimerie ne fera pas de longtemps disparaître les manuscrits de luxe. Les riches amateurs garderont le goût des beaux missels, des heures, richement enluminés; les églises, comme par le passé, auront recours aux meilleurs artistes pour illustrer leurs livres de chœur que ne peuvent imprimer les premières presses. Longtemps tout auteur, désirant offrir son ouvrage à un protecteur puissant, préférera à un imprimé froid et banal une belle copie bien écrite et enluminée avec soin. A cet égard, on peut le dire, le triomphe de l'imprimerie ne sera définitif qu'au XVIIIe siècle.

Souscription d'un miniaturiste italien. (Année 1459; Bibliothèque Sainte-Geneviève.)

En même temps que les amateurs font exécuter à grands frais de somptueux volumes, le goût des anciens manuscrits se développe. Instinctivement, pour ainsi dire, les princes et les prélats recueillent ces précieux monuments. Au milieu du XVe siècle, les souverains pontifes fondent la Bibliothèque Vaticane; vers le même temps, se constituent la Laurentienne, les librairies de Naples et de Pavie ; en France citons seulement les collections des ducs de Bourgogne et de Nemours, des princes de la maison de Bourbon, enfin celle d'Orléans ou librairie de Blois, premier noyau de notre Bibliothèque nationale. Ces bibliothèques, comme celles du haut moyen âge, sont dans une certaine mesure ouvertes au public ; savants, juristes, simples lettrés, peuvent y emprunter des manuscrits. La règle semble dès le début bien établie ; le prêt fonctionne régulièrement à la Vaticane, sous l'administration du célèbre Platina, et dès la fin du siècle, les manuscrits légués à la république de Venise par le célèbre Bessarion sont prêtés sur simple autorisation du *riformator del studio*.

Ces manuscrits donnés par Bessarion étaient presque tous en langue grecque ; l'étude de cet idiome, en effet, renaît au xve siècle, et déjà le temps est loin où le grand Pétrarque ne pouvait lire Homère dans le texte original. On a commencé par traduire en latin quelques-unes des belles œuvres de la littérature hellénique ; les savants italiens s'y emploient activement durant cent ans. Mais les traductions ne suffisent bientôt plus ; les princes italiens, les villes se disputent les lettrés grecs, chassés de leur patrie par l'invasion ottomane. Beaucoup de ces lettrés ne sont que de misérables aventuriers, incapables d'enseigner ; on ne les en écoute pas avec moins de ferveur, et quelques-uns obtiennent un crédit bien supérieur à leur mérite. Pour vivre, ils multiplient les copies des livres grecs, ils trafiquent des quelques manuscrits qu'ils ont pu emporter avec eux. Encore cinquante ans d'efforts, et la connaissance du grec sera devenue indispensable à tout homme se piquant de littérature.

Au milieu du xve siècle, deux grandes écoles calligrafiques se partagent donc l'Europe : la vieille école gothique, qui règne en France, en Allemagne, en Flandre et en Angleterre, et l'école italienne, qui, sortant de son pays d'origine, commence déjà à se répandre au delà des monts. L'une et l'autre produisent de vrais chefs-d'œuvre. En France et en Flandre surtout, la gothique garde toujours dans les manuscrits de luxe une élégance parfaite; rien de plus gracieux que l'alphabet employé par David Aubert et les autres copistes des ducs de Bourgogne, ou par les scribes auxquels on doit les manuscrits de Jean Foucquet et ceux de la reine Anne. Les formes, il est vrai, en sont un peu aiguës, mais le caractère est régulier et net. Toutefois, à notre avis, bien supérieure à la gothique est l'écriture italienne ronde, telle qu'elle apparaît dans les premières impressions de Rome et de Venise. On aurait peine à trouver caractères plus beaux que ceux des manuscrits illustrés par Attavante ou exécutés pour les Sforza et les Médicis. Lignes harmonieuses et savamment arrondies, proportions exactes entre les différentes parties des lettres, tout se réunit pour charmer et retenir l'œil. Ajoutons que la matière première employée par les copistes italiens est généralement d'excellente qualité; depuis le XIIIe siècle, on n'avait pas vu parchemin aussi blanc, aussi égal, aussi bien poli.

L'ornementation des manuscrits, les peintures proprement dites mises à part, diffère également du tout au tout au XVe siècle, quand on passe d'Italie en France. Dans ce dernier pays et dans les régions voisines, on est resté fidèle aux vieilles traditions naturalistes, et dans les vignettes marginales, les artistes entassent des fleurs et des plantes, copiées sur la nature, ou du moins directement inspirées d'elle. Toutefois l'ancien rinceau de vigne azuré et doré a cédé la place à des ornements plus compliqués et plus riches; ce sont des cadres régulièrement tracés, généralement à fonds d'or mat, délicatement posés au pinceau. Sur ces fonds, l'artiste a peint des fruits, des insectes, des feuilles de couleur vive. Tantôt ces ornements se détachent sur le fond même; tantôt le cadre a été découpé en triangles réguliers, alternativement or, bleus ou rouges, la teinte des fleurs et des fruits changeant également de triangle à triangle. Le premier des deux systèmes est certainement le plus parfait ; c'est tout au moins celui dont nous pouvons citer les meilleurs spécimens. En premier lieu, un beau livre d'heures de la bibliothèque de l'Arsenal. Le fond est d'or, et sur ce fond l'artiste a peint avec leurs teintes réelles une foule d'animaux et de plantes, fidèlement copiés ; la planche ci-dessous peut en donner une idée, mais il faut voir l'original pour apprécier l'éclat incomparable de ces ornements délicats. A la même bibliothèque, on montre encore un autre manuscrit célèbre, dit du Maître des fleurs, et dont les marges renferment par milliers de gracieux dessins. Enfin la perle du genre est le célèbre livre d'Heures d'Anne de Bretagne, à la Bibliothèque nationale ; l'artiste inconnu, auteur de cette merveille, peut-être Jean Bourdichon, a peint sur les marges les fruits, les fleurs et les plantes des jardins et des champs de la France ; c'est un véritable herbier exécuté par un artiste de grand talent. Redouté lui-même n'a rien fait de plus délicat, de plus vivant. Sous chaque plante, on trouve le nom en français ou en latin ; l'idée est originale, et les gouaches du peintre inconnu sont justement célèbres.

D'autres manuscrits des écoles du Nord, ceux de la bibliothèque de Bruxelles, par exemple, d'Antoine, bâtard de Bourgogne, ou du sire de la Gruthuyse, nous offrent souvent des cadres d'ornements plus simples, mais encore fort riches ; ce sont alors de légers rinceaux courant sur le fond de vélin ; dans ces rinceaux l'artiste a agréablement disposé les emblèmes, la devise et les armoiries de son noble client ; ce sont des paons et autres animaux symboliques, une sorte de machine infernale, entourée de flammes, des troncs épineux ceints de la cordelière de saint François. Parfois encore, dans le Bréviaire Grimani par exemple, le cadre se compose de motifs d'architecture ; sous des arceaux gothiques sont peintes de petites scènes délicatement traitées, des statues de saints, le tout souvent en camaïeu d'or. L'effet est riche et gracieux, un peu sombre parfois, malgré la tonalité éclatante de l'or.

Même variété pour les lettres initiales; l'ancienne lettre torneure, à dessins de plume de deux couleurs, devient de plus en plus rare; on la retrouve encore en Allemagne, mais en France, dans les manuscrits riches, elle est remplacée soit par la lettre à rinceaux du début du siècle, soit par une initiale assez simple, où la lettre, plus ou moins régulièrement tracée, se relève sur un fond monochrome, dans un cadre généralement assez simple. A ces ornements ajoutons dans les livres d'heures des filets de couleur remplissant les parties de ligne laissées en blanc; enfin la plupart des volumes luxueux sont réglés en couleur.

En Italie, l'ornementation des marges est beaucoup plus riche et directement inspirée de l'antique. Un mot d'abord des petites initiales; le type le plus fréquent est le suivant : un cadre blanc et or dans le-

Ornement du livre d'Heures de la reine Anne.

quel la lettre se relève en couleur claire, bleu, rouge, vert ou or, sur un lacis de bandelettes de teintes variées. Parfois encore le fond tout entier est d'or et la lettre se détache en blanc. Ailleurs, pour les initiales affectant la forme ovale, p, o, c, etc., l'artiste a rempli les vides en y dessinant soit un buste à l'antique, soit une tête copiée sur une monnaie grecque ou romaine, soit encore un portrait réel ou imaginaire. L'usage est ancien et paraît dès le xiii° siècle, mais aux bustes grotesques d'autrefois, les artistes substituent aujourd'hui d'admirables figures, savamment dessinées et exécutées soit en ton brique sur fond de couleur claire, soit en camaïeu d'or. Certaines de ces figures sont des merveilles de dessin.

Les encadrements ne sont pas moins variés et moins riches. Tantôt sur le parche-

Initiale italienne (xv° siècle).

min même, sans cadre arrêté, l'artiste a dessiné des candélabres et des bandelettes à l'antique, dans lesquelles s'étagent des génies nus, des sirènes, des camées, des fermaux ornés de perles et de rubis, des médaillons renfermant des portraits de personnages réels ou imaginaires ; tout cela de couleurs riches, de teintes claires, perdu dans un fouillis harmonieux de brindilles et de fleurs délicates. Ailleurs, au contraire, le cadre sera exactement tracé ; ce seront alors des compartiments à fonds noirs avec points d'or mat, chargés de fleurs et de feuilles largement dessinées, rouges, vertes ou bleues. Sur ce fond, aussi brillant qu'un émail peint, se détachent des camées, des bustes traités en or, des bijoux de tonalité éclatante. Souvent enfin l'encadrement sera tout entier en or de deux teintes, et représentera des scènes complètes, traitées avec une science consommée.

Initiale italienne (xvᵉ siècle).

Rien de plus beau à cet égard que les grandes pages ornées du livre d'heures de Ferdinand roi de Naples, dont nous donnons ici un spécimen. Le milieu est tantôt rouge, tantôt vert, tantôt bleu, et les titres en capitales d'or. La capitale sert encore pour les titres de départ, pour les lettres initiales, et pour tracer ces titres, l'artiste fait alterner l'or et le bleu.

Vers la fin du siècle, l'art italien fera au style français une rude concurrence ; importé en France, il s'implantera dans ce pays et fera disparaître l'ancienne école nationale, révolution à tout prendre regrettable; les artistes français apprendront à l'école de leurs rivaux à dessiner plus correctement, mais ils perdront en partie leur grâce et leur originalité.

Le nombre des manuscrits à peintures datant du xve siècle est considérable, et ces monuments sont encore aujourd'hui extrêmement recherchés des amateurs. Mais ils sont loin de présenter tous la même valeur au point de vue artistique. Quand on parle de manuscrits illustrés, il faut toujours avoir présente à l'esprit une remarque fort juste du comte de Laborde; voici les termes mêmes de cet écrivain, fin connaisseur non moins qu'excellent érudit : « Il y eut au xve siècle de grands peintres qui faisaient per exception de petites et admirables miniatures; il y eut en même temps d'adroits praticiens qui exécutèrent, comme en fabrique, l'enluminure d'innombrables manuscrits. Entre ces productions, également brillantes de couleur, également rehaussées d'or, la différence est grande; les unes, piquantes d'originalité, inspirées par le talent, sont des jalons dans l'histoire de la peinture; les autres, monotones et insipides, étaient et sont restées un grand luxe, voilà tout. » Les amateurs, qui achètent au poids de l'or les manuscrits historiés du xve siècle, trouveront le comte de Laborde bien sévère; à notre sens, il n'est que juste. Aussi, sans nous attarder longuement à l'examen de ces innombrables livres liturgiques, fabriqués par centaines pour les prélats, les seigneurs et les riches bourgeois du temps, allons-nous passer brièvement en revue quelques-uns des plus beaux manuscrits du xve siècle. Nous commencerons par les œuvres du plus grand des miniaturistes de l'école française, Jean Foucquet.

On connaît mal la vie de ce grand artiste; on sait seulement que né en Touraine, il mourut à Tours même vers l'an 1480. On sait aussi qu'il avait fait un voyage en

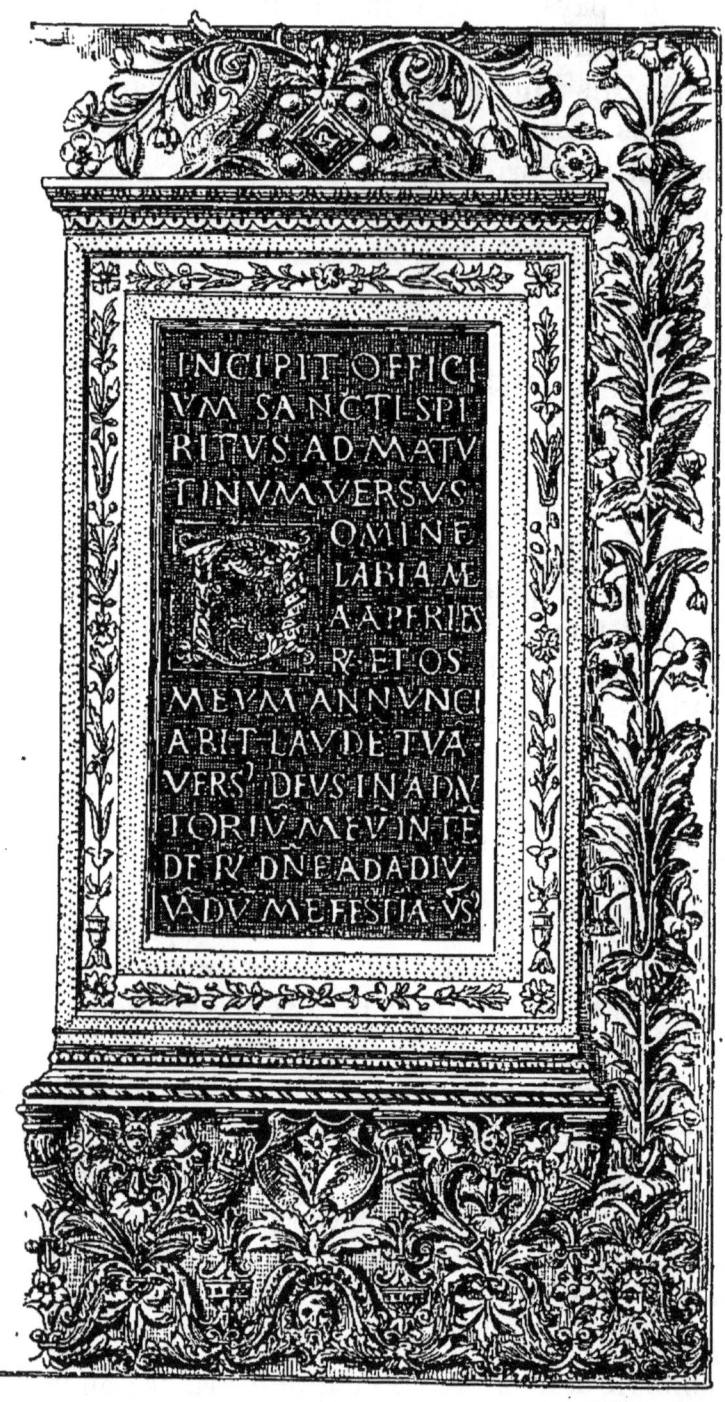

Page ornée des Heures de Ferdinand de Naples.

Italie sous le pontificat d'Eugène IV (1431-1447) et qu'il avait peint le portrait de ce pape. Le nombre de ses œuvres authentiques est assez faible ; ce sont, sans compter quelques panneaux (portrait de Charles VII au Louvre, fragments d'un diptyque à Francfort, Vierge d'Anvers), les Heures d'Étienne Chevalier, un manuscrit de Boccace, aujourd'hui à Munich, une partie des peintures d'un Josèphe, possédé jadis par le duc de Nemours, et peut-être le frontispice d'une copie des Statuts de l'ordre de Saint-Michel. Nous laissons de côté quelques autres peintures attribuées sans beaucoup de preuves à l'artiste tourangeau, dont un exemplaire des Grandes chroniques de France et une partie d'une grande Bible moralisée, tous deux à la Bibliothèque nationale.

On a fait de Jean Foucquet le chef de l'école française au XVe siècle ; il en fut certainement le meilleur représentant, mais on oublie trop qu'il avait lui-même subi l'influence à la fois de l'école flamande et de l'école italienne. A la première il se rattache par le naturalisme absolu qui domine toute son œuvre ; à l'autre il semble avoir pris quelques procédés, l'usage exagéré de l'or bruni par exemple, et sa science du dessin. Ce qui fait au fond l'originalité de Foucquet, c'est son talent incontestable. Comme les Flamands, il copie scrupuleusement la nature, et donne aux personnages de l'antiquité, aux saints et aux saintes, le costume, la physionomie des gens au milieu desquels il vit, mais il est plus habile que la plupart des maîtres des Flandres ; ses personnages paraissent parfois un peu trapus, un peu lourds, mais ils sont bien plus vivants, bien plus réels que les maigres seigneurs peints par les artistes de l'école de Bourgogne.

Ajoutons qu'il excelle à grouper ses personnages, à donner aux plus exigus comme aux plus grands une physionomie caractéristique. Nous n'en voulons pour preuve que le célèbre tableau du manuscrit de Munich représentant le lit de justice où fut condamné le duc d'Alençon. Dans un cadre assez exigu, Foucquet a su faire tenir trois cents personnages. Y avait-il beaucoup de peintres au xve siècle capables d'un pareil tour de force? D'autre part, son coloris est excellent, brillant et pourtant harmonieux, et les paysages, les intérieurs, qu'il a donnés pour cadre à ses compositions, sont lumineux et, pour le temps, admirablement dessinés. Les meilleures œuvres de Foucquet sont en somme les fameuses miniatures du livre d'Heures d'Étienne Chevalier, trésorier de France sous Charles VII; ce magnifique volume, jadis complet, paraît avoir été cruellement dépecé dès le xviiie siècle; quarante des peintures qui l'illustraient, appartenant à M. Brentano, de Francfort, viennent d'être acquises par M. le duc d'Aumale, deux autres sont conservées au Louvre et à la Bibliothèque nationale. On trouvera ci-contre la reproduction de celle du Louvre, mais ce dessin, exact d'ailleurs, ne rend qu'assez imparfaitement cette œuvre remarquable; il y manque l'air, la lumière, la couleur. Il y a loin de ces peintures exquises à la plupart des œuvres tant vantées des peintres de la cour de Bourgogne. Curmer a reproduit jadis en couleur les peintures de Francfort; cette reproduction, qui est loin d'être parfaite, donne pourtant une idée des originaux. Parmi ces planches, il faut noter celle qui représente Étienne Chevalier et son patron le premier martyr; seuls au xve siècle, des peintres tels que Van Eyck en Flandre ou Mantegna en Italie, ont su modeler une figure avec cette force. Citons encore la Vierge et l'enfant Jésus, au milieu d'un chœur d'anges, la Naissance de saint Jean-Baptiste, ravissant tableau d'intérieur, enfin l'Adoration des mages; l'artiste a donné au roi, à genoux devant Jésus, les traits et le costume de Charles VII; sous les pieds du prince sont posés un tapis et un coussin fleurdelisés.

Ce sont là des œuvres excellentes. On a encore attribué à Foucquet une foule de peintures plus ou moins dans sa manière, mais, à vrai dire, en pareille matière on doit se montrer prudent. Voici pourtant une remarquable

Saint Martin partageant son manteau, peinture de Jean Foucquet.
(Musée du Louvre.)

peinture empruntée à un livre d'Heures de la Bibliothèque Mazarine, et qui nous paraît être sinon du grand peintre même, du moins de l'un de ses élèves et d'un élève habile. Le livre, resté inachevé, avait été commandé par Charles de Guyenne, frère de Louis XI. Dans le faire de cette peinture, on reconnaît certains des procédés chers à Foucquet, par exemple l'abus des glacis d'or, mais on y retrouve aussi son habileté à grouper les personnages, et à rendre les physionomies. Enfin notons, ce que n'a pu marquer le dessinateur, un effet de nuit assez bien rendu ; la scène tout entière est éclairée par le reflet des torches que portent les soldats romains.

Foucquet reste fort au-dessus de tous ses contemporains de l'école française. Toutefois on pourrait citer bon nombre de beaux manuscrits du même temps ayant une réelle valeur. En voici quelques-uns pris au hasard. Un des plus fins bibliophiles de l'époque fut le trop célèbre duc de Nemours, Jacques d'Armagnac, décapité en 1477 ; il avait réuni à Carlat et dans plusieurs autres châteaux de somptueuses librairies, qui furent dispersées après sa mort. C'est lui qui avait chargé Jean Foucquet de compléter l'illustration du Josèphe de la Bibliothèque nationale, jadis commencée par les peintres du duc de Berry. Parmi les manuscrits de ce prince, on peut citer un bel exemplaire du Traité de la chasse de Gaston Phébus, aujourd'hui à la Bibliothèque Mazarine ; en tête, on trouve une peinture très solide et très ferme représentant un veneur offrant ce livre au prince, et le volume fourmille de jolies figures : animaux sauvages, chiens, scènes de chasse. On peut encore citer les fameuses Heures de Louis de Laval, mort en 1489 ; les nombreuses peintures qui ornent ce volume n'ont pas toutes la même valeur, beaucoup sont lourdes et sans grâce, mais quelques-unes, surtout les grandes figures, sont bien meilleures. Tel est le portrait du sire de Laval, modelé avec précision et force, et quelques peintures représentant les Sibylles. Les Heures du duc Pierre II de Bretagne († 1457) sont moins bonnes ; les encadrements,

Le baiser de Judas. (École de Foucquet; Bibliothèque Mazarine.)

très jolis, valent mieux que les figures, qui sont lourdement exécutées et de dessin défectueux ; à noter toutefois certains paysages intéressants représentant des vues de Bretagne. Un épistolaire exécuté pour une famille bourgeoise d'Amiens, les Clabault, aujourd'hui à l'Arsenal, est encore un bon spécimen de la peinture française à la fin du XVIe siècle ; on a attribué les peintures de ce volume à Memling ; l'attribution est insoutenable : toutefois on ne saurait nier que l'artiste inconnu avait dans une certaine mesure subi l'influence flamande.

On a encore quelques manuscrits exécutés pour des princes de la maison d'Anjou : tel est le célèbre livre d'Heures de la Bibliothèque nationale, qui passe pour avoir appartenu au roi René d'Anjou. Ce volume ne mérite peut-être pas sa célébrité, l'ornementation en est lourde et grossière, mais il renferme deux curieux portraits des rois Louis II et René ; le faire de ces deux peintures est assez dur, mais non sans vigueur, et c'est un bon exemple de ce que savaient faire les artistes français avant Jean Foucquet. Ce volume, en effet, doit dater d'environ 1435. On a encore plusieurs autres manuscrits ayant appartenu au célèbre roi-poète, mais on nous dispensera d'insister à leur sujet ; c'est sans preuve certaine qu'on a attribué au prince lui-même les peintures qui les ornent. Citons seulement le Bréviaire de René II, duc de Lorraine, neveu du bon roi René, qui a souvent été donné à ce dernier ; il est aujourd'hui à l'Arsenal. C'est un fort beau volume, richement illustré et datant de la fin du XVe siècle ; les peintures, de style français, sont généralement excellentes et ont grand air ; on en peut juger par celle que nous reproduisons et qui représente un concert. A remarquer dans ce beau manuscrit des cadres d'ornements à l'antique ; l'influence italienne est déjà sensible.

Mais plus remarquable que tous ces beaux volumes est le célèbre manuscrit dit des Heures d'Anne de Bretagne.

La reproduction en couleur, jadis publiée par Curmer, a valu à cet admirable volume un renom qu'il mérite de tout point. On a beaucoup discuté pour savoir à qui il fallait en attribuer les peintures. Autrefois on parlait de Jean Poyet, *enlumineur et historieur*, nommé dans des comptes de l'année 1497 ; aujourd'hui on s'accorde pour faire honneur de ce chef-d'œuvre à Jean Bourdichon, peintre du roi, qui toucha en 1507 une somme de 600 écus d'or pour prix de *grandes heures* commandées par la reine. Le volume renferme cinquante et une grandes peintures du meilleur style, mais dont le faire assez inégal trahit l'œuvre de plusieurs mains. L'une des plus belles est la peinture de tête représentant la reine à genoux, avec trois saintes, Anne, Ursule et Hélène. Citons encore Job sur son fumier, saint Nicolas et les trois enfants, la Madeleine, etc. Chaque tableau, de grande dimension, est entouré d'un large filet d'or sans aucun ornement et formant cadre. Enfin les marges du volume, nous le notons plus haut, sont chargées de peintures non moins parfaites, représentant des fleurs, des plantes et des fruits avec leurs noms latins et français ; nous donnons un de ces encadrements, mais le dessin, très exact d'ailleurs, ne rend que bien imparfaitement le caractère exquis de ces peintures adorables. Au moment où l'art français allait céder la place à l'art d'Italie, les peintres de notre pays semblent avoir voulu donner une dernière preuve de leur habileté et de leur goût.

Non moins florissante durant cette période fut l'école flamande. Elle a produit un grand nombre de manuscrits fort brillants, mais de valeur très inégale. Les princes de la maison de Bourgogne, Philippe le Bon et Charles le Téméraire, Antoine, grand bâtard de Bourgogne, son fils Philippe, aimaient les grands volumes richement ornés ; leurs familiers, les sires de Croy, Louis de Bruges, seigneur de la Gruthuyse, partageaient ces goûts délicats. Philippe le Bon surtout semble avoir voulu se composer une bibliothèque renfermant les œuvres les plus goûtées à son époque, romans de chevalerie et d'aventures, œuvres de piété, chroniques, etc. La plupart des manuscrits copiés pour lui par un scribe des plus experts, David Aubert, sont richement enluminés, mais, à vrai dire, beaucoup de ces peintures sont plus brillantes que bonnes. On a souvent voulu les attribuer à des peintres

Concert. Miniature du Bréviaire de René, duc de Lorraine.

connus, et le célèbre historien allemand Waagen a cru reconnaître dans telle miniature la main de Rogier Van der Weyden, dans telle autre celle de Memling. Ce sont là, à vrai dire, de pures hypothèses; au surplus, Ruelens l'a fait remarquer avec raison, l'organisation des corporations d'arts et métiers, très minutieusement réglée en Flandre, ne permet pas d'admettre qu'un artiste peignant sur bois ait pu se charger de travaux de miniatures, réservés exclusivement à la corporation des enlumineurs sur parchemin. Sous cette réserve, on doit reconnaître que certaines miniatures de l'école de Bourgogne rappellent la manière de tel ou tel peintre connu; de même en Italie, les œuvres d'Attavante éveillent le souvenir des tableaux de Mantegna, et celles de Clovio appartiennent à l'école romaine.

On a dit plus haut que la plupart des miniatures des artistes employés par Philippe le Bon sont loin d'être bonnes; ce sont des œuvres d'école, sans beaucoup d'originalité, brillantes de couleur, mais défectueuses de dessin, et sans contredit fort inférieures à celles de Jean Foucquet ou de l'école italienne. Les proportions des personnages sont singulières, le haut du corps très fort, le bas maigre et allongé; les extrémités inférieures surtout sont déplorables, et le modelé extrêmement faible. Toutefois un petit nombre de manuscrits échappent à cette banalité, banalité telle, que la même miniature a été répétée plusieurs fois en tête de volumes différents. Citons en premier lieu plusieurs exemplaires des Miracles de la Vierge, compilés par Jean Miélot, secrétaire de Philippe le Bon, exécutés en 1456 et conservés aujourd'hui à Paris et à Oxford. Ces manuscrits, surtout le fr. 9199 de la Bibliothèque nationale, renferment de remarquables grisailles, illustrant le texte des miracles. Toutes ces peintures ne sont pas également bonnes, mais beaucoup semblent devoir être attribuées aux meilleurs artistes du duc de Bourgogne; citons notamment, dans le manuscrit 9198, la première figure représentant Philippe le Bon présenté à la Vierge par les patrons de la maison ducale, saint Philippe et saint André. D'autres peintures, qui offrent les défauts plus haut signalés, les rachètent en partie par d'autres qualités. Dans celle que nous reproduisons ci-contre, empruntée à une œuvre célèbre de Jean Wauquelin, les

Présentation d'un livre à Philippe le Bon.

Peinture du Boèce du sire de la Gruthuyse.

Chroniques de Hainaut, traduites de Jean de Guise, on remarquera l'excellente facture des têtes ; les figures du duc, de son fils le jeune Charles, de Wauquelin, de tous les assistants enfin sont pleines de vie ; elles ne sont pas belles, mais il faut accuser de ce défaut les modèles et non le peintre. On pourrait encore citer bon nombre de peintures excellentes de l'école de Bourgogne. Nous en donnons une autre tirée d'un manuscrit célèbre enluminé pour le seigneur de la Gruthuyse par Alexandre Bening. Ce peintre paraît avoir travaillé successivement à Gand et à Bruges, et on suit ses traces jusque vers 1518 et 1519. Des recherches récentes, dues à M. Paul Durrieu, tendent à faire de cet artiste, jusqu'ici mal connu, le chef d'une école nouvelle, dont l'influence se reconnaîtrait dans plusieurs manuscrits ; le plus célèbre serait le Bréviaire Grimani. Cette école, bien supérieure à celle qui l'avait précédée, aurait fleuri en Flandre, à dater de 1475. Le Boèce du sire de la Gruthuyse, dont nous donnons une peinture, est l'un des meilleurs travaux d'Alexandre, qui n'a pu résister au désir d'en signer une miniature. Le volume porte la date de 1492. Il est par suite postérieur au Bréviaire Grimani.

Ce dernier volume, donné à la république de Venise par le cardinal Grimani, paraît avoir été acquis par celui-ci du célèbre Antonello de Messine († vers 1496) ; d'après quelques passages du texte, il fut exécuté sous le pontificat de Sixte IV (1471-1484) et après 1477. Une notice ancienne, due à un certain Marcantonio Michiel, en attribue les peintures à trois peintres flamands, Jean Memling, Gérard de Gand et Liévin ; le premier nom doit être certainement écarté, et M. Durrieu propose de remplacer Memling par Bening ; Gérard de Gand paraît être le célèbre Gérard Horebout, et Liévin, Liévin Van Laethem, d'Anvers. L'œuvre est d'ailleurs absolument flamande, mais les auteurs inconnus paraissent avoir connu des œuvres plus anciennes, les grandes

Heures de Chantilly notamment. Toutes les peintures ne sont pas d'égale valeur; quelques-unes toutefois, celles du calendrier, par exemple, et la Madeleine, valent les meilleures œuvres de Jean Foucquet. Le dessin est correct, les figures un peu lourdes et courtes, mais pleines d'expression; c'est en un mot un manuscrit digne d'un prince, et qui dut être commandé par un des plus grands personnages de Flandre.

De l'école flamande on doit encore citer trois manuscrits célèbres, dont deux sont déjà mentionnés plus haut, les Heures dites du Maître des fleurs, un autre livre d'Heures de l'Arsenal, fait pour une dame de la maison de Lalaing, enfin le Bréviaire du pape Alexandre VI. Le premier de ces trois volumes, exécuté vers la fin du XVe siècle, est remarquable, moins par les peintures qui l'ornent que par les délicieux encadrements des marges. Le plus souvent ces encadrements consistent en bandes de couleurs assez foncées sur lesquelles se détachent des fleurs admirablement exécutées; nous citerons entre autres une bande brunâtre avec pointillé d'or, sur laquelle l'artiste a peint avec un soin méticuleux des violettes épanouies, avec mouches, papillons et autres insectes. En général, les plantes sont reproduites avec leurs couleurs naturelles; parfois aussi l'artiste, tout en copiant exactement les formes des végétaux, leur a donné des teintes de fantaisie. L'ensemble est charmant, mais, malgré la juste célébrité de ce manuscrit, nous lui préférons les encadrements des Heures d'Anne de Bretagne et ceux du livre d'Heures de la dame de Lalaing. Ce dernier renferme des peintures qui ne sont point sans mérite, témoin le saint Matthieu dont on trouvera plus loin une image fidèle; mais, plus que ces peintures, nous estimons les encadrements. Sur le fond d'or brillant, l'artiste a disposé des plantes, des animaux domestiques et sauvages, en conservant à chaque objet, plantes et oiseaux, sa couleur naturelle; on ne s'attendrait pas à trouver vers l'an

La Madeleine, peinture du Bréviaire Grimani.

1500 une copie aussi parfaite de la nature. On retrouve les mêmes encadrements dans un beau livre d'Heures offert à Alexandre VI et décrit tout récemment dans la *Gazette des Beaux-Arts*. L'auteur de l'article, M. Pawlowski, croit même pouvoir donner les principales peintures de ce beau volume à Gérard, l'un des auteurs du Bréviaire Grimani. L'attribution pourra paraître hasardée ; quoi qu'il en soit, les Heures d'Alexandre VI sont un excellent spécimen de l'art flamand du XVe siècle arrivé à son plus grand développement.

Les tendances naturalistes, chères à l'école flamande, se remarquent également dans les œuvres des miniaturistes italiens, mais ici elles sont heureusement corrigées par le goût de l'antique. Peignent-ils un portrait, les artistes ferrarais ou florentins donnent impitoyablement à leur œuvre les traits de l'original, mais quand il s'agit de choisir un type de convention, instinctivement ils le prennent agréable. Il est de mode aujourd'hui dans un certain monde de leur préférer les maîtres du Nord ; cet engouement paraît bien factice ; les enlumineurs italiens du XVe siècle ne sont pas plus conventionnels que ceux de Flandre, et ils ont sur leurs rivaux une supériorité technique incontestable. Ce ne sont plus en effet de simples praticiens, exécutant ou faisant exécuter sous leur direction des quantités de manuscrits ; ce sont des artistes, assez indépendants, assez estimés pour signer leurs œuvres, et un peintre de la valeur de Sandro Botticelli ne juge pas indigne de son talent l'illustration d'une copie de Dante. Innombrables sont les miniaturistes de cette époque dont les textes et les manuscrits nous ont transmis les noms ; chaque prince de la péninsule pensionne et retient à sa cour les meilleurs artistes et leur commande des travaux importants. On a ainsi des œuvres remarquables exécutées pour les Sforza, les rois aragonais de Naples, les marquis de Ferrare et de Mantoue, ainsi que pour les différents papes, etc. Enfin l'art italien jouit déjà d'un tel renom que l'un des plus fins bibliophiles du temps, Mathias Corvin, roi de Hongrie, commande à Attavante plusieurs beaux volumes, et le même peintre est employé par quelques prélats d'outre-monts.

Au xve siècle, les églises italiennes étaient fort riches ; non contentes de commander des œuvres de bronze, des tabernacles, des statues aux plus grands sculpteurs de l'époque, de couvrir les murs de fresques signées de noms célèbres, elles firent refaire et illustrer par les meilleurs peintres du temps leurs grands livres de chœur. Beaucoup ont péri, lacérés et usés ; beaucoup aussi ont subsisté. Ceux de Sienne, exécutés sous l'inspiration du fameux Énéas Sylvius, ceux de Florence, comptent au nombre des plus beaux monuments du xve siècle. Au couvent des Camaldules de Florence, nous trouvons le miniaturiste Fra Lorenzo, à San-Marco le célèbre Beato Angelico et son frère Benedetto. Angelico a pour élève Zanobi Strozzi, qui illustre deux antiphonaires de Santa-Maria del Fiore. A Sienne, on cite Girolamo de Crémone, Liberale de Vérone, et Francesco Roselli. On connaît aussi les noms de divers artistes ferrarais et vénitiens : Taddeo de Crivelli, Francho da Russi, de Mantoue, Guglielmo de Magni et Guglielmo Ziraldi, qui travaillent pour les ducs de Ferrare, Borso et Hercule Ier. A Pérouse, notons Giacomo Corporali ; citons encore Monte, fils de Giovanni di Miniato, qui travailla pour le dôme de Florence et pour Mathias Corvin, enfin Attavante, dont le nom est plus connu que ceux des artistes nommés plus haut, mais dont le talent n'est pas sensiblement supérieur au leur.

Attavante dei Attavanti était de Florence ; il naquit en 1452. On ne sait rien de son enfance, et on ignore le nom de ses maîtres ; il semble pourtant se rattacher à l'école de Mantegna. On ignore s'il peignit autre chose que des miniatures, mais de bonne heure il est célèbre. Dès 1483, il est chargé de travaux importants par Mathias Corvin. En 1503, il est délégué avec plusieurs autres

Saint Matthieu, peinture des Heures de la dame de Lalaing.

artistes pour désigner l'emplacement du David de Michel-Ange. En 1483 et 1484, dans deux lettres publiées par

Encadrement du livre d'Heures de la dame de Lalaing.

Bottari et adressées à Taddeo Gaddi, il s'intitule *miniatore del vescovo de Dol*; cet évêque était Thomas James, connu par ses goûts artistiques. A cette date il achevait l'enluminure d'un beau missel, destiné à ce prélat et aujourd'hui conservé dans le trésor de la cathédrale de Lyon, missel qu'il signa et data de Florence. On possède encore bon nombre de remarquables œuvres de ce grand artiste : en premier lieu le célèbre Marcianus Capella de Venise,

Saint Augustin. Lettre ornée italienne de l'an 1459.
(Bibliothèque Sainte-Geneviève.)

commandé probablement par Laurent de Médicis ; le missel de Mathias Corvin à Bruxelles, exécuté de 1485 à 1487 ; plusieurs miniatures éparses dans divers antiphonaires et graduels de Florence ; une partie de la grande Bible, commandée par le duc d'Urbin, Frédéric, au célèbre libraire florentin Vespasiano da Bisticci, et exécutée de 1476 à 1488 ; beaucoup de manuscrits commandés par

Mathias Corvin, rendus tout récemment à la Hongrie par

Miniature exécutée par Attavante pour le roi Mathias Corvin.
(Bibliothèque royale de Bruxelles.)

Abdul-Hamid et conservés aujourd'hui au Musée national de Pesth; enfin, une copie en sept volumes des Commentaires de Nicolas de Lyre, offerte par Jules II au roi de Portugal, Emmanuel, et déposée au monastère de Belem. La miniature du Missel de Mathias Corvin, dont nous joignons ici la reproduction, peut donner au lecteur une idée du faire d'Attavante. Ce grand artiste fut certainement l'un des meilleurs miniaturistes de son temps; grâce à lui, l'art d'enluminer les manuscrits fut à la hauteur de la peinture sur bois.

Le nombre des manuscrits italiens historiés est immense. Voici quelques indications sommaires. Citons en premier lieu un admirable exemplaire de Pétrarque, écrit en 1476 pour Laurent de Médicis par le célèbre Sinibaldi de Florence; les peintures qu'il renferme représentent les triomphes de l'Amour, de la Mort, etc., et la première est justement célèbre. Dessin exquis, coloris excellent, bonne composition, tout se réunit pour faire de ces petits tableaux de vrais chefs-d'œuvre. Un ouvrage sur l'histoire romaine, conservé à l'Arsenal, se recommande par d'autres qualités; ici les figures

Bande d'ornement par Attavante.

ne sont plus simplement dessinées avec rehauts de couleur, elles sont peintes à la gouache; on y remarque

Saint Jérôme. École italienne, fin du XVe siècle.

des bustes à l'antique admirablement figurés, de jolis paysages dans le goût du Pérugin, en un mot, un excellent mélange de réalisme et d'imitation de l'antiquité. D'autres volumes, exécutés pour les Sforza, tant à la Bibliothèque nationale qu'à celle de l'Arsenal, renferment des encadrements, des frontispices vraiment admirables, statues équestres, portraits en buste, aussi fermes et aussi francs d'aspect que les belles médailles de Vittore Pisano, initiales dorées avec fonds de paysages et figures de haut style. Les auteurs de ces chefs-d'œuvre sont les dignes émules des grands peintres des écoles florentine, milanaise et ferraraise.

En un mot, de cet exposé que l'on trouvera sans doute bien sec, il résulte qu'au moment même où le livre imprimé va remplacer définitivement le manuscrit, l'art de la miniature jette son plus vif éclat; le XVIe siècle créera encore en ce genre des merveilles, mais les écoles de miniaturistes n'en sont pas moins dès lors atteintes mortellement; il est vrai que la décadence sera longue à venir, et les premiers frappés seront les praticiens sans talent réel, dont les œuvres banales font la joie et l'orgueil de tant d'amateurs peu clairvoyants.

Un mot, pour terminer, des reliures au XVe siècle. Ici les goûts luxueux des bibliophiles ne manquent pas de se montrer. On possède des couvertures de livres de cette époque en cuir, en étoffe et en métal. Le cuir est généralement gaufré et couvert de dessins obtenus par estampage; ces dessins, dont beaucoup paraissent appartenir à l'école allemande, figurent des saints, des chevaliers (les neuf preux par exemple), des emblèmes. Telle reliure, exécutée dans le Hainaut, représentera Charlemagne en costume d'empereur avec l'auréole de saint; ailleurs ce seront les écussons et les emblèmes du premier possesseur; ainsi les hermines, les lis et le hérisson sur les reliures exécutées pour Louis XII et Anne de Bretagne. Souvent encore ces cuirs estampés sont chargés de légendes pieuses disposées autour du sujet central. On trouve également des reliures plus simples en cuir fauve uni, avec plaques et coins de cuivre; le titre, placé sur l'un des plats, est écrit sur une bande de parchemin, celle-ci protégée par une plaque de corne. Les reliures en étoffes sont également assez communes; c'est alors du velours rouge, vert ou noir, du satin cramoisi, uni ou à ramages, une tapisserie de soie représentant des fleurs ou un sujet de piété. Parfois, à ces reliures en étoffe on ajoute des plaques d'émail serties d'or ou d'argent doré, des fermoirs ciselés ou émaillés, portant les armes ou les initiales du premier possesseur. Quelques volumes luxueux sont couverts d'une plaque d'argent niellée; telle était la première destination d'un merveilleux nielle appartenant aujourd'hui au baron Nathaniel de Rothschild; c'est un excellent travail de l'école florentine, exécuté primitivement pour le cardinal Balue, grand amateur de beaux livres. Citons enfin une reliure à secret, jadis décrite par Vallet de Viriville et conservée à la Bibliothèque nationale; les ais de bois, couverts d'une grossière broderie au petit point, ont été entaillés et renferment sous une plaque à coulisses deux portraits peints, l'un d'homme, l'autre de femme. Vallet de Viriville n'avait pas reconnu les personnages représentés; un examen plus attentif a permis à M. Bouchot d'affirmer qu'on avait là des portraits authentiques et probablement fort ressemblants du roi Charles VIII et de sa femme, Anne de Bretagne.

APPENDICE

XVIᵉ, XVIIᵉ ET XVIIIᵉ SIÈCLES

L'invention de l'imprimerie avait porté un coup fatal à l'art des miniaturistes; fort heureusement ce dernier mettra près de trois siècles à mourir; non seulement longtemps encore les lettrés et les amateurs préféreront aux plus belles impressions des manuscrits d'exécution médiocre et de lecture difficile, non seulement les manuscrits anciens seront de plus en plus recherchés par les bibliophiles, mais encore jusque vers la fin du xviiiᵉ siècle, on écrira et on enluminera des traités manuscrits. Sans parler des copies courantes de documents, d'ouvrages historiques ou littéraires, que beaucoup d'amateurs aiment à collectionner, on garde longtemps le goût de beaux volumes calligraphiés et enluminés. Qu'un auteur veuille offrir à un prince, à un protecteur puissant, un exemplaire de ses œuvres, le plus souvent, surtout si l'ouvrage est peu étendu, il en fera exécuter une copie soignée par un écrivain habile, et le fera orner de peintures à la gouache par un bon miniaturiste. Bien plus, beaucoup de princes, de grands seigneurs, de riches bourgeois gardent le goût des livres de dévotion manuscrits, et le xviᵉ, comme le xviiᵉ siècle, nous a laissé en ce genre de véritables chefs-d'œuvre.

Jusque vers 1540, la vieille écriture gothique conserve la faveur du public; l'écriture ronde, d'origine italienne, a été universellement adoptée par les imprimeurs de France, que des copistes soigneux s'en tiennent encore dans notre pays aux vieilles traditions. Toutefois la gothique finit par disparaître, remplacée par une écriture de transition, élégante et ferme, à traits droits et un peu anguleux, qui cédera à son tour la place au siècle suivant au caractère italien légèrement transformé et alourdi. Dès la fin du xvie siècle, un écrivain habile distingue la *technographie* et la *rizographie*; le premier terme désigne l'écriture droite, le second l'écriture penchée ou italique. En Allemagne, la gothique persiste et devient de plus en plus fleurie et illisible. En Espagne cependant s'est formée une écriture admirable et pure, qui régnera fort longtemps; elle est parfois d'une lecture difficile, à cause de certains traits particuliers, mais elle est par contre merveilleusement régulière. Enfin, en Italie, se forme l'horrible écriture cancellaresque, dernière forme de l'écriture boulonnaise; conservée pieusement par les scribes pontificaux, elle deviendra promptement illisible et produira au xviie et au xviiie siècle des chefs-d'œuvre de mauvais goût.

L'écriture au xvie siècle est un art, et ceux qui l'exercent sont de vrais artistes; ils publient des traités considérables sur la matière, des alphabets de lettres ordinaires et fleuries. Un peu subtils comme tous les gens de l'époque, ils philosophent à perte de vue sur la matière et s'efforcent de ramener l'alphabet à un canon uniforme, à des proportions rigoureuses. Geoffroy Tory, dans son célèbre traité dit *Champfleury*, publié en 1529, s'évertue à prouver comment les dimensions des lettres et chaque partie des mêmes lettres se rapportent aux dimensions mêmes du corps humain; hypothèse bien puérile, mais qui du moins conduit cet excellent artiste à dessiner les délicieuses lettres employées par les grands imprimeurs du xvi° siècle. Il faut remonter aux beaux temps de l'Empire romain pour trouver des caractères d'une forme aussi parfaite et aussi artistique. On peut encore citer, au xvi° siècle, Guillaume le Gangneur, angevin, auteur des deux ouvrages plus haut indiqués; écrivain du roi Henri III, il mourut un peu avant 1599. Pour l'Italie, nommons Ludovico Vicentino, *scrittore di brevi apostolici*, Tagliente et surtout le célèbre Francesco Alunno, de Ferrare; ce dernier, mort en 1556, fut à la fois écrivain, philosophe, grammairien, poète et orateur. L'Allemagne de son côté produit quantité de calligraphes distingués et surtout un nombre infini de modèles d'écriture.

Ces écrivains artistes s'amusent à des tours de force, qui nous paraissent aujourd'hui un peu enfantins, mais que certains oisifs renouvellent de temps à autre. Alunno faisait tenir le Symbole des apôtres sur une feuille de papier de la largeur d'un denier; un Anglais, P. Bales, offrit à la reine Elisabeth, en 1575, une bague dont le chaton portait le *Pater*, le *Credo*, les dix commandements, deux prières latines et quelques inscriptions plus courtes. Un certain Sinibaldo Scorza copiait à la plume si fidèlement des gravures d'Albert Dürer qu'on confondait parfois l'original et la reproduction. Un autre Italien, nommé Rocco, figurait un portrait à l'aide de lignes d'écriture; on cite encore des portraits de Charles Ier, de la reine Anne, du comte de Kœnigsmark, exécutés de la même façon.

Ce sont là d'innocentes plaisanteries. Au xvii° siècle, l'art d'écrire est représenté en France par le plus connu, sinon le meilleur de tous ces écrivains, Nicolas Jarry, Parisien. On connaît mal la vie de cet artiste; il était écrivain et noteur de musique du roi Louis XIV. Mais on a de lui bon nombre de beaux volumes, généralement sur vélin, que les amateurs se disputent à prix d'or. Nous donnons un spécimen de l'écriture de ce maître, spécimen emprunté à un beau volume de la Bibliothèque Mazarine. La main de Jarry est très reconnaissable, qu'il écrive soit en écriture ronde imitant l'imprimé, soit en lettres couchées. Son chef-d'œuvre est *la Guirlande de Julie*, mince livret appartenant aujourd'hui au duc d'Aumale. On connaît l'histoire de ce manuscrit célèbre. Le duc de Montausier, voulant faire une galanterie à sa future, Julie d'Angennes, eut l'idée de faire peindre sur vélin par le miniaturiste Robert un certain nombre de fleurs; pour chaque fleur, il demanda un madrigal aux poètes du temps les plus en renom : Colletet, Godeau, Desmarets, Gombaut, Scudéry, Chapelain, etc., et Jarry se chargea de transcrire ces poésies. Le volume renferme en tout soixante et un madrigaux et vingt-neuf figures, plus un feuillet portant le titre, au milieu d'une guirlande composée des vingt-neuf fleurs représentées. Deux copies différentes furent exécutées par Jarry; l'une in-folio en lettres rondes, l'autre in-octavo et en bâtarde; à la première seule furent jointes les figures de Robert. Ce joli volume porte la date de 1641.

Inutile de faire l'histoire de l'écriture durant les deux derniers siècles; cette histoire présente d'autant moins d'intérêt que les variations sont peu sensibles depuis l'an 1600, date approximative du triomphe définitif de l'écriture italienne, jusque vers le temps de l'invasion de l'écriture anglaise. Un mot seulement des ornements de plume chers aux écrivains modernes. Dès la fin du moyen âge, les copistes les moins soigneux aiment les initiales compliquées, tracées à la plume; c'est ce qu'on appelle des *cadeaux*. Tantôt la haste ou la panse de la lettre, composée de deux traits parallèles, est ornée de masques grimaçants, de figures grotesques; tantôt l'intervalle entre les deux traits est chargé de dessins variés, géométriques ou irréguliers, échiquetés, losangés, fuselés, etc. Souvent aussi la lettre se détache sur un cadre d'ornement exécuté à la plume; parfois encore elle est dessinée en perspective et prend un aspect lapidaire. Le style de ces ornements d'écriture change avec les temps; au XVIe siècle, ce sont des lettres à l'antique, fortes et régulières; cent ans plus tard, on les orne de fleurons dans le goût du règne de Louis XIV; au XVIIIe siècle, ce sont des fleurs plus gracieuses, du genre rococo, des boutons, rappelant les ornements chers aux orfèvres du temps. Toutefois ces recherches d'écriture ne font que cacher une décadence irrémédiable; c'est encore un art

A LA REYNE
REGENTE.

ADAME

Spécimen d'écriture de Nicolas Jarry. (Bibliothèque Mazarine.)

au XVIe siècle; au suivant, malgré les chefs-d'œuvre de Jarry et de ses émules, l'écriture courante est moins soignée; au XVIIIe, le mal empire, et aujourd'hui on aurait peine à trouver beaucoup de maîtres capables de produire ces élégances d'autrefois.

L'ornementation des manuscrits subit, elle aussi, bien des changements dans cette longue période, et elle perd en originalité ce qu'elle gagne en correction. Les miniaturistes créent des merveilles, mais ils suivent servilement la mode et imitent les peintres en renom; l'histoire de leur art offre d'autant moins d'intérêt. Au XVIᵉ siècle, il faut avant tout noter la lutte entre le vieil art français et l'art italien nouvellement introduit. Des manuscrits offerts à Louise de Savoie, à François Iᵉʳ, à la sœur de celui-ci, Marguerite d'Angoulême, les uns sont tout gothiques, les autres tout italiens de style; parfois même les deux arts se mélangent dans certains manuscrits luxueux. Tel un beau Josèphe de la Bibliothèque Mazarine : l'écriture, les initiales y sont italiennes, les grandes peintures sont dues à un artiste français, et les encadrements de page sont tantôt de style italien, tantôt de style français; parfois même sur la même page, aux motifs ornementaux italiens, grandes hastes de fleurs éclatantes sur fonds sombres, génies à l'antique, camées et médailles, l'artiste a associé la vieille flore gothique, rinceaux, feuilles et fleurs de couleurs vives, sur fonds d'or ou de teintes claires.

Miniature du Boccace de Louise de Savoie.

Parmi les manuscrits de style français, on peut citer les *Chants royaux* de la Bibliothèque nationale (fr. 1537); l'artiste, auteur des curieuses peintures de ce volume, savait dessiner et peindre, mais il est resté fidèle à l'ancienne école. Même remarque à faire touchant deux manuscrits célèbres offerts à Louise de Savoie, les *Échecs amoureux*, et le Livre des nobles dames, de Boccace; on trouvera ci-joint une peinture empruntée à ce dernier, ouvrage remarquable à tous égards, mais dont l'illustration ne laisse pas d'être assez inégale. Citons encore le livre d'Heures de Claude de Lorraine, dont les peintures

Peinture de Godefridus (1519).

sont sans grande valeur, mais qui renferme cinq gouaches admirables, ajoutées un peu plus tard et du style le plus italien, et un Recueil d'emblèmes, de l'Arsenal; dans ce dernier volume, l'influence italienne est insensible; l'artiste, ayant à représenter des personnages mythologiques, leur a donné les costumes de son temps, et il semble avoir imité plutôt des maîtres allemands que des peintres du midi de l'Europe. Citons encore un livre célèbre de l'Arsenal, dont la miniature initiale représente Henri d'Albret cueillant une marguerite, emblème de la sœur de François Ier, épouse de ce prince. Le portrait de ce seigneur est fin et bien dessiné, et la peinture excellente, bien qu'un peu sèche. Notons encore les recueils d'armoiries des chevaliers du Saint-Esprit exécutés pour le roi Henri III; le manuscrit, dans lequel est racontée la création de l'ordre (Bibl. nat., fr. 8203), n'est pas des meilleurs, mais certains de ces recueils sont par contre des plus luxueux et des plus élégants; citons seulement la *huitième création* de 1585, conservée à la Bibliothèque Mazarine. Pour conclure, sauf de rares exceptions, ces produits de l'école française en décadence sont moins beaux que curieux.

On doit pourtant faire une exception pour les œuvres du mystérieux Godefroy, que l'on a voulu sans preuve identifier avec le célèbre Geoffroy Tory. On possède quatre volumes admirablement illustrés, dont les peintures, signées Godefroy ou G. ou encore *Godefridus Batavus*, sont datées des années 1519 et 1520. Ce sont des dialogues entre François Ier et César sur la conquête des Gaules (3 volumes, à la Bibliothèque nationale, au Musée Britannique et à Chantilly), et une traduction des *Triomphes* de Pétrarque (à l'Arsenal). Ces manuscrits — le dernier est le moins remarquable, — renferment des grisailles de grand style, avec rehauts de couleur, d'admirables médailles imitées de l'antique, des portraits de divers personnages de la cour de François Ier

(Lautrec, Boissy, Anne de Montmorency, Chabannes, Fleurange, Tournon, etc.), enfin des engins de guerre. Nous donnons le frontispice du volume de la Bibliothèque nationale. L'encadrement est italien de style, mais dans le faire général, dans le dessin, on remarque bien des traits charmants, une finesse, une naïveté, une grâce, qui manquaient déjà aux artistes de la péninsule au début du xvi⁰ siècle. Ce sont bien des peintures de l'école française, dans le style de Geoffroy Tory, du réformateur de l'écriture française; il est impossible de les lui attribuer, mais elles sont dignes de lui. On ne sait rien au surplus sur la vie de ce *Godefridus Batavus*, qui, étranger d'origine, avait su si bien adopter la manière française.

Des nombreux volumes à peintures exécutés en France par des artistes italiens d'origine ou de style, nous ne citerons qu'un petit nombre. En première ligne, le livre d'Heures de Henri II. La gravure que nous donnons permettra au lecteur de se faire une idée de l'illustration de ce beau volume; l'auteur anonyme de ces gouaches était un artiste expert, sachant dessiner et peindre. Notons encore un beau livre d'Heures de l'Arsenal, exécuté en 1533 (n. 640). Lettres ornées, encadrements, faire des peintures, tout ici rappelle l'Italie; l'auteur de ces jolies gouaches n'était pas un grand artiste, mais il connaissait à fond son métier et savait dessiner et poser ses personnages. Citons encore la jolie peinture qui sert de frontispice à un autre manuscrit de l'Arsenal; elle représente Henri II signant un édit en faveur des notaires de Paris. Enfin, pour terminer, quelques mots du célèbre livre d'Heures de Catherine de Médicis, exposé au Louvre dans la galerie d'Apollon; ce volume, dont l'écriture imite l'imprimé, renferme cinquante-huit portraits en miniature de princes et princesses de la maison royale ou de celle de Lorraine. Tous ces portraits ne sont pas également bons, mais quelques-uns sont admirables de

Peinture du livre d'Heures de Henri II. (Bibliothèque nationale.)

fraîcheur et de vie; tels ceux de Catherine de Médicis en

Joseph et ses frères.
École italienne du commencement du xvie siècle.

sainte Claire, de François Ier, des enfants de ce prince.

C'est un monument unique, qu'on a voulu tout naturellement attribuer à l'un des Clouet, hypothèse que rien ne justifie. Le faire de quelques-uns de ces petits tableaux est, à notre sens, bien supérieur aux œuvres un peu sèches des célèbres portraitistes.

Dans les Flandres, la peinture continue son évolution dans le sens naturaliste; on a remarqué avec raison que les couvents de cette partie de l'Europe produisent encore, durant tout le xvie siècle, des œuvres d'enluminures; quelques-unes sont fort attrayantes et illustrent agréablement de grands livres de chœur exécutés à Bruges, à Anchin, à Marchiennes. A côté prospère l'école laïque; citons seulement les peintures frustes, mais curieuses, dont Hubert Cailleau, de Valenciennes, orne, en 1547, la copie d'un mystère joué dans cette ville, et les images grotesques d'un recueil de chansons conservé à Cambrai. Certaines de ces dernières sont dans le goût de Breughel.

Des nombreux miniaturistes qui brillent en Italie au xvie siècle, nous ne citerons qu'un seul, le célèbre Giulio Clovio; né en Croatie en 1498, il vint très jeune en Italie et y peignit beaucoup de livres liturgiques; le plus connu est un office de la Vierge, exécuté pour le cardinal Alexandre Farnèse. L'œuvre est importante et de grand style; l'auteur était élève de Jules Romain. Mais, à vrai dire, ce n'est plus de la miniature à la façon du moyen âge, c'est de la peinture à la gouache sur vélin, et les œuvres de Clovio, si belles qu'elles soient, n'en présentent pas moins tous les défauts de l'art italien de la décadence : banalité et coloris uniforme. La peinture ci-jointe, laquelle date d'environ 1525, donnera une idée suffisante de cette école, plus agréable qu'intéressante ou originale.

Sur la reliure au xvie siècle, impossible de nous étendre. Tout le monde connaît les admirables travaux exécutés par des ouvriers artistes pour Henri II et Catherine de Médicis, pour François Ier, Charles IX, Henri III et pour de grands amateurs : Grolier, Majoli, Anne de

XVIᵉ, XVIIᵉ ET XVIIIᵉ SIÈCLES.   321

Montmorency, etc. Le goût est à la reliure en mosaïque,

Reliure du livre d'Heures de Catherine de Médicis.
(Musée du Louvre.)

combinaison de cuirs de couleurs variées; dans le fond

sombre sont enchâssées des parties plus claires. Très sobres d'ornements d'or, les relieurs réservent cette teinte pour le titre, les emblèmes du possesseur, ses initiales ou ses armoiries. Au temps de Henri III paraissent les reliures dites *à la fanfare* ou d'Ève, composées de rinceaux d'or délicatement appliqués au fer sur le cuir de fond. Enfin on a autant de goût que par le passé pour les reliures à ornements d'orfèvrerie; celle du livre d'Heures de Catherine, avec ses appliques et ses ornements d'or émaillé de blanc et noir, est un exemple excellent de ce que savaient produire les relieurs et les orfèvres du temps. On peut encore citer la reliure d'un livre de prières de la reine Elisabeth d'Angleterre; elle était d'or massif; les plats représentaient en ciselure le Jugement de Salomon et le Serpent d'airain. Une traduction en anglais des épîtres de saint Paul, conservée à Oxford, est couverte d'une soie noire portant des devises pieuses, brodées par cette même princesse Elisabeth, pendant son emprisonnement sous le règne de Marie Tudor.

Au XVIIe siècle, le nombre des manuscrits ornés de peintures diminue subitement. Le goût évidemment s'en perd; Jarry et les autres écrivains célèbres exécutent encore un grand nombre de livres de piété sur parchemin, mais la plupart ne renferment en fait d'ornements que les armoiries du premier possesseur et quelques initiales fort simples. Toutefois on peut citer un certain nombre de monuments curieux datant des règnes de Louis XIII et de Louis XIV. En premier lieu la collection dite des vélins du Muséum. Elle doit son origine à Gaston, duc d'Orléans, qui dès 1630 faisait peindre sur vélin les plantes du jardin botanique et les animaux de la ménagerie établis dans son château de Blois. Léguées à Louis XIV en 1660, ces peintures restèrent durant de longues années aux mains de Fagon, premier ministre de ce prince; à dater de 1718, elles furent conservées à la Bibliothèque nationale, et en 1793, un décret de la Convention nationale les attribua au Muséum d'histoire naturelle. Chaque année, encore maintenant, la collection s'accroît de quelques pièces; aujourd'hui elle compte 6 000 feuillets. Les premières peintures sont de Daniel Rabel, graveur et miniaturiste, auquel on doit un portrait du duc d'Orléans, placé en tête du premier volume. Interrompue durant de longues années, la collection est continuée après 1660 par le peintre Nicolas Robert, auteur de la *Guirlande de Julie*; on lui doit un magnifique portrait de Louis XIV qui ouvre cette nouvelle série, et son nom paraît souvent dans les comptes des bâtiments du roi. En 1685, Robert est remplacé par Jean Joubert, peintre du roi pour la miniature, auquel en 1700 succède Aubriet. Depuis lors jusqu'à nos jours la collection n'a pas cessé de s'accroître; parmi les artistes les plus célèbres qui y ont travaillé, il faut citer G.-V. Spaendonck et les frères Redouté.

Au milieu du XVIIe siècle appartiennent encore plusieurs manuscrits célèbres. Sans parler du fameux Calendrier des dames de la cour, exécuté pour le satirique Bussy-Rabutin, et dont les miniatures étaient, dit-on, dues à Petitot, on peut citer le *Dialogue de l'amour et de l'amitié*, par Perrault, dont Nicolas Fouquet possédait une copie sur vélin, avec dorures et peintures. On peut encore citer un office de la Vierge et un recueil de prières exécuté en 1647 pour Guillaume, marquis de Bade, par le peintre Frédéric Brentel, qui l'avait orné de ravissantes miniatures et de quarante peintures, copies de tableaux célèbres. Mentionnons également un beau volume sur vélin, écrit par Nicolas Jarry et conservé à la Bibliothèque Mazarine; il renferme un ouvrage de M. de la Serre, *le Temple de la Gloire*, ou éloge des princesses de la maison d'Autriche du nom d'Anne; écrit avec soin, en partie en encre de couleur et orné de belles initiales peintes, il renferme onze gouaches représentant les princesses en question; ces peintures ne sont pas des meilleures, et la plus parfaite était sans doute le portrait d'Anne d'Autriche, qu'une main profane a fait disparaître; elles sont tout au moins fort brillantes.

Mais bien supérieurs à tous égards sont les beaux volumes de la Bibliothèque nationale renfermant le récit des campagnes de Louis XIV pendant la guerre de Hollande. Ils se composent d'un grand nombre de cartes soigneusement exécutées et ornées de sujets et de cartouches légèrement traités à la gouache. La plupart de ces sujets sont allégoriques : ici la France, armée d'un glaive, lutte contre la triple alliance, figurée par trois lions; là, un fleuve couché formant cartouche; ailleurs encore, une femme représentant telle ville soumise par les armées du roi très-chrétien. En tête un frontispice de grand style, dans la manière de Lebrun, et un portrait du roi. Dans le volume de 1676, Louis XIV est représenté en empereur romain au milieu de son camp. On ignore le nom des auteurs de ces beaux volumes; peut-être faut-il les attribuer à un certain Bailly, qui paraît dans les comptes avec le titre de miniaturiste du roi.

Moins bons comme exécution, mais encore plus brillants sont les deux livres d'Heures offerts à Louis XIV par des pensionnaires des Invalides en 1688 et 1693. Nous donnons ici le frontispice de l'un d'eux, représentant le roi à genoux devant un autel. L'écriture est tracée tantôt en noir, tantôt en bleu; les titres sont à l'encre d'or et la même substance a servi à marquer les accents et les signes de ponctuation. Chaque page est richement encadrée des motifs les plus variés, empruntés les uns à l'architecture, les autres à la flore classique; on y trouve également des fleurs de lis, le chiffre du roi, etc. De plus, dans chacun de ces encadrements figurent en haut des scènes de l'histoire sainte, en camaïeu bleu, rouge, blanc ou d'or, en bas de ravissants paysages ou encore des vues de monuments. Ces deux splendides volumes, malgré certains détails un peu lourds, font

Frontispice des Heures de Louis XIV. (Bibliothèque nationale.)

grand honneur au bon goût et à l'habileté des miniaturistes royaux.

Au XVIIe siècle appartiennent encore beaucoup de beaux livres de chœur, excellemment écrits et richement enluminés ; mais c'est surtout au siècle suivant que les églises opulentes firent refaire tous ces livres par les meilleurs artistes du temps. Parfois on s'est contenté d'écrire le texte à l'aide de caractères à jour ; de là une certaine gaucherie dans le tracé des lignes. Mais souvent aussi les caractères sont tracés à la main et d'une grande élégance. Beaucoup de ces volumes sont remarquables par leur ornemen-

Naissance de la Vierge. XVIIIe siècle.
(Bibliothèque Sainte-Geneviève.)

tation ; nous citerons notamment un beau manuscrit de la Bibliothèque Sainte-Geneviève, dont les gouaches représentent l'histoire de la sainte de ce nom, la procession de ses reliques et divers épisodes de l'histoire sainte. On en trouvera ci-joint un spécimen. Notons également un canon de la messe écrit par un artiste, Savoyard d'origine, nommé Poncet, en 1727, pour Jean-Théodore de Bavière, évêque de Ratisbonne ; on y remarque des initiales d'un style charmant, avec petits paysages, vues de montagne, motifs d'architecture, culs-de-lampe élégants et jolis en-têtes de chapitres. Ce manuscrit est à l'Arsenal. Un autre volume, de l'an 1721, renferme l'office de saint Louis; cinq jolies gouaches y représentent les principaux événements de la vie du saint roi; la dernière figure, la translation de ses reliques. En-têtes charmants, culs-de-lampe composés de vases de fleurs élégamment peints, l'artiste, auteur de ce beau volume, jadis conservé à l'hôtel des Invalides, n'a épargné aucun ornement.

Tous ces manuscrits du xviiie siècle présentent, à vrai dire, peu d'intérêt, et l'usage en devient de jour en jour plus rare. Si pour les documents administratifs on tient toujours à une écriture belle et lisible, si quelques amateurs aiment encore à faire exécuter par des miniaturistes en renom un beau volume bien illustré, la plupart préfèrent les imprimés, moins coûteux, aussi beaux et plus maniables. La manie des livres illustrés à la main a reparu de nos jours, mais combien transformée! Les études archéologiques ont remis à la mode l'art du moyen âge, mais aujourd'hui on se contente de copier les motifs anciens, sans chercher à innover. A vrai dire, ces copies sont souvent bien défectueuses, mais moins encore que les reproductions en couleurs qui ornent beaucoup de grandes publications historiques et archéologiques. La plupart sont insuffisantes et donnent des originaux une idée d'autant plus infidèle que la couleur, élément principal de ces vieilles peintures, est le plus souvent mal rendue par la chromolithographie. A vrai dire, ce goût du livre peint est bien factice; le manuscrit a été tué par le livre imprimé, il ne reparaîtra jamais.

Pour terminer, un mot de la reliure des manuscrits durant les deux derniers siècles : elle est toute semblable à celle des livres imprimés. Si beaucoup reçoivent des vêtements fort simples en parchemin ou en basane, d'autres sont plus richement couverts par les meilleurs artistes du temps. Trois noms de relieurs méritent d'être cités pour le xviie siècle : Clovis Eve, deuxième du nom, relieur ordinaire de Louis XIII; Legascon dont on connaît fort mal la vie, mais auquel on attribue les merveilleuses reliures, avec pointillé d'or au petit fer, qui portent son nom ; enfin Duseuil, qui mit en honneur les grandes dentelles ornant le bord des plats. Un peu plus tard, sous Louis XIV, on invente l'art de marbrer le veau et le parchemin à l'aide d'une solution de couperose, manière ingénieuse de cacher les petites imperfections des peaux employées par les relieurs. Pour le XVIIIe siècle, citons les travaux de Padeloup et de Biziaux ; le premier est employé par Marie Leczinska, le second par Mme de Pompadour. Padeloup remet en honneur la reliure en mosaïque, en maroquin de deux teintes, avec ornements abondants, mais parfois lourds et banals. Plus simples et de meilleur goût sont les œuvres de Derôme, qui se contente de quelques fleurs tracées au petit fer. Ce dernier est le véritable inventeur de la reliure moderne, qui a produit dans ce siècle des merveilles dignes des temps anciens.

TABLE DES GRAVURES

Empreinte d'un cylindre à inscription assyrienne. 13
Brique d'Erech. 13
Fragment de rituel funéraire égyptien. 17
Volumen. 25
Casier à livres muni d'un pupitre. 25
Peinture du Virgile de la Bibliothèque Vaticane. 39
Bibliothèque de la fin de l'Empire. 40
Saint Jean évangéliste (peinture grecque de la Bibl. nat.). . . 47
Initiale grecque (Bibl. nat.) 53
Saint Mammès en prière (Bibl. nat.). 55
Scène rustique tirée d'un manuscrit grec de la Bibliothèque nationale 56
Couronne d'anges, d'après un manuscrit grec du xiie siècle (Bibl. nat.). 61
David sur le mont de Bethléem (Bibl. nat.). 65
Hélène en Égypte, peinture du Nicandre de la Bibliothèque nationale. 66
Fronton orné, d'après un manuscrit grec du xe siècle. (Bibl. nat.). 68
Scènes familières tirées d'un manuscrit grec de la Bibliothèque nationale. 69
Reliure byzantine (Trésor de Saint-Marc de Venise). 73
Le Déluge, peinture du Pentateuque de Tours. 93
Initiales mérovingiennes. 94
Initiale mérovingienne 95
Scène empruntée au Psautier d'Utrecht. 98
Initiales mérovingiennes. 101
Reliure de l'Évangéliaire de Monza (viie siècle) 105
Initiale d'une Bible de Charles le Chauve. 114
Page ornée de l'Évangéliaire de Saint-Vast. 115
Le Christ. Peinture tirée de l'Évangéliaire de Charlemagne. . 117
La Source de vie. Peinture du même Évangéliaire. 121

TABLE DES GRAVURES.

Offrande d'une Bible à Charles le Chauve.	125
L'empereur Lothaire	127
L'Ascension (Sacramentaire de Drogon)	131
Ornement du ixe siècle (Psautier de Charles le Chauve).	131
Acteur récitant le prologue. Dessin d'un manuscrit de la Bibliothèque Ambrosienne, à Milan	133
Reliure du Psautier de Charles le Chauve.	138
Névelon, moine de Corbie, aux pieds de saint Pierre.	148
Initiale du xiie siècle	161
Initiale du xiie siècle	162
Initiale représentant le célèbre Gilbert de la Porrée (xiie siècle).	163
Initiale d'un manuscrit du Mont-Cassin.	167
Dessin à la plume du xe siècle : Jésus marchant sur les flots.	171
Combat au xe siècle (Bible de Noailles).	176
Apocalypse de Saint-Sever.	177
Le Lavement des pieds et le Baiser de Judas (Manuscrit du Mont-Cassin; xie siècle).	181
Scène d'une Apocalypse du début du xiiie siècle.	183
Peinture du Psautier de saint Louis.	201
Fragment d'une lettre ornée (Bible de Pontigny).	210
Scène empruntée à une Bible du xiiie siècle (Bibl. nat.)	211
Les vices et les vertus (Manuscrit de la Bibl. Mazarine).	217
Supplice du pilori (Manuscrit des coutumes de Toulouse).	221
L'enlèvement des Sabines (Manuscrit de Charles V à la Bibl. Sainte-Geneviève).	231
Chevaliers se rendant au tournoi. D'après une miniature d'environ 1320.	239
Légende de Cacus.	243
Figure du Psautier de Jean de Berry (École d'André Beauneveu).	245
Une chasse au bois de Vincennes (Peinture des Très riches Heures de Chantilly).	253
Les Noces de Cana (Grandes Heures de Jean de Berry).	255
L'Annonciation (Manuscrit de la Bibl. Mazarine).	257
Souscription d'un miniaturiste italien (Année 1459; Bibl. Sainte-Geneviève).	267
Ornement du Livre d'Heures de la reine Anne.	271
Initiale italienne (xve siècle).	272
Initiale italienne (xve siècle).	273
Page ornée des Heures de Ferdinand de Naples.	275
Saint Martin partageant son manteau, peinture de Jean Foucquet. (Musée du Louvre).	279
Le Baiser de Judas (École de Foucquet; Bibl. Mazarine).	281
Concert. Miniature du Bréviaire de René, duc de Lorraine.	285
Présentation d'un livre à Philippe le Bon.	287
Peinture du Boèce du sire de la Gruthuyse.	289
La Madeleine, peinture du Bréviaire Grimani.	293
Saint Matthieu, peinture des Heures de la dame de Lalaing.	297

Encadrement du livre d'Heures de la dame de Lalaing. . . . 299
Saint Augustin. Lettre ornée italienne de l'an 1459 (Bibl. Sainte-Geneviève) 300
Miniature exécutée par Attavante pour le roi Mathias Corvin (Bibl. de Bruxelles). 301
Bande d'ornement par Attavante. 302
Saint Jérôme. École italienne, fin du xve siècle. 303
Spécimen d'écriture de Nicolas Jarry (Bibl. Mazarine) 311
Miniature du Boccace de Louise de Savoie. 312
Peinture de Godefridus (1519). 313
Peinture du livre d'Heures de Henri II (Bibliothèque nationale). 317
Joseph et ses frères. École italienne du commencement du xvie siècle. 319
Reliure du livre d'Heures de Catherine de Médicis (Musée du Louvre) 321
Frontispice des Heures de Louis XIV (Bibl. nat.). 325
Naissance de la Vierge, xviiie siècle (Bibl. Sainte-Geneviève). 327

TABLE DES CHAPITRES

Notions préliminaires 1
Chapitre I. — Antiquité : Assyrie, Égypte, Grèce et Rome. . 11
— II. — Byzance. 42
— III. — Époque barbare : les Mérovingiens 77
— IV. — Époque barbare : les Carolingiens. 107
— V. — Les Écoles monastiques du Xe au XIIIe siècle . 140
— VI. — XIIIe et XIVe siècles : les Universités et les libraires laïques. 187
— VII. — XIVe et XVe siècles : Charles V et Jean de Berry. 222
— VIII. — La Renaissance 262
Appendice. — XVIe, XVIIe et XVIIIe siècles. 307

23093. — Imprimerie Lahure, rue de Fleurus, 9, à Paris.

LIBRAIRIE HACHETTE & Cie
BOULEVARD SAINT-GERMAIN, 79, A PARIS

LE
JOURNAL DE LA JEUNESSE
NOUVEAU RECUEIL HEBDOMADAIRE
TRÈS RICHEMENT ILLUSTRÉ
POUR LES ENFANTS DE 10 A 15 ANS

Les dix-neuf premières années (1873-1891), formant trente-huit beaux volumes grand in-8°, sont en vente.

Ce nouveau recueil est une des lectures les plus attrayantes que l'on puisse mettre entre les mains de la jeunesse. Il contient des nouvelles, des contes, des biographies, des récits d'aventures et de voyages, des causeries sur l'histoire naturelle, la géographie, les arts et l'industrie, etc., par

Mmes S. BLANDY, COLOMB, GUSTAVE DEMOULIN, EMMA D'ERWIN, ZÉNAÏDE FLEURIOT, ANDRÉ GÉRARD, JULIE GOURAUD, MARIE MARÉCHAL, L. MUSSAT, P. DE NANTEUIL, OUIDA, DE WITT NÉE GUIZOT;

MM. A. ASSOLLANT, DE LA BLANCHÈRE, LÉON CAHUN, RICHARD CORTAMBERT, ERNEST DAUDET, DILLAYE, LOUIS ÉNAULT, J. GIRARDIN, AIMÉ GIRON, AMÉDÉE GUILLEMIN, CH. JOLIET, ALBERT LÉVY, ERNEST MENAULT, EUGÈNE MULLER, PAUL PELET, LOUIS ROUSSELET, G. TISSANDIER, P. VINCENT, ETC.

et est

ILLUSTRÉ DE 10,000 GRAVURES SUR BOIS
d'après les dessins de

É. BAYARD, BERTALL, BLANCHARD, CAIN, CASTELLI, CATENACCI, CRAFTY, C. DELORT, FAGUET, FÉRAT, FERDINANDUS, GILBERT, GODEFROY DURAND, HUBERT-CLERGET, KAUFFMANN, LIX, A. MARIE, MESNEL, MOYNET, MYRBACH, A. DE NEUVILLE, PHILIPPOTEAUX, POIRSON, PRANISHNIKOFF, RICHNER, RIOU, RONJAT, SAHIB, TAYLOR, THÉROND, TOFANI, TH. WEBER, E. ZIER.

CONDITIONS DE VENTE ET D'ABONNEMENT

LE JOURNAL DE LA JEUNESSE paraît le samedi de chaque semaine. Le prix du numéro, comprenant 16 pages grand in-8°, est de **40** centimes.

Les 52 numéros publiés dans une année forment deux volumes.

Prix de chaque volume, broché, **10** francs; cartonné en percaline rouge, tranches dorées, **13** francs.

PRIX DE L'ABONNEMENT
POUR PARIS ET LES DÉPARTEMENTS

Un an (2 volumes).............. **20** FRANCS
Six mois (1 volume)............ **10** —

Prix de l'abonnement pour les pays étrangers qui font partie de l'Union générale des postes : Un an, **22** fr.; six mois, **11** fr.

Les abonnements se prennent à partir du 1ᵉʳ décembre et du 1ᵉʳ juin de chaque année.

MON JOURNAL

DIXIÈME ANNÉE

NOUVEAU RECUEIL MENSUEL ILLUSTRÉ
POUR LES ENFANTS DE 5 A 10 ANS

PUBLIÉ SOUS LA DIRECTION DE

Mme Pauline KERGOMARD et de M. Charles DEFODON

CONDITIONS DE VENTE ET D'ABONNEMENT :

Il paraît un numéro le 15 de chaque mois depuis le 15 octobre 1881.

Prix de l'abonnement : Un an, 1 fr. 80; prix du numéro, 15 centimes.

Les dix premières années de ce nouveau recueil forment dix beaux volumes grand in-8°, illustrés de nombreuses gravures. La première année est épuisée; la dixième est en cours de publication.

Prix de l'année, brochée, 2 fr. ; cartonnée en percaline avec fers spéciaux à froid, 2 fr. 50.

Prix de l'emboîtage en percaline, pour les abonnés ou les acheteurs au numéro, 50 centimes.

NOUVELLE COLLECTION ILLUSTRÉE
POUR LA JEUNESSE ET L'ENFANCE
1re SÉRIE, FORMAT IN-8° JÉSUS

Prix du volume : broché, 7 fr. ; cartonné, tranches dorées, 10 fr.

About (Ed.) : *Le roman d'un brave homme.* 1 vol. illustré de 52 compositions par Adrien Marie.
— *L'homme à l'oreille cassée.* 1 vol. ill. de 61 compos. par Eug. Courboin.

Cahun (L.) : *Les aventures du capitaine Magon.* 1 vol. illustré de 72 gravures d'après Philippoteaux.
— *La bannière bleue.* 1 vol. illustré de 73 gravures d'après Lix.

Deslys (Charles) : *L'héritage de Charlemagne.* 1 vol. illustré de 129 gravures d'après Zier.

Dillaye (Fr.) : *Les jeux de la jeunesse*, 1 vol. illustré de 203 grav.

Du Camp (Maxime) : *La vertu en France.* 1 vol. ill. de 45 gr. d'après Duez, Myrbach, Tofani et E. Zier.

Fleuriot (Mlle Z.) : *Cœur muet.* 1 vol. ill. de grav. d'après Adrien Marie.
— *Papillonne.* 1 volume illustré de 50 gravures d'après E. Zier.

Guillemin (Amédée) : *La Pesanteur et la Gravitation universelle.* — *Le Son.* 1 vol. contenant 3 planches en couleurs, 23 planches en noir et 445 figures dans le texte.
— *La Lumière.* 1 vol. contenant 13 planches en couleurs, 14 planches en noir et 353 figures dans le texte.

Guillemin (Amédée) (suite) : *Le Magnétisme et l'Électricité.* 1 vol. contenant 5 planches en couleurs, 15 planches en noir et 577 figures dans le texte.
— *La Chaleur.* 1 vol. contenant 1 planche en couleurs, 8 planches en noir et 324 gravures dans le texte.
— *La Météorologie et la Physique moléculaire.* 1 vol. contenant 9 planches en couleurs, 20 planches en noir et 343 gravures dans le texte.

La Ville de Mirmont (H. de) : *Contes Mythologiques.* 1 vol. illustré de 51 gravures.

Manzoni : *Les fiancés.* Édition abrégée par Mme J. Colomb. 1 vol. illustré de 40 gravures.

Mouton (Eug.) : *Vie et Aventures du Capitaine Marius Cougourdan.* 1 vol. ill. de 66 grav. d'après E. Zier.

Rousselet (Louis) : *Nos grandes écoles militaires et civiles.* 1 vol. ill. de grav. d'après A. Lemaistre, Fr. Régamey et P. Renouard.

Witt (Mme de), née Guizot : *Les femmes dans l'histoire.* 1 vol. illustré de 80 gravures.
— *La charité en France à travers les siècles.* 1 vol. ill. de 50 gravures.

2e SÉRIE, FORMAT IN-8° RAISIN

Prix du volume : broché, 4 fr. ; cartonné, tranches dorées, 6 fr.

Anonyme (l'auteur de la Neuvaine de Colette) : *Tout droit.* 1 vol. illustré de 112 grav. d'après E. Zier.
— *La famille Hamelin.* 1 vol. ill. de 80 gravures d'après E. Zier.

Assollant (A.) : *Montluc le Rouge.* 2 vol. avec 107 grav. d'après Sahib.
— *Pendragon.* 1 vol. avec 42 gravures d'après C. Gilbert.

Blandy (Mme S.) : *Rouzétou.* 1 vol. ill. de 112 grav. d'après E. Zier.
— *La part du Cadet.* 1 vol. illustré de 112 gravures d'après Zier.

Cahun (L.) : *Les mercenaires.* 1 vol. avec 54 gravures d'après P. Fritel.

Chéron de la Bruyère (Mme) : *La tante Derbier.* 1 vol. illustré de 50 gravures d'après Myrbach.
— *Princesse Rosalba.* 1 vol. illustré de 60 gravures d'après Tofani.

Colomb (Mme) : *Le violoneux de la sapinière.* 1 vol. avec 85 gravures d'après A. Marie.
— *La fille de Carilès.* 1 vol. avec 96 grav. d'après A. Marie.
  Ouvrage couronné par l'Académie française.
— *Deux mères.* 1 vol. avec 133 gravures d'après A. Marie.

Colomb (Mme) (suite) : *Le bonheur de Françoise*. 1 vol. avec 112 grav. d'après A. Marie.
— *Chloris et Jeanneton*. 1 vol. avec 105 gravures d'après Sahib.
— *L'héritière de Vauclain*. 1 vol. avec 104 grav. d'après C. Delort.
— *Franchise*. 1 vol. avec 113 gravures d'après C. Delort.
— *Feu de paille*. 1 vol. avec 98 grav. d'après Tofani.
— *Les étapes de Madeleine*. 1 vol. avec 105 grav. d'après Tofani.
— *Denis le tyran*. 1 vol. avec 115 gravures d'après Tofani.
— *Pour la muse*. 1 vol. avec 105 gravures d'après Tofani.
— *Pour la patrie*. 1 vol. avec 112 gravures d'après E. Zier.
— *Hervé Plémeur*. 1 vol. avec 112 gravures d'après E. Zier.
— *Jean l'innocent*. 1 vol. illustré de 112 gravures d'après Zier.
— *Danielle*. 1 vol. illustré de 112 gravures d'après Tofani.
— *Les révoltes de Sylvie*. 1 vol. avec 112 gravures d'après Tofani.
— *Mon oncle d'Amérique*. 1 vol. illustré de 112 grav. d'après Tofani.
— *La Fille des Bohémiens*. 1 vol. ill. de 12 grav. d'après S. Reichan.
— *Les conquêtes d'Hermine*. 1 vol. ill. de 112 grav. d'après Th. Vogel.

Cortambert (E.) : *Voyage pittoresque à travers le monde*. 1 vol. avec 81 gravures.

Cortambert et Deslys : *Le pays du soleil*. 1 vol. avec 35 gravures.

Daudet (E.) : *Robert Darnetal*. 1 vol. avec 81 grav. d'après Sahib.

Demoulin (Mme G.) : *Les animaux étranges*. 1 vol. avec 172 gravures.

Deslys (Ch.) : *Courage et dévouement*. Histoire de trois jeunes filles. 1 vol. avec 31 gravures d'après Lix et Gilbert.
— *L'Ami François*. 1 vol. avec 35 gr.
— *Nos Alpes*, avec 39 gravures d'après J. David.
— *La mère aux chats*. 1 vol. avec 50 gravures d'après H. David.

Dillaye (Fr.) : *La filleule de saint Louis*. 1 vol. avec 39 grav. d'après E. Zier.

Énault (L.) : *Le chien du capitaine*. 1 vol. avec 43 gravures d'après E. Riou.

Erwin (Mme E. d') : *Heur et malheur*. 1 vol. avec 50 gravures d'après H. Castelli.

Fath (G.) : *Le Paris des enfants*. 1 vol. avec 60 gravures d'après l'auteur.

Fleuriot (Mlle Z.) : *M. Nostradamus*. 1 vol. avec 36 gravures d'après A. Marie.
— *La petite duchesse*. 1 vol. avec 73 gravures d'après A. Marie.
— *Grandcœur*. 1 vol. avec 45 gravures d'après C. Delort.
— *Raoul Daubry*, chef de famille. 1 vol. avec 32 gravures d'après C. Delort.
— *Mandarine*. 1 vol. avec 95 gravures d'après C. Delort.
— *Cadok*. 1 vol. avec 24 gravures d'après C. Gilbert.
— *Câline*. 1 vol. avec 102 grav. d'après G. Fraipont.
— *Feu et flamme*. 1 vol. avec 80 gravures d'après Tofani.
— *Le clan des têtes chaudes*. 1 vol. illustré de 65 gravures d'après Myrbach.
— *Au Galadoc*. 1 vol. illustré de 60 gravures d'après Zier.
— *Les premières pages*. 1 vol. avec 75 gravures d'après Adrien Marie.
— *Rayon de soleil*. 1 vol. illustré de 10 gravures d'après Mencina Kresz.

Girardin (J.) : *Les braves gens*. 1 vol. avec 115 gravures d'après E. Bayard.
Ouvrage couronné par l'Académie française.
— *Nous autres*. 1 vol. avec 182 gravures d'après E. Bayard.
— *Fausse route*. 1 vol. avec 55 grav. d'après H. Castelli.
— *La toute petite*. 1 vol. avec 128 gravures d'après E. Bayard.
— *L'oncle Placide*. 1 vol. avec 139 gravures d'après A. Marie.
— *Le neveu de l'oncle Placide*. 3 vol. illustrés de 367 gravures d'après A. Marie, qui se vendent séparément.

Girardin (J.) (suite) : *Grand-père*. 1 vol. avec 91 gravures d'après C. Delort.
  Ouvrage couronné par l'Académie française.
— *Maman*. 1 vol. avec 112 gravures d'après Tofani.
— *Le roman d'un cancre*. 1 vol. avec 119 gravures d'après Tofani.
— *Les millions de la tante Zézé*. 1 vol. avec 112 grav. d'après Tofani.
— *La famille Gaudry*. 1 vol. avec 112 gravures d'après Tofani.
— *Histoire d'un Berrichon*. 1 vol. avec 112 gravures d'après Tofani.
— *Le capitaine Bassinoire*. 1 vol. illustré de 119 gravures d'après Tofani.
— *Second violon*. 1 vol. illustré de 112 gravures d'après Tofani.
— *Le fils Valansé*. 1 vol. avec 112 gravures d'après Tofani.
— *Le commis de M. Bouvat*. 1 vol. illustré de 119 gr. d'après Tofani.

Giron (Aimé) : *Les trois rois mages*. 1 vol. illustré de 60 gravures d'après Fraipont et Pranishnikoff.

Gouraud (Mlle J.) : *Cousine Marie*. 1 vol. avec 36 gravures d'après A. Marie.

Meyer (Henri) : *Les Jumeaux de la Bouzaraque*. 1 vol. illustré de 9 gravures d'après Tofani.

Nanteuil (Mme P. de) : *Capitaine*. 1 vol. illustré de 72 gravures d'après Myrbach.
  Ouvrage couronné par l'Académie française.
— *Le général Du Maine*. 1 vol. avec 70 gravures d'après Myrbach.
— *L'épave mystérieuse*. 1 volume illustré de 80 gr. d'après Myrbach.
  Ouvrage couronné par l'Académie française.
— *En esclavage*. 1 vol. illustré de 80 gravures d'après Myrbach.
— *Une poursuite*. 1 vol. illustré de 57 gravures d'après Alfred Paris.

Rousselet (L.) : *Le charmeur de serpents*. 1 vol. avec 68 gravures d'après A. Marie.

Rousselet (L.) (suite) : *Le Fils du Connétable*. 1 vol. avec 113 gravures d'après Pranishnikoff.
— *Les deux mousses*. 1 vol. avec 90 gravures d'après Sahib.
— *Le tambour du Royal-Auvergne*. 1 vol. avec 115 gravures d'après Poirson.
— *La peau du tigre*. 1 vol. avec 102 gravures d'après Bellecroix et Tofani.

Saintine : *La nature et ses trois règnes, ou la mère Gigogne et ses trois filles*. 1 vol. avec 171 gravures d'après Foulquier et Faguet.
— *La mythologie du Rhin et les contes de la mère-grand*. 1 vol. avec 160 gravures d'après G. Doré.

Tissot et Améro : *Aventures de trois fugitifs en Sibérie*. 1 vol. avec 72 gravures d'après Pranishnikoff.

Witt (Mme de), née Guizot : *Scènes historiques*. 1re série. 1 vol. avec 18 gravures d'après E. Bayard.
— *Scènes historiques*. 2e série. 1 vol. avec 28 gravures d'après A. Marie.
— *Lutin et démon*. 1 vol. avec 36 gravures d'après Pranishnikoff et E. Zier.
— *Normands et Normandes*. 1 vol. avec 70 gravures d'après E. Zier.
— *Un jardin suspendu*. 1 vol. avec 39 gravures d'après C. Gilbert.
— *Notre-Dame Guesclin*. 1 vol. avec 70 gravures d'après E. Zier.
— *Une sœur*. 1 vol. avec 65 gravures d'après E. Bayard.
— *Légendes et récits pour la jeunesse*. 1 vol. avec 18 gravures d'après Philippoteaux.
— *Un nid*. 1 vol. avec 63 gravures d'après Ferdinandus.
— *Un patriote au quatorzième siècle*. 1 vol. illustré de gravures d'après E. Zier.

BIBLIOTHÈQUE DES PETITS ENFANTS
DE 4 A 8 ANS
FORMAT GRAND IN-16
CHAQUE VOLUME, BROCHÉ, 2 FR. 25
CARTONNÉ EN PERCALINE BLEUE, TRANCHES DORÉES, 3 FR. 50
Ces volumes sont imprimés en gros caractères.

Chéron de la Bruyère (Mme): *Contes à Pépée*. 1 vol. avec 24 gravures d'après Grivaz.
— *Plaisirs et aventures*. 1 vol. avec 30 gravures d'après Jeanniot.
— *La perruque du grand-père*. 1 vol. illustré de 30 gr. d'après Tofani.
— *Les enfants de Boisfleuri*. 1 vol. ill. de 30 grav. d'après Semechini.
— *Les vacances à Trouville*. 1 vol. avec 40 gravures d'après Tofani.
— *Le château du Roc-Salé*. 1 vol. illustré de 30 gr. d'après Tofani.
— *Les enfants du capitaine*. 1 vol. ill. de 30 grav. d'après Geoffroy.

Colomb (Mme) : *Les infortunes de Chouchou*. 1 vol. avec 48 gravures d'après Riou.

Desgranges (Guillemette) : *Le chemin du collège*. 1 vol. illustré de 30 gravures d'après Tofani.
— *La famille Le Jarriel*. 1 vol. illustré de 36 gr. d'après Geoffroy.

Duporteau (Mme) : *Petits récits*. 1 vol. avec 28 gr. d'après Tofani.

Erwin (Mme E. d') : *Un été à la campagne*. 1 v. avec 39 gr. d'après Sahib.

Favre : *L'épreuve de Georges*. 1 vol. avec 44 gravures d'après Geoffroy.

Franck (Mme E.) : *Causeries d'une grand'mère*. 1 vol. avec 72 gravures d'après C. Delort.

Fresneau (Mme), née de Ségur : *Une année du petit Joseph*. Imité de l'anglais. 1 vol. avec 67 gravures d'après Jeanniot.

Girardin (J.) : *Quand j'étais petit garçon*. 1 vol. avec 52 gravures d'après Ferdinandus.
— *Dans notre classe*. 1 vol. avec 26 gravures d'après Jeanniot.
— *Un drôle de Bonhomme*. 1 vol. illustré de 36 grav. d'après Geoffroy.

Le Roy (Mme F.) : *L'aventure de Petit Paul*. 1 vol. illustré de 45 gravures, d'après Ferdinandus.

Le Roy (Mme F.) : *Pipo*. 1 vol. ill. de 30 gr. d'après Mencina Kresz.
— *Les étourderies de Mlle Lucie*. 1 vol. ill. de 30 gr. d'après Robaudi.

Molesworth (M^{rs}) : *Les aventures de M. Baby*, traduit de l'anglais par Mme de Witt. 1 vol. avec 42 gravures d'après W. Crane.

Pape-Carpantier (Mme) : *Nouvelles histoires et leçons de choses*. 1 vol. avec 42 grav. d'après Semechini.

Surville (André) : *Les grandes vacances*. 1 vol. avec 30 gravures d'après Semechini.
— *Les amis de Berthe*. 1 vol. avec 30 gravures d'après Ferdinandus.
— *La petite Givonnette*. 1 vol. illustré de 34 gravures d'après Grigny.
— *Fleur des champs*. 1 vol. illustré de 32 gravures d'après Zier.
— *La vieille maison du grand père*. 1 vol. avec 34 gravures d'après Zier.
— *La fête de Saint-Maurice*. 1 vol. illustré de 34 grav. d'après Tofani.

Witt (Mme de), née Guizot : *Histoire de deux petits frères*. 1 vol. avec 45 grav. d'après Tofani.
— *Sur la plage*. 1 vol. avec 55 gravures d'après Ferdinandus.
— *Par monts et par vaux*. 1 vol. avec 54 grav. d'après Ferdinandus.
— *Vieux amis*. 1 vol. avec 60 gravures d'après Ferdinandus.
— *En pleins champs*. 1 vol. avec 45 gravures d'après Gilbert.
— *Petite*. 1 vol. avec 56 gravures d'après Tofani.
— *A la montagne*. 1 vol. illustré de 5 gravures d'après Ferdinandus.
— *Deux tout petits*. 1 vol. illustré de 32 gravures d'après Ferdinandus.
— *Au-dessus du lac*. 1 vol. avec 44 grav.
— *Les enfants de la tour du Roc*. 1 vol. ill. de 56 gr. d'après E. Zier.
— *La petite maison dans la forêt*. 1 vol. illustré de 36 grav. d'après Robaudi.

BIBLIOTHÈQUE ROSE ILLUSTRÉE

FORMAT IN-16

CHAQUE VOLUME, BROCHÉ, 2 FR. 25
CARTONNÉ EN PERCALINE ROUGE, TRANCHES DORÉES, 3 FR. 50

Ire SÉRIE, POUR LES ENFANTS DE 4 A 8 ANS

Anonyme : *Chien et chat*, traduit de l'anglais. 1 vol. avec 45 gravures d'après É. Bayard.
— *Douze histoires pour les enfants de quatre à huit ans*, par une mère de famille. 1 vol. avec 8 gravures d'après Bertall.
— *Les enfants d'aujourd'hui*, par le même auteur. 1 vol. avec 40 gravures d'après Bertall.

Carraud (Mme) : *Historiettes véritables*, pour les enfants de quatre à huit ans. 1 vol. avec 94 gravures d'après G. Fath.

Fath (G.) : *La sagesse des enfants*, proverbes. 1 vol. avec 100 gravures d'après l'auteur.

Laroque (Mme) : *Grands et petits*. 1 vol. avec 61 gravures d'après Bertall.

Marcel (Mme J.) : *Histoire d'un cheval de bois*. 1 vol. avec 20 gravures d'après E. Bayard.

Pape-Carpantier (Mme) : *Histoire et leçons de choses pour les enfants*. 1 vol. avec 85 gravures d'après Bertall.
Ouvrage couronné par l'Académie française.

Perrault, MM^{mes} d'Aulnoy et **Leprince de Beaumont** : *Contes de fées*. 1 vol. avec 65 gravures d'après Bertall et Forest.

Porchat (J.) : *Contes merveilleux*. 1 vol. avec 21 gravures d'après Bertall.

Schmid (le chanoine) : *190 contes pour les enfants*, traduit de l'allemand par André Van Hasselt. 1 vol. avec 29 gravures d'après Bertall.

Ségur (Mme la comtesse de) : *Nouveaux contes de fées*. 1 vol. avec 46 gravures d'après Gustave Doré et H. Didier.

IIe SÉRIE, POUR LES ENFANTS DE 8 A 14 ANS

Achard (A.) : *Histoire de mes amis*. 1 vol. avec 25 gravures d'après Bellecroix.

Alcott (Miss) : *Sous les lilas*, traduit de l'anglais par Mme S. Lepage. 1 vol. avec 23 gravures.

Andersen : *Contes choisis*, traduit du danois par Soldi. 1 vol. avec 40 gravures d'après Bertall.

Anonyme : *Les fêtes d'enfants*, scènes et dialogues. 1 vol. avec 41 gravures d'après Foulquier.

Assollant (A.). *Les aventures merveilleuses mais authentiques du capitaine Corcoran.* 2 vol. avec 50 gravures, d'après A. de Neuville.

Barrau (Th.) : *Amour filial.* 1 vol. avec 41 gravures d'après Ferogio.

Bawr (Mme de) : *Nouveaux contes.* 1 vol. avec 40 grav. d'après Bertall. Ouvrage couronné par l'Académie française.

Beleze : *Jeux des adolescents.* 1 vol. avec 140 gravures.

Berquin : *Choix de petits drames et de contes.* 1 vol. avec 36 gravures d'après Foulquier, etc.

Berthet (E.) : *L'enfant des bois.* 1 vol. avec 61 gravures.
— *La petite Chailloux.* 1 vol. illustré de 41 gravures d'après É. Bayard et G. Fraipont.

Blanchère (De la) : *Les aventures de la Ramée.* 1 vol. avec 36 gravures d'après E. Forest.
— *Oncle Tobie le pêcheur.* 1 vol. avec 80 gr. d'après Foulquier et Mesnel.

Boiteau (P.) : *Légendes* recueillies ou composées pour les enfants. 1 vol. avec 42 gravures d'après Bertall.

Carpentier (Mlle E.) : *La maison du bon Dieu.* 1 vol. avec 58 gravures d'après Riou.
— *Sauvons-le !* 1 vol. avec 60 gravures d'après Riou.
— *Le secret du docteur, ou la maison fermée.* 1 vol. avec 43 gravures d'après P. Girardet.
— *La tour du preux.* 1 vol. avec 59 gravures d'après Tofani.
— *Pierre le Tors.* 1 vol. avec 64 gravures d'après Zier.
— *La dame bleue.* 1 vol. illustré de 49 gravures d'après E. Zier.

Carraud (Mme Z.) : *La petite Jeanne, ou le devoir.* 1 vol. avec 21 gravures d'après Forest.
Ouvrage couronné par l'Académie française.

Carraud (Mme Z.) (suite) : *Les goûters de la grand'mère.* 1 vol. avec 18 gravures d'après E. Bayard.
— *Les métamorphoses d'une goutte d'eau.* 1 vol. avec 50 gravures d'après É. Bayard.

Castillon (A.) : *Les récréations physiques.* 1 vol. avec 36 gravures d'après Castelli.
— *Les récréations chimiques,* faisant suite au précédent. 1 vol. avec 34 gravures d'après H. Castelli.

Cazin (Mme J.) : *Les petits montagnards.* 1 vol. avec 51 gravures d'après G. Vuillier.
— *Un drame dans la montagne.* 1 vol. avec 33 grav. d'après G. Vuillier.
— *Histoire d'un pauvre petit.* 1 vol. avec 40 gravures d'après Tofani.
— *L'enfant des Alpes.* 1 vol. avec 33 gravures d'après Tofani.
— *Perlette.* 1 vol. illustré de 54 gravures d'après Myrbach.
— *Les saltimbanques.* 1 vol. avec 66 gravures d'après Girardet.
— *Le petit chevrier.* 1 vol. illustré de 39 gravures d'après VUILLIER.
— *Jean le Savoyard.* 1 vol. illustré de 51 gravures d'après Slom.

Chabreul (Mme de) : *Jeux et exercices des jeunes filles.* 1 vol. avec 62 gravures d'après Fath, et la musique des rondes.

Colet (Mme L.) : *Enfances célèbres.* 1 vol. avec 57 grav. d'après Foulquier.

Colomb (Mme J.) : *Souffre-douleur.* 1 vol. illustré de 49 gravures d'après Mlle Marcelle Lancelot.

Contes anglais, traduits par Mme de Witt. 1 vol. avec 43 gravures d'après Morin.

Deschamps (François) : *Mon amie Georgette.* 1 vol. illustré de 43 gravures d'après Robaudi.

Deslys (Ch.) : *Grand'maman.* 1 vol. avec 29 gravures d'après E. Zier.

Edgeworth (Miss) : *Contes de l'adolescence,* traduit par A. Le François. 1 vol. avec 42 gravures d'après Morin.

Edgeworth (Miss) (suite) : *Contes de l'enfance*, traduit par le même. 1 vol. avec 26 gravures d'après Foulquier.
— *Demain*, suivi de *Mourad le malheureux*, contes traduits par H. Jousselin. 1 vol. avec 55 grav. d'après Bertall.

Fath (G.) : *Bernard, la gloire de son village*. 1 vol. avec 56 gravures d'après Mme G. Fath.
  Ouvrage couronné par l'Académie française.

Fleuriot (Mlle) : *Le petit chef de famille*. 1 vol. avec 57 gravures d'après H. Castelli.
— *Plus tard*, ou Le jeune chef de famille. 1 vol. avec 60 gravures d'après É. Bayard.
— *L'enfant gâté*. 1 vol. avec 48 gravures d'après Ferdinandus.
— *Tranquille et Tourbillon*. 1 vol. avec 45 grav. d'après C. Delort.
— *Cadette*. 1 vol. avec 52 gravures d'après Tofani.
— *En congé*. 1 vol. avec 61 gravures d'après Ad. Marie.
— *Bigarette*. 1 vol. avec 48 gravures d'après Ad. Marie.
— *Bouche-en-Cœur*. 1 vol. avec 45 gravures d'après Tofani.
— *Gildas l'intraitable*. 1 vol. avec 56 gravures d'après E. Zier.
— *Parisiens et Montagnards*. 1 vol. avec 49 gravures d'après E. Zier.

Foë (de) : *La vie et les aventures de Robinson Crusoé*, traduit de l'anglais. 1 vol. avec 40 gravures.

Fonvielle (W. de) : *Néridah*. 2 vol. avec 45 gravures d'après Sahib.

Fresneau (Mme), née de Ségur : *Comme les grands!* 1 vol. illustré de 46 gravures d'après Ed. Zier.
— *Thérèse à Saint-Domingue*. 1 vol. avec 49 gravures d'après Tofani.
— *Les protégés d'Isabelle*. 1 vol. illustré de 42 grav. d'après Tofani.
— *Deux abandonnées*. 1 vol. illustré de 2 gravures d'après M. Orange.

Genlis (Mme de) : *Contes moraux*. 1 v. avec 40 grav. d'après Foulquier, etc.

Gérard (A.) : *Petite Rose*. — *Grande Jeanne*. 1 vol. avec 28 gravures d'après Gilbert.

Girardin (J.) : *La disparition du grand Krause*. 1 vol. avec 70 gravures d'après Kauffmann.

Giron (A.) : *Ces pauvres petits*. 1 vol. avec 22 grav. d'après B. Nouvel.

Gouraud (Mlle J.) : *Les enfants de la ferme*. 1 vol. avec 59 grav. d'après É. Bayard.
— *Le livre de maman*. 1 vol. avec 68 grav. d'après É. Bayard.
— *Cécile, ou la petite sœur*. 1 vol. avec 26 grav. d'après Desandré.
— *Lettres de deux poupées*. 1 vol. avec 59 gravures d'après Olivier.
— *Le petit colporteur*. 1 vol. avec 27 grav. d'après A. de Neuville.
— *Les mémoires d'un petit garçon*. 1 vol. avec 86 grav. d'après É. Bayard.
— *Les mémoires d'un caniche*. 1 vol. avec 75 grav. d'après É. Bayard.
— *L'enfant du guide*. 1 vol. avec 60 gravures d'après É. Bayard.
— *Petite et grande*. 1 vol. avec 48 gravures d'après É. Bayard.
— *Les quatre pièces d'or*. 1 vol. avec 54 gravures d'après É. Bayard.
— *Les deux enfants de Saint-Domingue*. 1 vol. avec 54 gravures d'après É. Bayard.
— *La petite maîtresse de maison*. 1 vol. avec 37 grav. d'après Marie.
— *Les filles du professeur*. 1 vol. avec 36 grav. d'après Kauffmann.
— *La famille Harel*. 1 vol. avec 44 gravures d'après Valnay.
— *Aller et retour*. 1 vol. avec 40 gravures d'après Ferdinandus.
— *Les petits voisins*. 1 vol. avec 39 gravures d'après C. Gilbert.

Gouraud (Mlle J.) (suite) : *Chez grand'mère.* 1 vol. avec 98 grav. d'après Tofani.
— *Le petit bonhomme.* 1 vol. avec 45 grav. d'après A. Ferdinandus.
— *Le vieux château.* 1 vol. avec 28 gravures d'après E. Zier.
— *Pierrot.* 1 vol. avec 31 gravures d'après E. Zier.
— *Minette.* 1 vol. illustré de 52 gravures d'après Tofani.
— *Quand je serai grande!* 1 vol. avec 60 gravures d'après Ferdinandus.

Grimm (les frères) : *Contes choisis,* traduit par Ferd. Baudry. 1 vol. avec 40 gravures d'après Bertall.

Hauff : *La caravane,* traduit par A. Talon. 1 vol. avec 40 gravures d'après Bertall.
— *L'auberge du Spessart,* traduit par A. Talon. 1 vol. avec 61 gravures d'après Bertall.

Hawthorne : *Le livre des merveilles,* traduit de l'anglais par L. Rabillon. 2 vol. avec 40 gravures d'après Bertall.

Hébel et **Karl Simrock** : *Contes allemands,* traduit par M. Martin. 1 vol. avec 27 grav. d'après Bertall.

Johnson (R. B.) : *Dans l'extrême Far West,* traduit de l'anglais par A. Talandier. 1 vol. avec 20 gravures d'après A. Marie.

Marcel (Mme J.) : *L'école buissonnière.* 1 vol. avec 20 gravures d'après A. Marie.
— *Le bon frère.* 1 vol. avec 21 gravures d'après E. Bayard.
— *Les petits vagabonds.* 1 vol. avec 25 gravures d'après É. Bayard.
— *Histoire d'une grand'mère et de son petit-fils.* 1 vol. avec 36 gravures d'après C. Delort.
— *Daniel.* 1 vol. avec 45 gravures d'après Gilbert.

Marcel (Mme J.) (suite) : *Le frère et la sœur.* 1 vol. avec 45 gravures d'après E. Zier.
— *Un bon gros pataud.* 1 vol. avec 45 gravures d'après Jeanniot.
— *L'oncle Philibert.* 1 vol. illustré de 56 grav. d'après Fr. Régamey.

Maréchal (Mlle M.) : *La dette de Ben-Aïssa.* 1 vol. avec 20 gravures d'après Bertall.
— *Nos petits camarades.* 1 vol. avec 18 gravures d'après E. Bayard et H. Castelli, etc.
— *La maison modèle.* 1 vol. avec 42 gravures d'après Sahib.

Marmier (X.) : *L'arbre de Noël.* 1 vol. avec 68 grav. d'après Bertall.

Martignat (Mlle de) : *Les vacances d'Élisabeth.* 1 vol. avec 36 gravures d'après Kauffmann.
— *L'oncle Boni.* 1 vol. avec 42 gravures d'après Gilbert.
— *Ginette.* 1 vol. avec 50 gravures d'après Tofani.
— *Le manoir d'Yolan.* 1 vol. avec 56 gravures d'après Tofani.
— *Le pupille du général.* 1 vol. avec 40 gravures d'après Tofani.
— *L'héritière de Maurivèze.* 1 vol. avec 39 grav. d'après Poirson.
— *Une vaillante enfant.* 1 vol. avec 43 gravures par Tofani.
— *Une petite-nièce d'Amérique.* 1 vol. avec 43 gravures d'après Tofani.
— *La petite fille du vieux Thémi.* 1 vol. illustré de 42 gravures d'après Tofani.

Mayne-Reid (le capitaine) : *Les chasseurs de girafes,* traduit de l'anglais par H. Vattemare. 1 vol. avec 10 grav. d'après A. de Neuville.
— *A fond de cale,* traduit par Mme H. Loreau. 1 vol. avec 12 gravures.
— *A la mer!* traduit par Mme H. Loreau. 1 vol. avec 12 gravures.

Mayne-Reid (le capitaine) (suite) : *Bruin, ou les chasseurs d'ours*, traduit par A. Letellier. 1 vol. avec 8 grandes gravures.
— *Les chasseurs de plantes*, traduit par Mme H. Loreau. 1 vol. avec 29 gravures.
— *Les exilés dans la forêt*, traduit par Mme H. Loreau. 1 vol. avec 12 gravures.
— *L'habitation du désert*, traduit par A. Le François. 1 vol. avec 24 grav.
— *Les grimpeurs de rochers*, traduit par Mme H. Loreau. 1 vol. avec 20 gravures.
— *Les peuples étranges*, traduit par Mme H. Loreau. 1 vol. avec 24 grav.
— *Les vacances des jeunes Boërs*, traduit par Mme H. Loreau. 1 vol. avec 12 gravures.
— *Les veillées de chasse*, traduit par H.-B. Révoil. 1 vol. avec 43 gravures d'après Freeman.
— *La chasse au Léviathan*, traduit par J. Girardin. 1 vol. avec 51 gravures d'après A. Ferdinandus et Th. Weber.
— *Les naufragés de la Calypso*. 1 vol. traduit par Mme Gustave Demoulin et illustré de 55 gravures d'après Pranishnikoff.

Meyners d'Estrée (Cte) : *Voyages et aventures de Gérard Hendriks*. 1 vol. illustré de 15 grav. d'après Mme P. Crampel.

Moussac (Mme la marquise de) : *Popo et Lili ou les deux jumeaux*. 1 vol. illustré de 58 gravures d'après E. Zier.

Muller (E.) : *Robinsonnette*. 1 vol. avec 22 gravures d'après Lix.

Ouida : *Le petit comte*. 1 vol. avec 34 gravures d'après G. Vullier, Tofani, etc.

Peyronny (Mme de), née d'Isle : *Deux cœurs dévoués*. 1 vol. avec 53 gravures d'après J. Devaux.

Pitray (Mme de) : *Les enfants des Tuileries*. 1 vol. avec 29 gravures d'après E. Bayard.

Pitray (Mme de) (suite) : *Les débuts du gros Philéas*. 1 vol. avec 57 gr. d'après H. Castelli.
— *Le château de la Pétaudière*. 1 vol. avec 78 grav. d'après A. Marie.
— *Le fils du maquignon*. 1 vol. avec 65 grav. d'après Riou.
— *Petit monstre et poule mouillée*. 1 vol. avec 66 grav. par E. Girardet.
— *Robin des Bois*. 1 vol. illustré de 40 gravures d'après Sirouy.
— *L'usine et le château*. 1 vol. illustré de 44 grav. d'après Robaudi.

Rendu (V.) : *Mœurs pittoresques des insectes*. 1 vol. avec 49 grav.

Rostoptchine (Mme la comtesse) : *Belle, Sage et Bonne*. 1 vol. avec 39 gravures d'après Ferdinandus.

Sandras (Mme) : *Mémoires d'un lapin blanc*. 1 vol. avec 20 gravures d'après E. Bayard.

Sannois (Mlle la comtesse de) : *Les soirées à la maison*. 1 vol. avec 42 gravures d'après E. Bayard.

Ségur (Mme la comtesse de) : *Après la pluie, le beau temps*. 1 vol. avec 128 grav. d'après E. Bayard.
— *Comédies et proverbes*. 1 vol. avec 60 gravures d'après E. Bayard.
— *Diloy le chemineau*. 1 vol. avec 90 gravures d'après H. Castelli.
— *François le bossu*. 1 vol. avec 114 gravures d'après E. Bayard.
— *Jean qui grogne et Jean qui rit*. 1 vol. avec 70 grav. d'après Castelli.
— *La fortune de Gaspard*. 1 vol. avec 52 gravures d'après Gerlier.
— *La sœur de Gribouille*. 1 vol. avec 72 grav. d'après H. Castelli.
— *Pauvre Blaise !* 1 vol. avec 65 gravures d'après H. Castelli.
— *Quel amour d'enfant !* 1 vol. avec 79 gravures d'après E. Bayard.
— *Un bon petit diable*. 1 vol. avec 100 gravures d'après H. Castelli.
— *Le mauvais génie*. 1 vol. avec 90 gravures d'après E. Bayard.
— *L'auberge de l'Ange-Gardien*. 1 vol. avec 75 grav. d'après Foulquier.
— *Le général Dourakine*. 1 vol. avec 100 gravures d'après E. Bayard.

Ségur (Mme la comtesse de) (suite) : *Les bons enfants*. 1 vol. avec 70 gravures d'après Ferogio.
— *Les deux nigauds*. 1 vol. avec 76 gravures d'après H. Castelli.
— *Les malheurs de Sophie*. 1 vol. avec 48 grav. d'après H. Castelli.
— *Les petites filles modèles*. 1 vol. avec 21 gravures d'après Bertall.
— *Les vacances*. 1 vol. avec 36 gravures d'après Bertall.
— *Mémoires d'un âne*. 1 vol. avec 75 grav. d'après H. Castelli.

Stolz (Mme de) : *La maison roulante*. 1 vol. avec 20 grav. sur bois d'après E. Bayard.
— *Le trésor de Nanette*. 1 vol. avec 24 gravures d'après E. Bayard.
— *Blanche et noire*. 1 vol. avec 54 gravures d'après E. Bayard.
— *Par-dessus la haie*. 1 vol. avec 56 gravures d'après A. Marie.
— *Les poches de mon oncle*. 1 vol. avec 20 gravures d'après Bertall.
— *Les vacances d'un grand-père*. 1 vol. avec 40 gravures d'après G. Delafosse.
— *Quatorze jours de bonheur*. 1 vol. avec 45 gravures d'après Bertall.
— *Le vieux de la forêt*. 1 vol. avec 32 gravures d'après Sahib.
— *Le secret de Laurent*. 1 vol. avec 32 gravures d'après Sahib.
— *Les deux reines*. 1 vol. avec 32 gravures d'après Delort.
— *Les mésaventures de Mlle Thérèse*. 1 vol. avec 29 grav. d'après Charles.

Stolz (Mme de) (suite) : *Les frères de lait*. 1 vol. avec 42 gravures d'après E. Zier.
— *Magali*. 1 vol. avec 36 gravures d'après Tofani.
— *La maison blanche*. 1 vol. avec 35 gravures d'après Tofani.
— *Les deux André*. 1 vol. avec 45 gravures d'après Tofani.
— *Deux tantes*. 1 vol. avec 43 gravures d'après Tofani.
— *Violence et bonté*. 1 vol. avec 36 gravures par Tofani.
— *L'embarras du choix*. 1 v. illustré de 36 gravures d'après Tofani.
— *Petit Jacques*. 1 vol. illustré de 48 gravures d'après Tofani.
— *La famille Coquelicot*. 1 vol. illustré de 30 grav. d'après Jeanniot.

Swift : *Voyages de Gulliver*, traduit et abrégé à l'usage des enfants. 1 vol. avec 57 gravures d'après Delafosse.

Taulier : *Les deux petits Robinsons de la Grande-Chartreuse*. 1 vol. avec 69 gravures d'après E. Bayard et Hubert Clerget.

Tournier : *Les premiers chants*, poésies à l'usage de la jeunesse. 1 vol. avec 20 gravures d'après Gustave Roux.

Vimont (Ch.) : *Histoire d'un navire*. 1 vol. avec 40 gravures d'après Alex. Vimont.

Witt (Mme de), née Guizot : *Enfants et parents*. 1 vol. avec 34 gravures d'après A. de Neuville.
— *La petite-fille aux grand'mères*. 1 vol. avec 36 grav. d'après Beau.
— *En quarantaine*. 1 vol. avec 45 gravures d'après Ferdinandus.

III° SÉRIE, POUR LES ENFANTS ADOLESCENTS

ET POUVANT FORMER UNE BIBLIOTHÈQUE POUR LES JEUNES FILLES DE 14 A 18 ANS

VOYAGES

Agassiz (M. et Mme) : *Voyage au Brésil*, traduit et abrégé par J. Belin de Launay. 1 vol. avec 16 gravures et 1 carte.

Aunet (Mme d') : *Voyage d'une femme au Spitzberg*. 1 vol. avec 34 gravures.

Baines : *Voyages dans le sud-ouest de l'Afrique*, traduit et abrégé par J. Belin de Launay. 1 vol. avec 22 gravures et 1 carte.

Baker: *Le lac Albert N'yanza.* Nouveau voyage aux sources du Nil, abrégé par Belin de Launay. 1 vol. avec 16 gravures et 1 carte.

Baldwin: *Du Natal au Zambèze* (1861-1865). Récits de chasses, abrégés par J. Belin de Launay. 1 vol. avec 24 gravures et 1 carte.

Burton (le capitaine): *Voyages à la Mecque, aux grands lacs d'Afrique et chez les Mormons*, abrégé par J. Belin de Launay. 1 vol. avec 12 gravures et 3 cartes.

Catlin: *La vie chez les Indiens*, traduit de l'anglais. 1 vol. avec 25 gravures.

Fonvielle (W. de): *Le glaçon du Polaris*, aventures du capitaine Tyson. 1 vol. avec 19 gravures et 1 carte.

Hayes (Dr): *La mer libre du pôle*, traduit par F. de Lanoye, et abrégé par J. Belin de Launay. 1 vol. avec 14 gravures et 1 carte.

Hervé et de Lanoye: *Voyages dans les glaces du pôle arctique.* 1 vol. avec 40 gravures.

Lanoye (F. de): *Le Nil et ses sources.* 1 vol. avec 32 gravures et des cartes.

— *La Sibérie.* 1 vol. avec 48 gravures d'après Lebreton, etc.

— *Les grandes scènes de la nature.* 1 vol. avec 40 gravures.

— *La mer polaire*, voyage de l'*Érèbe* et de la *Terreur*, et expédition à la recherche de Franklin. 1 vol. avec 29 gravures et des cartes.

— *Ramsès le Grand*, ou l'Égypte il y a trois mille trois cents ans. 1 vol. avec 39 gravures d'après Lancelot, E. Bayard, etc.

Livingstone: *Explorations dans l'Afrique australe*, abrégé par J. Belin de Launay. 1 vol. avec 20 gravures et 1 carte.

Livingstone (suite): *Dernier journal*, abrégé par J. Belin de Launay. 1 vol. avec 16 grav. et 1 carte.

Mage (L.): *Voyage dans le Soudan occidental*, abrégé par J. Belin de Launay. 1 vol. avec 16 gravures et 1 carte.

Milton et Cheadle: *Voyage de l'Atlantique au Pacifique*, traduit et abrégé par J. Belin de Launay. 1 vol. avec 16 gravures et 2 cartes.

Mouhot (Ch.): *Voyage dans le royaume de Siam, le Cambodge et le Laos.* 1 vol. avec 28 gravures et 1 carte.

Palgrave (W. G.): *Une année dans l'Arabie centrale*, traduit et abrégé par J. Belin de Launay. 1 vol. avec 12 gravures, 1 portrait et 1 carte.

Pfeiffer (Mme): *Voyages autour du monde*, abrégé par J. Belin de Launay. 1 vol. avec 16 gravures et 1 carte.

Piotrowski: *Souvenirs d'un Sibérien.* 1 vol. avec 10 gravures d'après A. Marie.

Schweinfurth (Dr): *Au cœur de l'Afrique* (1866-1871). Traduit par Mme H. Loreau, et abrégé par J. Belin de Launay. 1 vol. avec 16 gravures et 1 carte.

Speke: *Les sources du Nil*, édition abrégée par J. Belin de Launay. 1 vol. avec 24 gravures et 3 cartes.

Stanley: *Comment j'ai retrouvé Livingstone*, traduit par Mme Loreau, et abrégé par J. Belin de Launay. 1 vol. avec 16 gravures et 1 carte.

Vambéry: *Voyages d'un faux derviche dans l'Asie centrale*, traduit par E. D. Forgues, et abrégé par J. Belin de Launay. 1 vol. avec 18 gravures et une carte.

HISTOIRE

Le loyal serviteur : *Histoire du gentil seigneur de Bayard*, revue et abrégée, à l'usage de la jeunesse, par Alph. Feillet. 1 vol. avec 36 gravures d'après P. Sellier.

Monnier (M.) : *Pompéi et les Pompéiens*. Édition à l'usage de la jeunesse. 1 vol. avec 25 gravures d'après Thérond.

Plutarque : *Vie des Grecs illustres*, édition abrégée par A. Feillet. 1 vol. avec 53 gravures d'après P. Sellier.

— *Vie des Romains illustres*, édition abrégée par A. Feillet. 1 vol. avec 69 gravures d'après P. Sellier.

Retz (Le cardinal de) : *Mémoires* abrégés par A. Feillet. 1 vol. avec 35 gravures d'après Gilbert, etc.

LITTÉRATURE

Bernardin de Saint-Pierre : *Œuvres choisies*. 1 vol. avec 12 gravures d'après E. Bayard.

Cervantès : *Don Quichotte de la Manche*. 1 vol. avec 64 gravures d'après Bertall et Forest.

Homère : *L'Iliade et l'Odyssée*, traduites par P. Giguet et abrégées par Alph. Feillet. 1 vol. avec 33 gravures d'après Olivier.

Le Sage : *Aventures de Gil Blas*, édition destinée à l'adolescence. 1 vol. avec 50 gravures d'après Leroux.

Mac-Intosch (Miss) : *Contes américains*, traduit par Mme Dionis. 2 vol. avec 50 gravures d'après E. Bayard.

Maistre (X. de) : *Œuvres choisies*. 1 vol. avec 15 gravures d'après E. Bayard.

Molière : *Œuvres choisies*, abrégées, à l'usage de la jeunesse. 2 vol. avec 22 gravures d'après Hillemacher.

Virgile : *Œuvres choisies*, traduites et abrégées à l'usage de la jeunesse, par Th. Barrau. 1 vol. avec 20 gravures d'après P. Sellier.

PETITE BIBLIOTHÈQUE DE LA FAMILLE

FORMAT PETIT IN-12
A 2 FRANCS LE VOLUME

LA RELIURE EN PERCALINE GRIS PERLE, TRANCHES ROUGES, SE PAYE EN SUS, 50 C.

Fleuriot (Mlle Z.) : *Tombée du nid.* 1 vol.
— *Raoul Daubry,* chef de famille. 2e édit. 1 vol.
— *L'héritier de Kerguignon.* 3e édit. 1 vol.
— *Réséda.* 9e édit. 1 vol.
— *Ces bons Rosaëc !* 1 vol.
— *La vie en famille.* 8e édit. 1 vol.
— *Le cœur et la tête.* 1 vol.
— *Au Galadoc.* 1 vol.
— *De trop.* 1 vol.
— *Le théâtre chez soi, comédies et proverbes.* 1 vol.
— *Sans beauté.* 1 vol.
— *Loyauté.* 1 vol.
— *La clef d'or.* 1 vol.
— *Bengale.* 1 vol.

Fleuriot Kérinou : *De fil en aiguille.* 1 vol.

Girardin (J.) : *Le locataire des demoiselles Rocher.* 1 vol.

Girardin (J.) (suite) : *Les épreuves d'Étienne.* 1 vol.
— *Les théories du docteur Wurtz.* 1 vol.
— *Miss Sans-Cœur.* 2e édit. 1 vol.
— *Les braves gens.* 1 vol.
— *Mauviette.* 1 vol.

Giron (Aimé) : *Braconnette.* 1 vol.

Marcel (Mme J.) : *Le Clos-Chantereine.* 1 vol.

Wiele (Mme Van de) : *Filleul du roi !* 1 vol.

Witt (Mme de), née Guizot : *Tout simplement.* 2e édition. 1 vol.
— *Reine et maîtresse.* 1 vol.
— *Un héritage.* 1 vol.
— *Ceux qui nous aiment et ceux que nous aimons.* 1 vol.
— *Sous tous les cieux.* 1 vol.
— *A travers pays.*
— *Vieux contes de la veillée.* 1 vol.
— *Regain de vie.* 1 vol.

D'autres volumes sont en préparation.

www.ingramcontent.com/pod-product-compliance
Lightning Source LLC
Chambersburg PA
CBHW060323170426
43202CB00014B/2643